智能网联汽车技术

主　编　吴　晨　韩　丹　李　江
副主编　雷嘉豪　郭炎伟　刘　源

北京理工大学出版社
BEIJING INSTITUTE OF TECHNOLOGY PRESS

内 容 简 介

本教材包括智能网联汽车概述、环境感知技术、高精度地图与定位技术、智能决策与控制执行系统、网络与通信技术、智能网联汽车操作系统与应用平台六个项目。教材遵循学习者认知发展规律，每个项目设置了项目引入、项目描述、项目目标、知识链接、项目实施、项目评价、项目小结、拓展阅读、巩固提高九个环节，引导学习者自主学习。教材紧跟行业发展，融入新技术、新标准，内容在项目引入、项目目标等多个环节融入党的二十大精神，强调创新、民族自豪感等思政元素，实现知识、能力、素质三位一体全面培养。本教材配有数字资源，学习者可通过扫描教材中的二维码查看对应的微课等资源，也可访问"智慧树"平台（www.zhihuishu.com）的智能网联汽车技术在线开放课程进行学习。本书可作为汽车相关专业的教学用书，还可以作为汽车相关企业的培训用书，也可作为对智能网联汽车感兴趣的大众群体的科普读物。

图书在版编目（CIP）数据

智能网联汽车技术 / 吴晨，韩丹，李江主编.

北京：北京理工大学出版社，2024.10.

ISBN 978 - 7 - 5763 - 4542 - 1

Ⅰ. U463.67

中国国家版本馆 CIP 数据核字第 2024FH6752 号

责任编辑：陈莉华　　**文案编辑**：李海燕

责任校对：周瑞红　　**责任印制**：李志强

出版发行 / 北京理工大学出版社有限责任公司

社　　址 / 北京市丰台区四合庄路 6 号

邮　　编 / 100070

电　　话 / （010）68914026（教材售后服务热线）

　　　　　　（010）63726648（课件资源服务热线）

网　　址 / http://www.bitpress.com.cn

版 印 次 / 2024 年 10 月第 1 版第 1 次印刷

印　　刷 / 河北盛世彩捷印刷有限公司

开　　本 / 787 mm×1092 mm　1/16

印　　张 / 18.75

字　　数 / 440 千字

定　　价 / 84.00 元

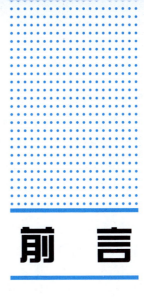

前 言

党的二十大报告提出，必须坚持科技是第一生产力、人才是第一资源、创新是第一动力。智能网联汽车融合了物联网、云计算、大数据、人工智能等多种创新技术，已经成为全球汽车产业转型升级的战略方向。智能网联汽车将有力带动智慧能源、智能交通、智慧城市等多领域协同发展。智能网联新能源汽车高质量发展更是汽车产业形成新质生产力的重要抓手。

目前，我国智能网联汽车已经从小范围测试验证转入技术快速发展、生态加速构建的新阶段，行业新技术、新标准层出不穷，智能网联汽车行业前后市场对高素质技术技能人才的需求量不断增大，为此，编者基于多年的教学经验，广泛借鉴国内外智能网联汽车的研究成果，形成以项目式课程为载体、以任务驱动教学为主要形式的专业课程开发思路，编写了本教材。

本教材介绍了智能网联汽车的定义与分级、架构与关键技术、现状与发展趋势、应用场景与面临的挑战，并分析了智能网联汽车环境感知技术、高精度地图与定位技术、智能决策与控制执行系统、网络与通信技术，智能网联汽车操作系统与应用平台的发展现状、组成、类型及应用等。本教材特色如下。

1. 紧跟行业新发展，融入新技术、新标准

本教材紧跟智能网联汽车行业发展趋势，融入多传感器融合技术、北斗卫星导航系统、《汽车驾驶自动化分级》（GB/T 40429—2021）等智能网联汽车行业新方法、新技术、新工艺、新标准，内容新颖，实用性强。

2. 以学生为中心，注重适用性、实用性

本教材注重以学生为中心，遵循学生认知发展规律，由简入繁、从理论到实践进行教学活动的安排，每个项目以"项目引入""项目描述""项目目标""知识链接""项目实施""项目评价""项目小结""拓展阅读""巩固提高"9个环节为主线，学练结合，可实现学生自主学习。

3. 借助"互联网+"技术，满足混合式教学要求

本教材借助"互联网+"技术，在传统的纸质教材基础上，加入数字化教学资源，在对应的知识点附近设置二维码，读者可通过手机扫描查看相关的数字化教学资源，形成立体化、可视化教学内容，同时依托"智慧树"平台配套精品在线课程，构建混合式教学模式，实时收集教学过程真实数据，便于教师及时调整教学策略。

4. 课程思政贯穿整个项目，落实立德树人根本任务

本教材融入党的二十大精神，结合智能网联汽车特点，深入挖掘创新、协作、绿色等素养元素，在"项目引入"到"巩固提高"9个环节中，每个环节均有机融入思政元素，培养学生的民族自豪感、职业认同感、创新精神和团队意识，落实立德树人根本任务。

本教材由企业人员提供一线岗位技术资料和素材，由陕西工业职业技术学院教师完成编写。本教材由吴晨、韩丹、李江担任主编，雷嘉豪、郭炎伟、刘源担任副主编。本教材编写分工如下：项目一由李江编写，项目二由韩丹编写，项目三由郭炎伟编写，项目四由雷嘉豪编写，项目五由吴晨编写，项目六由刘源编写；参与开发的企业人员为陕西重型汽车有限公司的高级工程师薛令阳博士。

本教材在编写过程中，参考了大量书籍、论文等，在此谨对所参考文献的作者表示衷心感谢！由于编者水平有限，教材中难免有不足之处，敬请广大读者批评指正。

编　者

目　录

项目一

智能网联汽车概述

项目引入

　　党的二十大报告提出，坚持创新在我国现代化建设全局中的核心地位，加快实现高水平科技自立自强，加快建设科技强国。面对科技创新发展新趋势，世界主要国家都在寻找科技创新的突破口，抢占未来经济科技发展的先机。智能网联汽车是全球汽车产业的未来发展方向，也是推动我国自主汽车产业高质量发展的重要力量。目前，全国有近 30 个城市发放了超过 1 000 张智能网联汽车道路测试牌照，各式各样的智能网联汽车正在特定场景、特殊区域，开展规模化载人、载物测试示范。

　　我国智能网联汽车这一产业新赛道已经形成了强劲的产业融合效应，它串起了一条长长的产业链，包括车联网、云计算、5G 网络、智能交通、智能导航、车辆信息服务、人工智能、高精度地图等。有机构预测，到 2025 年，我国的智能网联汽车产业仅汽车部分新增的产值会达到 1.06 万亿人民币。而到 2030 年，汽车部分新增的产值会达到 2.8 万亿人民币。而智能网联汽车产业新赛道对经济的拉动作用，不仅仅局限在汽车产业上，还会涉及信息通信、交通两大产业。未来，成熟的智能网联汽车将会带动经济强劲发展，形成三个万亿级产业。那么，什么是智能网联汽车？智能网联汽车有哪些关键技术？智能网联汽车有哪些应用场景？

项目描述

　　智能网联汽车融合了物联网、云计算、大数据、人工智能等多种创新技术，是全球汽车产业转型升级的重要战略方向。作为一名刚进入工作岗位的智能网联汽车工程师，请你选择一款国产传统汽车品牌车型、一款国产新势力汽车品牌车型以及一款外资汽车品牌车

型，整理其相关资料，并向小组成员进行成果汇报。

项目目标

知识目标

1. 掌握智能网联汽车的定义与内涵、我国对其技术分级；
2. 掌握智能网联汽车体系架构与关键技术；
3. 了解智能网联汽车现状与发展趋势，并清楚其产业与技术群；
4. 了解智能网联汽车主要应用场景与面临的挑战。

能力目标

1. 能够从多途径的信息源中检索智能网联汽车；
2. 能够区分国产传统汽车品牌、国产新势力汽车品牌、外资汽车品牌；
3. 能够分析和判断智能网联汽车等级遵循的标准；
4. 能够根据查阅的信息总结归纳不同智能网联汽车的功能和特点。

素质目标

1. 通过学习我国智能网联汽车的发展及产业现状，让学生了解智能网联汽车是创新驱动发展战略以及建成现代化强国的重要支撑，激发学生的民族自信和专业自信。
2. 积极进行智能网联汽车相关信息检索，学会分析对比、提取要素。

知识链接

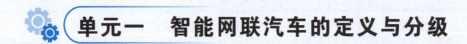

单元一 智能网联汽车的定义与分级

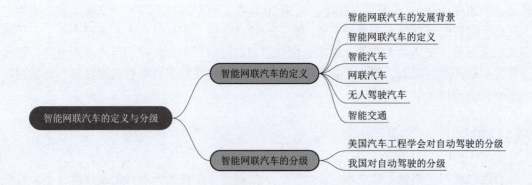

一、智能网联汽车的定义

1. 智能网联汽车的发展背景

当前，以万物互联、大数据、云计算和人工智能等为技术代表的新一轮科技变革方兴未艾，正在引领全球制造业全面转型升级，并引发产业格局和生态的重构。面对这一变化，世界各工业强国都制定了应对策略，加大科技创新力度，推动前沿技术发展，欲抢先建立智能制造体系，占得制造业未来发展的战略先机。其中，具有代表性的包括德国的"工业4.0"、美国的"工业互联网"和日本的"机器人革命"等。在这些发展战略中，汽车产业和技术都占据了至关重要的位置，各国纷纷选择汽车产业作为制造业整体升级的突破口，依托汽车产业的基础性、关联性和带动性，加快推进制造业转型。这一战略指向带动全球汽车技术进入了加速进步和融合发展的新时期，并呈现出电动化、智能化、网联化、共享化四大发展趋势。电动汽车将成为未来的主流已经成为共识，新"四化"中发展最迅速的就是汽车电动化，汽车电动化可以在很大程度上缓解大气污染、能源危机等人类面临的共同问题，并可以驱动技术革新、能源革命、产业升级，进而实现绿色、低碳发展。2023年，我国新能源汽车持续快速增长，新能源汽车产量为958.7万辆，同比增长35.8%，销量为949.5万辆，同比增长37.9%，市场占有率达到31.6%，产销量连续9年位居全球第一，预计2025年或2026年新能源汽车市场占有率将超过50%。当前，汽车智能化水平越来越高，技术迭代也很迅速，绝大多数新车型都配备多种先进传感器，实现车辆对复杂环境感知、智能决策、协同控制等功能，如碰撞预警、紧急制动、自适应巡航等。各级别的自动驾驶技术、人工智能技术在汽车上的应用都是这一趋势的表征。汽车网联化是指车、路、人之间的信息交互，使车辆自主获得信息、自主决策和自动控制。这主要是依托各类现代通信、大数据、云计算等高新技术联合应用于决策，这一趋势实际上涵盖了信息技术在汽车产品和汽车产业链两方面的应用，包括车联网、基于网联的设计/制造/服务一体化等技术。汽车共享化代表着汽车整个生产链条都要实现共享，即从研发到制造，从销售到服务，再到使用，各个环节都应实现共享。汽车共享化带来的是出行服务的巨大变革。

汽车产业电动化、智能化、网联化、共享化的发展趋势是密切相关的，如图1-1所示。其中，网联化技术与智能化技术相互关联、相互影响，网联化是智能化的基础，没有充分的网联化作为支撑，智能化就不可能达到较高的水平。反之，智能化技术的应用又对网联化起到了促进作用，使网联化技术产生更好的效果。网联化和智能化两者共同指向高

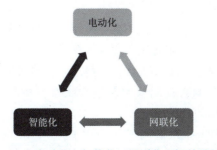

图1-1 电动化、智能化、网联化之间的关系

度网联化和高度智能化技术在汽车产业和产品的有效集成，充分网联的智能工厂和智能汽车是其最终的核心目标。与此同时，网联化和智能化又对电动化具有极强的推进作用，促进高度网联智能汽车产品实现更大程度的节能减排，从而使汽车低碳化技术发挥更大的作用，而智能化和网联化在电动汽车上的控制策略要易于燃油车，因此电动汽车是智能网联技术发展的最佳载体。

> **小知识**
>
> 　　单车智能技术在路线上存在两个方案：纯视觉方案和多传感器融合方案。纯视觉方案推动方主要为特斯拉，在方案中摄像头起主导作用，需要将多摄像头捕捉的2D图像映射到3D空间中，因此对算法与算力的要求高。多传感器融合方案，应用者较多，如华为、蔚来、小鹏等，方案中引入了可以直接测量距离的激光雷达，辅助摄像头计算物体的距离和速度，可以快速构建环境3D模型。

2. 智能网联汽车的定义

　　根据《智能网联汽车　术语和定义》（GB/T 44373—2024）中的定义，智能网联汽车是具备环境感知、智能决策和自动控制，或与外界信息交互，乃至协同控制功能的汽车。图1-2所示为小鹏智能网联汽车。

动画　智能
网联汽车的定义

图1-2　小鹏智能网联汽车

3. 智能汽车

　　智能汽车在一般的汽车上增加雷达、摄像头等先进传感器、控制器、执行器等装置，通过车载环境感知系统和信息终端实现与车、路、人等的信息交换，使车辆具备智能环境感知能力，能够自动分析车辆行驶的安全及危险状态，并使车辆按照人的意愿到达目的地，最终实现替代人来操作的目的。

　　智能汽车的初级阶段具有先进驾驶辅助系统（Advanced Driver Assistance Systems，ADAS），如前向碰撞预警系统、车道偏离预警系统、盲区监测系统、驾驶员疲劳预警系统、车道保持辅助系统、自动制动系统、自适应巡航系统等。ADAS 在汽车上的配置越多，其智能化程度越高，终极目标是无人驾驶汽车。

智能汽车的发展方向是自动化、网联化、智能化和共享化。智能汽车的自动化程度越高越接近自动化汽车，网联化程度越高越接近网联汽车，最终发展成为无人驾驶的智能网联汽车。

4. 网联汽车

网联汽车是指基于通信互联建立车与车之间连接、车与网络中心和智能交通系统等服务中心之间连接，甚至车与住宅、办公室以及一些公共基础设施连接的一种汽车，网联汽车实现了车内网络与车外网络之间、人 – 车 – 路 – 环境之间的信息交互。现阶段网联汽车的核心系统（Telematics）基于全球定位系统（Global Positioning System，GPS）技术、地理信息系统（Geographic Information System，GIS）技术、智能交通系统（Intelligent Transportation System，ITS）技术和无线通信技术，主要应用于卫星定位导航、交通信息预报、娱乐信息播放、道路救援、车辆应急预警、车辆自检测与维护等，如图 1 – 3 所示。

图 1 – 3　网联汽车

5. 无人驾驶汽车

无人驾驶汽车是除为处理紧急状况和临时性操控的装置外不设置供人工操作的转向、制动、加速等驾驶相关操纵件，专门设计为以自动方式进行驾驶的汽车。图 1 – 4 所示为百度 Apollo 无人驾驶汽车。

6. 智能交通

智能交通系统又称智能运输系统，是将先进的科学技术（信息技术、计算机技术、数据通信技术、传感器技术、电子控制技术、自动控制理论、运筹学、人工智能等）有效地综合应用于交通运输、服务控制和车辆制造，加强车辆、道路、使用者三者之间的联系，从而形成一种保障安全、提高效率、改善环境、节约能源的综合运输系统，如图 1 – 5 所示。

图 1-4　百度 Apollo 无人驾驶汽车

图 1-5　智能交通系统

二、智能网联汽车的分级

　　智能网联汽车的分类方法有很多，一般按技术发展阶段或应用领域进行分类。从技术发展角度看，智能网联汽车大体经历两个阶段：第一阶段是智能化汽车的初级发展阶段，主要以辅助驾驶系统为主；第二阶段是智能网联汽车发展的终极阶段，完全实现真正意义上的无人驾驶。智能网联汽车的分类如图 1-6 所示。从应用领域的角度来看，智能网联汽车有军用、民用两种类型，两者从外观和路线上有较大差别。业界一般把智能化汽车的发展过程划分为 5 个阶段：辅助驾驶（DA）阶段、部分自动驾驶（PA）阶段、有条件自动驾驶（CA）阶段、高度自动驾驶（HA）阶段和完全自动驾驶（FA）阶段。

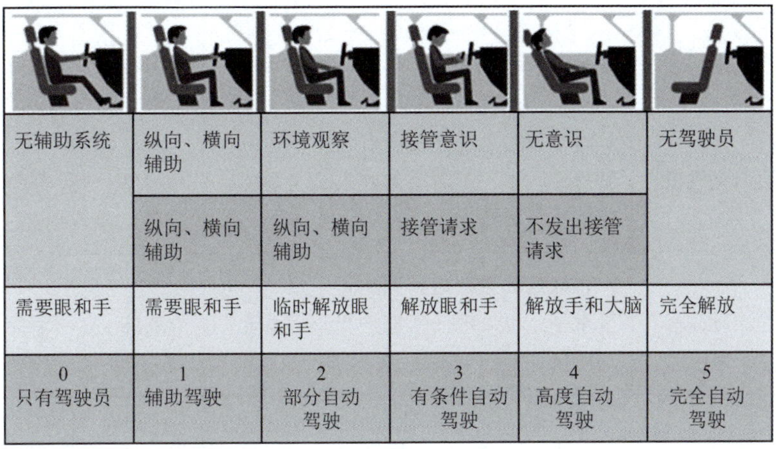

无辅助系统	纵向、横向辅助	环境观察	接管意识	无意识	无驾驶员
	纵向、横向辅助	纵向、横向辅助	接管请求	不发出接管请求	
需要眼和手	需要眼和手	临时解放眼和手	解放眼和手	解放手和大脑	完全解放
0 只有驾驶员	1 辅助驾驶	2 部分自动驾驶	3 有条件自动驾驶	4 高度自动驾驶	5 完全自动驾驶

图 1-6　智能网联汽车的分类

1. 美国汽车工程学会对自动驾驶的分级

自动驾驶汽车业内普遍接受的是 2018 年美国汽车工程师学会（Society of Automotive Engineers，SAE）在 J3016—2014 文件提出的自动驾驶分级定义，按照自动化程度分为 6 个等级，其中 L0 为没有任何智能辅助系统的级别，如表 1-1 所示。

表 1-1　美国汽车工程学会对自动驾驶的分级

分级	名称	定义	驾驶操作	环境监控	应急支援	系统作用范围
L0	无自动驾驶	人类驾驶员完成所有的驾驶操作，系统只起到警告和辅助作用	驾驶人	驾驶人	驾驶人	无
L1	辅助驾驶	辅助系统完成转向或者变速中的一项操作，其他所有驾驶操作由驾驶人完成	驾驶人或者系统	驾驶人	驾驶人	部分
L2	部分自动驾驶	辅助系统完成转向和变速操作，其他操作由驾驶人完成	系统	驾驶人	驾驶人	部分
L3	有条件自动驾驶	自动驾驶系统完成所有驾驶操作，需要驾驶人恰当应答系统的请求	系统	系统	驾驶人	部分

分级	名称	定义	驾驶操作	环境监控	应急支援	系统作用范围
L4	高度自动驾驶	自动驾驶系统完成所有驾驶操作，不一定需要驾驶人应答系统的请求	系统	系统	系统	部分
L5	完全自动驾驶	自动驾驶系统达到人类驾驶水平，可处理任何道路和环境条件下的驾驶情况	系统	系统	系统	全部

Level 0：驾控主体为驾驶人，不介入车辆操控，在任何道路、环境条件下，均由驾驶人进行感知、操纵、监控，包括操纵转向盘、加速踏板和制动踏板。

Level 1：驾控主体为驾驶人和机器，在限定道路和环境条件下，汽车具有一个或多个特殊自动控制功能，如自适应巡航控制系统、车道保持辅助系统等，但感知接管、监控干预仍需驾驶人完成。

Level 2：驾控主体为机器，在限定道路和环境条件下，汽车具有至少两个控制功能融合在一起实现的系统，不需要驾驶人对其进行控制，但驾驶人仍需要一直对周围环境进行感知，并监视系统情况，时刻准备在紧急情况下进行人工干预。

Level 3：驾控主体为机器，在限定道路和环境条件下，汽车能够让驾驶人完全不用控制汽车，而且可以自动检测环境的变化以判断是否返回驾驶人驾驶模式，但在紧急情况下仍需进行人工干预。

Level 4：驾控主体为机器，在限定道路和环境条件下，汽车能够自动执行完整的动态驾驶任务和动态驾驶任务支援，在特定环境下，系统会向驾驶人提出响应请求，驾驶人不需要对系统请求作出回应。

Level 5：驾控主体为机器，在任何道路和环境条件下，系统完全自动控制车辆，乘坐人员只需输入目的地，系统自动规划路线，检测道路环境，最终到达目的地。

2. 我国对自动驾驶的分级

2021 年 8 月 20 日，国家市场监督管理总局和国家标准化管理委员会发布了国家标准《汽车驾驶自动化分级》（GB/T 40429—2021），该标准于 2022 年 3 月 1 日正式实施。自动驾驶汽车以 5 个要素为主要依据，划分为 0 级（应急辅助）、1 级（部分驾驶辅助）、2 级（组合驾驶辅助）、3 级（有条件自动驾驶）、4 级（高度自动驾驶）、5 级（完全自动驾驶）共 6 个不同的等级，如图 1－7 所示。我国自动驾驶的分级条件如表 1－2 所示，和 SAE 对自动驾驶的分级标准相比，两者在整体分级思路和分级划分标准上大体一致，都把汽车的自动化程度划分为 6 种不同的等级。对每一等级自动驾驶汽车的具体界定，两种标准也大体相同，仅在某些方面存在一些区别。

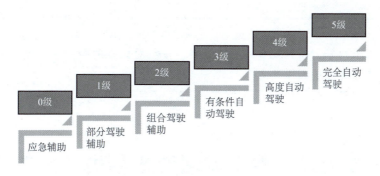

图 1-7 我国自动驾驶分级

表 1-2 我国自动驾驶的分级条件

分级	名称	车辆横向和纵向控制	目标和事件探测与响应	任务接管	设计运行条件
0 级	应急辅助	驾驶人	驾驶人及系统	驾驶人	有限制
1 级	部分驾驶辅助	驾驶人和系统	驾驶人及系统	驾驶人	有限制
2 级	组合驾驶辅助	系统	驾驶人及系统	驾驶人	有限制
3 级	有条件自动驾驶	系统	系统	动态驾驶任务接管用户（接管后成为驾驶人）	有限制
4 级	高度自动驾驶	系统	系统	系统	有限制
5 级	完全自动驾驶	系统	系统	系统	无限制※
※排除商业与法规限制					

0 级：驾驶自动化系统不能持续执行动态驾驶任务中的车辆横向或纵向运动控制，但具备持续执行动态驾驶任务中的部分目标和事件探测与响应的能力。

1 级：驾驶自动化系统在其设计运行条件内持续地执行动态驾驶任务中的车辆横向或纵向运动控制，且具备与所执行的车辆横向或纵向运动控制相适应的部分目标和事件探测与响应的能力。

微课 智能网联汽车的分级

2 级：驾驶自动化系统在其设计运行条件内持续地执行动态驾驶任务中的车辆横向和纵向运动控制，且具备与所执行的车辆横向和纵向运动控制相适应的部分目标和事件探测与响应的能力。

3 级：驾驶自动化系统在其设计运行条件内持续地执行全部动态驾驶任务。

4 级：驾驶自动化系统在其设计运行条件内持续地执行全部动态驾驶任务和执行动态驾驶任务接管。

5 级：驾驶自动化系统在任何可行驶条件下持续地执行全部动态驾驶任务和执行动态驾驶任务接管。

交流与思考

学习了以上内容，请据此查阅相关资料，分析对比我国和SAE对智能网联汽车分级的几点差异，并至少列出两点。

 # 单元二　智能网联汽车架构与关键技术

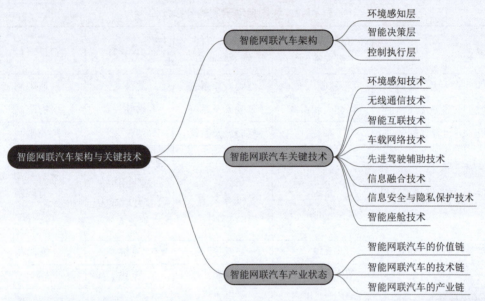

一、智能网联汽车架构

智能网联汽车以汽车为主体，利用环境感知技术实现车辆有序安全行驶，通过无线通信网络等手段为用户提供多样化信息服务。智能网联汽车由环境感知层、智能决策层以及控制执行层组成，如图1－8所示。

微课　智能网联
汽车的架构

1. 环境感知层

环境感知层的主要功能是通过车载环境感知技术（如视觉传感器、雷达、高精度地图与导航等）、车内网技术、4G/5G 及 V2X（Vehicle to Everything）无线通信技术等，实现车内与车外（如道路、车辆和行人等）静、动态信息的提取和收集，并向智能决策层输送信息，是智能网联汽车各类功能实现的前提。

2. 智能决策层

智能决策层的主要功能是接收环境感知层的信息并进行分析和处理，决策自动驾驶行为。智能决策层可以根据识别到的道路、车辆、行人、交通标志和交通信号等，理解驾驶环境，决策分析和判断车辆需要采取的驾驶模式以及将要执行的操作，并向车辆控制执行层输送指令。智能决策层是智能网联汽车各项功能得以实现的核心。

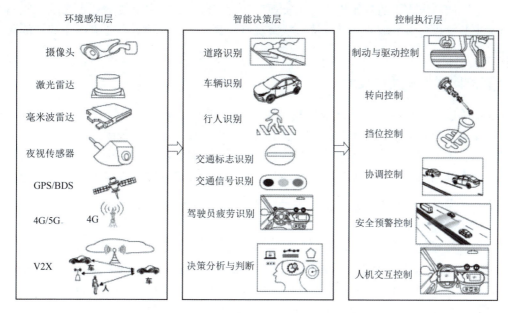

图1-8　智能网联汽车架构

3. 控制执行层

控制执行层的主要功能是根据智能决策层的指令来操作和控制车辆，通过交互系统向驾乘人员提供道路交通、安全、娱乐、救援、商务办公、在线消费等信息与服务，提供安全驾驶、舒适驾乘和智能交互等功能。控制执行层主要依赖于车辆底盘（转向、制动、驱动等）线控和车身电子电器（车门、车灯、仪表等），用于实现车辆的自动控制以及智能网联系统与车内驾乘人员的交互。

智能化和网联化是未来汽车工业的发展趋势。目前，智能网联汽车的发展还处于初级阶段，是辅助驾驶、半自动驾驶和全自动驾驶智能网联汽车逐渐成熟并得到广泛应用所必经的阶段。通过智能化和网联化的发展提高汽车的安全性，可以通过及时预警、合理的路径规划、主动控制来避免交通事故、降低能源消耗、减轻交通拥堵压力，满足消费者更多的安全、节能、舒适等功能需求，随着各项技术的进步、逐渐成熟以及消费者日益提升的需求，汽车的智能化和网联化势在必行。

小知识

2023年12月5日，交通运输部办公厅印发《自动驾驶汽车运输安全服务指南（试行）》，就自动驾驶汽车适用范围、应用场景、人员配备、运输车辆、安全保障和安全监督等8个方面作出明确要求。在此之前，2023年11月17日，工业和信息化部、公安部、住房和城乡建设部，以及交通运输部四部门联合发布《关于开展智能网联汽车准入和上路通行试点工作的通知》，正式对3级/4级自动驾驶的准入规范进行了具体要求，首次明确高阶智驾事故责任归属，并同步开启首批企业的遴选工作。不到20天时间，从明确规范3级/4级自动驾驶汽车的准入，到具体规范自动驾驶汽车的人员配备等要求，国家相关部门连出两大红头文件，在政策方面予以自动驾驶商业化运营强大的支持和保障。

智能网联汽车未来的发展趋势，从宏观角度看，是一个非常重要的移动终端，既满足出行需求又提供各类可能的交互场景；从微观角度看，是一个具备高度集成化的智能移动空间。

二、智能网联汽车关键技术

智能网联汽车在传统汽车技术的基础上融合大量信息感知、智能决策、车辆自动控制、网络通信等新技术，对相关技术发展提出了巨大挑战。在诸多技术中，新型电子电器信息架构、多类别传感器融合感知、新型智能终端、车载智能计算平台、车用无线通信网络、高精度地图与定位、云控基础平台等七大共性关键技术的突破直接决定了我国智能网联汽车产业的整体发展水平。

1. 环境感知技术

环境感知系统的任务是利用摄像头、毫米波雷达、激光雷达、超声波雷达等主要车载传感器以及 V2X 通信系统感知周围环境，通过提取路况信息、检测障碍物，为智能网联汽车提供决策依据，如图 1-9 所示。环境感知技术包括车辆本身状态感知、道路感知、行人感知、交通信号感知、交通标志感知、交通状况感知、周围车辆感知等。

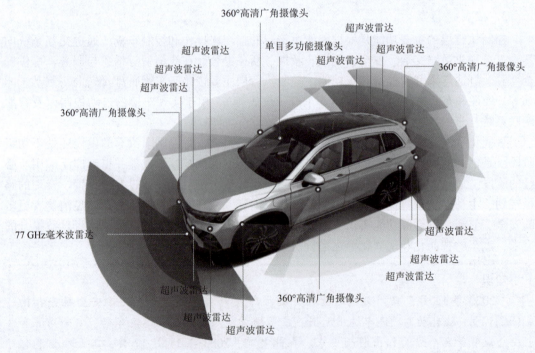

图 1-9　环境感知技术

（1）车辆本身状态感知。车辆本身状态感知包括行驶速度、行驶方向、行驶状态、车辆位置等。

（2）道路感知。道路感知包括道路类型检测、道路标线识别、道路状况判断、是否偏离行驶轨迹等。

（3）行人感知。行人感知主要判断车辆行驶前方是否有行人，包括白天行人识别、夜晚行人识别、被障碍物遮挡的行人识别等。

（4）交通信号感知。交通信号感知主要是自动识别交叉路口的信号灯，从而高效通过交叉路口。

（5）交通标志感知。交通标志感知主要是识别道路两侧的各种交通标志，如限速、弯道等，及时提醒驾驶员注意。

（6）交通状况感知。交通状况感知主要是检测道路交通拥堵情况、是否发生交通事故等，以便车辆选择通畅的路线行驶。

（7）周围车辆感知。周围车辆感知主要检测车辆前方、后方、侧方的车辆情况，也包括交叉路口被障碍物遮挡的车辆，避免发生碰撞。

在复杂的路况交通环境下，单一传感器无法完成全部环境感知，必须整合各种类型的传感器，利用传感器融合技术，使其为智能网联汽车提供更加真实可靠的路况环境信息。

交流与思考

激光雷达技术作为新兴传感器技术，其国产企业起步虽晚了一点，但并未落后太多，2024年1月31日，美国国防部正式将10多家中国企业列入"中国军方企业名单"，其中包括中国领先的激光雷达企业禾赛科技。2023年，国产车载激光雷达出货量数据暴涨45%，达71万台，远远甩开国外同行。中国车载激光雷达成为全球第一的国产传感器产业链条。国内外激光雷达产业犹如冰火两重天，在中国企业高歌猛进的同时，国外同行大多"奄奄一息"。2022年10月，德国激光雷达企业Ibeo发布公告称，由于无法获得进一步的增长融资，公司提交了破产申请；2022年11月，美国激光雷达制造商Ouster和Velodyne宣布合并，公司保留Ouster名称，业界称"抱团取暖"；2023年9月，德国汽车零部件企业博世宣布退出高端自动驾驶汽车激光雷达传感器的开发……

在中国高速发展的时代，庞大的国产市场、数量众多的国产汽车企业，给予国产激光雷达企业茁壮成长的沃土。目前，以禾赛科技等一大批国产企业为代表的中国激光雷达产业，正在引领全球。请同学们查阅相关激光雷达产业资料，列出国内主要的激光雷达生产企业以及历年来的出货量或者市场占有率。

---

2. 无线通信技术

无线通信技术包括长距离无线通信技术和短距离无线通信技术。

（1）长距离无线通信技术。长距离无线通信技术用于提供即时的互联网接入，主要采用4G/5G技术，特别是5G技术，有望成为车载长距离无线通信专用技术，如图1-10所示。

（2）短距离无线通信技术。专用短程通信（Dedicated Short Range Communication，DSRC）、LTE-V、蓝牙、WiFi，可以实现在特定区域内对高速运动下移动目标的识别和双向通信，如V2V（Vehicle to Vehicle，车-车）、V2I（Vehicle to Infrastructure，车-路）双向通信以及实时传输图像和数据等，如图1-11所示。

3. 智能互联技术

当两个车辆距离较远或被障碍物遮挡，直接通信无法完成时，两者之间的通信可以通过路侧单元（Road Side Unit，RSU）进行信息传递，构成一个无中心、完全自组织的车载

图 1 –10 5G 通信技术

图 1 –11 短距离无线通信技术

自组织网络。车载自组织网络依靠短距离通信技术实现 V2V 和 V2I 通信，它是在一定通信范围内车辆可以相互交换各自车速、位置等信息以及车载传感器感知的数据，并自动连接建立起一个移动的网络。如图 1 –12 所示，典型应用包括行驶安全预警、交叉路口协助驾驶、交通信息发布以及基于通信的纵向车辆控制等。

图 1 –12 智能互联技术

4. 车载网络技术

车载网络是指汽车的内部传感器、控制器和执行器之间的通信用点对点的连线方式连成复杂的网状结构，如图1-13所示。汽车上广泛应用的车载网络是CAN、LIN、Flex Ray和MOST总线等，它们的特点是传输速率小、带宽窄。随着越来越多的高清视频应用进入汽车，如ADAS、360°全景泊车系统和蓝光DVD播放系统等，它们的传输速率和带宽已无法满足需要。以太网最有可能进入智能网联汽车环境下工作，它采用星形连接架构，每一个设备或每一条链路都可以专享100 M带宽，而且传输速率达到万兆级。同时，以太网还可以顺应未来汽车行业的发展趋势，即开放性、兼容性原则，因此很容易将现有应用嵌入新的系统中。

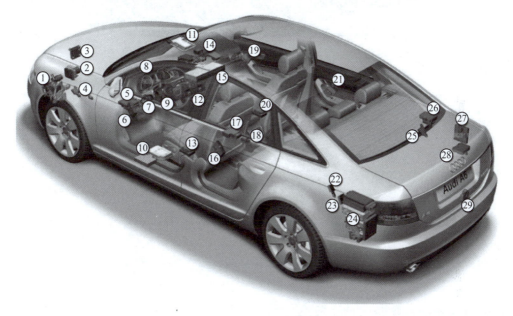

图1-13 车载网络技术

5. 先进驾驶辅助技术

先进驾驶辅助技术是指通过环境感知技术和智能互联技术对道路、车辆、行人、交通标志、交通信号等进行检测和识别，对识别信号进行分析处理，传输给执行机构，保障车辆安全行驶。先进驾驶辅助系统根据功能分成环境感知单元、信息处理单元和控制执行单元。环境感知单元形同人的眼睛，信息处理单元形同人的大脑，控制执行单元形同人的手脚，如图1-14所示。先进驾驶辅助技术是智能网联汽车重点发展的技术，其成熟程度和使用多少代表了智能网联汽车的技术水平，是其他关键技术的具体应用体现。

6. 信息融合技术

信息融合技术是指在一定准则下，利用计算机技术对多源信息进行分析和综合，以实现不同应用的分类任务而进行的处理过程。信息融合技术主要是对多源信息进行采集、传输、分析和综合，将不同数据源在时间和空间上的冗余或互补信息依据某种准则进行组合，产出完整、准确、及时、有效的综合信息，如图1-15所示。

摄像头
50°视角检测路况，28°视角检测车道线、红路灯，150°视角检测并行情况

驾驶员注意力监测
红外线摄像头(车内)
监测驾驶员注视前方道路，即使在眼镜、太阳镜等轻度光线干扰下也可以有效工作

摄像头
低速驻车、高速路况判断(环视摄像头)

超声波传感器
驻车专属微距感应传感器

短距离毫米波雷达

全距离毫米波雷达
远程毫米波雷达(LRR)

图 1-14　先进驾驶辅助系统

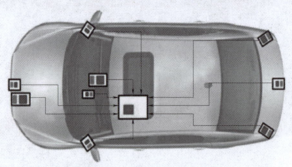

图 1-15　信息融合技术

7. 信息安全与隐私保护技术

在应用中，每辆车及其车主的信息都将随时随地传输到网络中被感知，这种暴露在网络中的信息很容易被窃取、干扰，甚至修改，从而直接影响智能网联汽车体系的安全。因此，在智能网联汽车中，必须重视信息安全与隐私保护技术，如图 1-16 所示。

图 1-16　信息安全与隐私保护技术

小知识

　　网络通信涉及车主信息安全与隐私，常见的信息安全技术主要包含算法加密、身份验证与授权、防火墙设置、入侵检测、病毒预防、安全审计、漏洞修复、网络隔离、通信加密等。在实际应用时，一般会根据场景需求，进行多种技术的组合应用，以提高信息安全等级。

8. 智能座舱技术

　　智能网联汽车人机界面的设计，如图1-17所示，最终目的是提供好的用户体验，增强用户的驾驶乐趣或驾驶中的操作体验。

　　智能网联汽车人机界面的功能集成车辆控制、功能设定、信息娱乐、导航系统、车载电话等多项功能，可以从查询、设置、切换车辆系统的各种信息等方面给驾驶者带来便捷，使车辆达到理想的运行和操纵状态。人机界面的设计必须在好的用户体验和安全之间做平衡，并且操作安全始终是首要的。

　　从汽车座舱升级路径情况来看，座舱产品正处于智能时代初级阶段。现阶段大部分座舱产品仍是分布式离散控制，即操作系统互相独立，核心技术体现为模块化、集成化设计。未来，随着高级别自动驾驶逐步应用，芯片和算法等性能增加，座舱产品将进一步升级，一芯多屏、多屏互融、立体式虚拟呈现等技术普及，核心技术体现为进一步集成智能驾驶的能力。

图1-17　智能座舱技术

三、智能网联汽车产业状态

　　智能网联汽车集中运用了汽车工程、人工智能、计算机、微电子、自动控制、通信与平台等技术，是一个集环境感知、规划决策、控制执行、信息交互等于一体的高新技术综合体，拥有相互依存的价值链、技术链和

微课　智能网联
汽车关键技术

产业链体系。

交流与思考

  伴随着中国汽车出海热度的升高，中国的智能驾驶方案也开始走出国门，抢占海外市场。2023年10月，小马智行与阿联酋阿布扎比投资局签订合作协议，宣布加入在马斯达尔城建设的阿布扎比智能驾驶汽车产业集群。同时，小马智行也获准了在阿布扎比亚斯岛开展自动驾驶道路测试。智己汽车的IMAD正在为技术出海作准备，感知层面已完成欧洲本地化适应性训练，规划算法已适配当地环境及驾驶习惯。中国智能驾驶方案陆续走出国门的趋势，透露出中国智能驾驶技术的整体升级。尽管中国智能驾驶方案出海的趋势逐步明晰，但出海过程中的挑战仍然不能忽视，例如，如何适应当地法规、对高精度地图的依赖、当地有关部门的监管等。

  想要继续扩大海外市场，作为新一代智能驾驶技术人才，同学们都应该奋发图强，努力学好专业知识，为今后向海外市场提供中国智能驾驶方案而不懈努力。

1. 智能网联汽车的价值链

  智能网联汽车不仅在提高行车安全、减轻驾驶员负担方面具有重要作用，还有助于节能环保和提高交通效率。研究表明，在智能网联汽车的初级阶段，具备驾驶辅助功能（1级和2级）的智能网联汽车，通过先进驾驶辅助技术有助于减少30%左右的交通事故，交通效率提升10%，油耗与排放降低5%。在智能网联汽车的中级阶段，智能网联汽车可以实现有条件自动驾驶功能（3级）和高度自动驾驶功能（4级），预计交通效率可提升20%。进入智能网联汽车的终极阶段，即完全自动驾驶（5级）阶段，甚至可以完全避免交通事故，提升交通效率30%以上，并最终把人从繁重的驾驶任务中解脱出来。这是智能网联汽车的价值魅力所在。

2. 智能网联汽车的技术链

  智能网联汽车涉及汽车、通信、交通等多种技术的交叉融合。其整体技术架构可描述为"三横两纵"，如图1-18所示。"三横"指车辆/设施关键技术、信息交互关键技术和基础支撑技术。智能网联汽车将以高精度定位等技术为基础，在保证信息安全的前提下，运用V2X通信、云平台与大数据等信息交互技术，丰富车辆的感知、决策、控制与执行

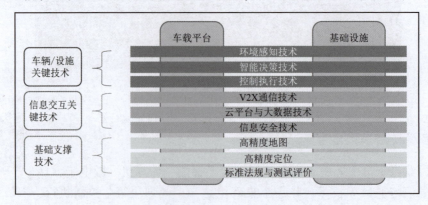

图1-18 智能网联汽车"三横两纵"技术链

能力，实现网联车辆的智能驾驶。"两纵"指支撑智能网联汽车发展的车载平台和基础设施。其核心是实现能够支撑车辆感知、决策、控制与执行的物理架构，以及实现能够支撑智能车辆行驶及车路信息交互的道路基础设施。

（1）环境感知技术。环境感知技术包括利用机器视觉的图像识别技术，利用雷达（激光、毫米波等）的周边障碍物检测技术、多源信息融合技术、传感器冗余设计技术等。

（2）智能决策技术。智能决策技术包括危险事态建模技术、危险预警与控制优先级划分技术、群体决策和协同技术、局部轨迹规划技术、驾驶员多样性影响分析等。

（3）控制执行技术。控制执行技术包括面向驱动/制动的纵向运动控制、面向转向的横向运动控制、基于驱动/制动/转向/悬架的底盘一体化控制、融合车联网通信及车载传感器的多车队列协同和车路协同控制等。

（4）V2X 通信技术。V2X 通信技术包括车辆专用通信系统、实现车辆间信息共享与协同控制的通信保障机制、移动自组织网络技术、多模式通信融合技术等。

（5）云平台与大数据技术。云平台与大数据技术包括智能网联汽车云平台架构与数据交互标准、云操作系统、数据高效存储和检索技术、大数据的关联分析和深度挖掘技术等。

（6）信息安全技术。信息安全技术包括汽车信息安全建模技术，数据存储、传输与应用三维安全体系，汽车信息安全测试方法，信息安全漏洞应急响应机制等。

（7）高精度地图与高精度定位技术。高精度地图与高精度定位技术包括高精度地图数据模型与采集形式、交换格式和物理存储的标准化技术，基于北斗地基增强的高精度定位技术，多源辅助定位技术等。

（8）标准法规与测试评价。标准法规包括智能网联汽车整体标准体系以及涉及汽车、交通、通信等各领域的关键技术标准。测试评价包括智能网联汽车测试评价方法与测试环境建设。

3. 智能网联汽车的产业链

智能网联汽车的产业链是传统汽车产业链的升级与延伸，包括上游产业支撑（感知系统、决策系统、执行系统、通信系统软硬件）、中游整车制造与解决方案以及下游应用。智能网联汽车产业链的上游主要分为包含传感器、高精度地图和高精度定位的感知系统板块；包含 AI 算法、芯片和操作系统的决策系统板块；包含云平台和电子架构的通信系统板块；包含线控底盘、集成控制系统的执行控制系统板块。中游主要为智能座舱、自动驾驶解决方案以及整车制造。下游是智能汽车的经销商、各类服务商等。具体产业链如图 1-19 所示。

文档 国家车联网产业标准体系建设指南（智能网联汽车）（2023 版）

根据《国家车联网产业标准体系建设指南（智能网联汽车）（2023 版）》中提出的发展目标，至 2025 年，制、修订 100 项以上智能网联汽车相关标准，涵盖组合驾驶辅助、自动驾驶关键系统、网联基础功能及操作系统、高性能计算芯片及数据应用等标准；至 2030 年，制、修订 140 项以上智能网联汽车相关标准并建立实施效果评估和动态完善机制。

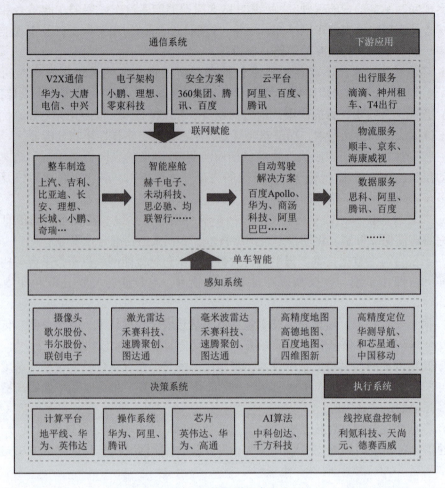

图1-19 智能网联汽车产业链

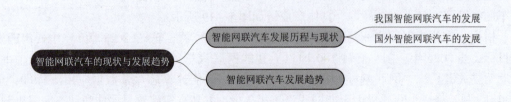

单元三　智能网联汽车的现状与发展趋势

- 智能网联汽车的现状与发展趋势
  - 智能网联汽车发展历程与现状
    - 我国智能网联汽车的发展
    - 国外智能网联汽车的发展
  - 智能网联汽车发展趋势

一、智能网联汽车发展历程与现状

1. 我国智能网联汽车的发展

微课 国内智能
网联汽车的发展

智能网联汽车产业发展包括单车自动化和车联网技术两大发展领域。在单车自动化领域，我国智能网联汽车在毫米波雷达、车规级激光雷达、大算力计算芯片等关键零部件方面已取得自主突破，开始进入前装量产阶段，逐步替代国外产品；在整车集成方面，我国多数汽车企业量产了 2 级辅助驾驶汽车，实现了辅助驾驶技术大规模商业化应用。在车联网技术领域，我国提出了通过"车路云一体化的融合系统"将智能网联汽车应用于智慧城市的方案，经过多年发展，目前已形成 C－V2X（Cellular－V2X）芯片、终端和系统的全产业链。

目前，我国主推单车结合车联网共同实现无人驾驶的技术路线，车联网产业的发展将会经历路端网络覆盖从无到有的过程，车联网功能也将会从最简单的信息交互到网络协同感知再到最终的网联协同决策与控制。高精度地图作为车联网产业链的上游技术，将对单车系统感知、定位、规划决策等环节起到强大的辅助作用。相较于国外，我国在智能网联汽车领域的研究起步较晚，但是国家一直非常重视智能网联汽车的发展，智能网联汽车的发展逐渐上升到国家的战略层面。

1989—1999 年，我国处于小范围区域研发智能网联阶段，自动驾驶研发主要集中在少数高校，一些整车企业开始与高校联合开展自动驾驶的研发工作。

2000—2006 年，我国处于国家层面支持阶段，国家开始设立智能交通攻关专项，如设立"智能交通系统关键技术开发和示范工程""现代交通技术领域"等。

2007—2015 年，我国处于车联网发展阶段，国家推动车联网技术发展，立项了"基于移动中继技术的车辆通信网络的研究""车路协同系统设计、信息交互和集成验证研究""车联网应用技术研究"等国家级课题。国内智能网联技术创新着力大范围合作，如中国汽车工程学会主导成立车联网产业技术创新战略联盟等。

2015 年以后，我国处于智能网联概念发展阶段，国家出台智能网联汽车的一系列宏观政策，着力发展智能网联汽车，明确智能网联汽车将成为智能交通系统的重要组成部分。

2016 年，工业和信息化部组织行业加紧制定智能网联汽车的发展战略、技术路线图和标准体系，交通运输部在实行"两客一危"车辆管理方面也为智能交通管理积累了丰富经验。

2018 年 3 月，由上海市经济和信息化委员会、市公安局和市交通委员会联合制定的《上海市智能网联汽车道路测试管理办法（试行）》正式发布，全国首批智能网联汽车开放道路测试号牌发放。上汽集团和蔚来汽车拿到上海市第一批智能网联汽车开放道路测试号牌。两家公司研发的智能网联汽车从位于嘉定的国家智能网联汽车（上海）试点示范区科普体验区（E－Zone）发车，在博园路展开首次道路测试。

2019 年 9 月 7 日，北京市启动车联网（智能网联汽车）与自动驾驶地图应用试点工作，并开放企业及科研机构申请参与试点测试。2020 年 12 月 22 日，为规范推动北京市智能汽车基础地图应用试点建设工作，北京市规划和自然资源委员会与北京市经济和信息化局于前期联合发布《北京市智能汽车基础地图应用试点暂行规定》和《北京市智能汽车基础地图应用试点申请指南》。

政策的制定能够大力推进智能网联汽车概念相关产业发展，表 1-3 是我国 2015 年以后智能化汽车相关产业政策梳理。

> **小知识**
>
> **中国第一辆无人驾驶车辆的诞生**
>
> 　　20 世纪 80 年代，我国开始了对智能移动机器人的研究，1980 年国家立项了"遥控驾驶的防核化侦察车"项目，哈尔滨工业大学、沈阳自动化研究所和国防科技大学三家单位参与了该项目的研究制造。
>
> 　　在 1991—1995 年期间，北京理工大学、国防科技大学等五家单位联合研制成功了 ATB-1（Autonomous Test Bed-1）无人车，这是我国第一辆能够自主行驶的测试样车，其行驶速度可以达到 21 km/h。ATB-1 的诞生标志着中国无人驾驶行业正式起步并进入探索期，无人驾驶的技术研发正式启动。

表 1-3　我国 2015 年以后智能化汽车相关产业政策梳理（部分列举）

时间	部门	文件	内容
2015.5	工业和信息化部	《国家集成电路产业发展推进纲要》	分领域、分门类逐步突破汽车电子等关键集成电路及嵌入式软件，提高对信息化与工业化深度融合的支撑能力
2016.3	国务院	《中国制造2025》	提出到 2020 年掌握智能辅助驾驶总体技术及各项关键技术，初步建立智能汽车自主研发体系及生产配套体系；到 2025 年掌握自动驾驶总体技术及各项关键技术，建立较完善的智能网联汽车自主研发体系、生产配套体系及产业群，基本完成汽车产业转型升级
2016.10	中国汽车工业协会	《"十三五"汽车产业发展规划意见》	提出八大目标，其中之一就是大力发展智能网联汽车。到 2020 年，具有驾驶辅助功能（1 级）的智能网联汽车当年新车渗透率达到 50%；条件自动驾驶（2 级）的当年新车渗透率达到 10%
2017.1	工业和信息化部	《软件和信息技术服务业发展规划（2016—2020 年）》	加快发展面向移动智能终端、智能网联汽车、机器人等平台的移动支付、位置服务、社交网络、数字内容服务以及智能应用、虚拟现实等新型在线运营服务
2017.4	工业和信息化部、国家发展和改革委员会、科学技术部	《汽车产业中长期发展规划》	将智能网联汽车提升到国家战略高度。提出到 2020 年，中国汽车智能化水平大幅提升，与国际同步发展，汽车驾驶辅助（1 级）、部分自动驾驶（2 级）以及有条件自动驾驶（3 级）的新车装配率超过 50%；到 2025 年，骨干企业研发、生产、销售等全面实现一体化智能转型，智能网联汽车进入世界先进行列，自动驾驶新车装配率达到 80%

时间	部门	文件	内容
2017.12	工业和信息化部、国家标准化管理委员会	《国家车联网产业标准体系建设指南（智能网联汽车）》	主要针对智能网联汽车通用规范、核心技术与关键产品应用，有目的、有计划、有重点地指导车联网产业智能网联汽车标准化工作，加快构建包括整车及关键系统部件功能安全和信息安全在内的智能网联汽车标准体系，充分发挥智能网联汽车标准在车联网产业关键技术、核心产品和功能应用的基础支撑和引领作用，并逐步形成统一、协调的国家车联网产业标准体系架构
2018.1	国家发展和改革委员会	《智能汽车创新发展战略（征求意见稿）》	2020年国家智能汽车占比达50%，中高级别智能汽车实现市场化应用，重点区域示范运行取得成效。大城市、高速公路LTE-V2X覆盖率达到90%，北斗高精度时空服务实现全覆盖；2025年中国标准智能汽车的技术创新、产业生态、网络设施、法规标准、产品监管和信息安全体系全面形成。新车基本实现智能化，高级别智能汽车实现规模化应用。"人-车-路-云"实现高度协同，新一代车用无线通信网络5G-V2X基本满足智能汽车发展需求
2018.12	国家发展和改革委员会	《车联网（智能网联汽车）产业发展行动计划》	到2020年能够支撑有条件自动驾驶（3级）及以上的智能网联汽车技术体系，新车驾驶辅助系统（2级）搭载率达到30%以上，联网车载信息服务终端的新车装配率达到60%以上
2019.9	中共中央、国务院	《交通强国建设纲要》	明确提出加强智能网联汽车（智能网联汽车、自动驾驶、车路协同）研发，形成自主可控完整的产业链。强调推进数据资源赋能交通发展。加速交通基础设施网、运输服务网、能源网与信息网络融合发展，构建泛在先进的交通信息基础设施
2020.2	国家发展和改革委员会、工业和信息化部等11部委联合	《智能汽车创新发展战略》	（1）2020年1级新车渗透率达到50%，2级新车渗透率达到10%，大城市高速公路LTE-V2X覆盖率达到90%。 （2）2025年有条件自动驾驶（3级）的规模化生产，中国标准智能汽车的技术创新、产业生态、基础设施、法规标准、产品监管和网络安全体系基本形成，高度自动驾驶（4级）的特定环境下市场化应用，LTE-V2X实现区域覆盖，5G-V2X在部分城市、高速公路逐步开展应用，高精度时空基准服务网络实现全覆盖。 （3）到2035年中国成为智能汽车强国，2035—2050年中国标准智能汽车体系全面建成、更加完善

续表

时间	部门	文件	内容
2020.3	工业和信息化部	《汽车驾驶自动化分级》	基于驾驶自动化系统能够执行动态驾驶任务的程度，根据在执行动态驾驶任务中的角色分配以及有无涉及运行条件限制，将驾驶自动化分成0~5级，共6个等级
2020.4	工业和信息化部	《2020年智能网联汽车标准化工作要点》	针对驾驶辅助系统、自动驾驶、信息安全、功能安全、汽车网联功能与应用等领域特点，有计划、有重点地部署标准研究与制定工作。强化标准前期预研和关键技术指标验证，提高标准与产业发展的匹配度。选择典型企业和产品，开展标准实施效果跟踪评价

2. 国外智能网联汽车的发展

研究表明，先进的智能驾驶辅助技术可以减少30%左右的交通事故，提高10%的交通效率，降低5%的燃油消耗和排放。如果进入智能网联汽车的全自动驾驶状态，极有可能将交通效率提高30%以上，并几乎完全避免交通事故，帮助人类摆脱烦躁的驾驶任务以及交通事故带来的困扰。

微课　国外智能
网联汽车发展

在美国、欧洲、日本等发达国家和地区，自动驾驶技术是未来交通发展的重要方向，在技术研发、道路测试、标准法规和政策等方面，为智能网联汽车的发展提供了条件。

1）美国自动驾驶汽车技术发展现状

从1991年建设智能交通系统开始，美国就将发展智能网联汽车作为发展智能交通系统的一项重点工作内容，并通过制定国家战略和法规的方式引导产业发展。美国交通运输部在2011年10月开始主持研究并测试网联汽车技术，经过几个月的研究和实践，认可了网联汽车技术具有安全性的潜力优势。从此以后，美国正式掀开了网联汽车研究与应用部署的篇章。2015年，美国发布《美国智能交通系统（ITS）战略规划（2015—2019年）》，将智能网联汽车作为发展智能交通系统的重点。2016年，美国发布了《联邦自动驾驶汽车政策指南》，引起行业广泛关注。早在2013年，美国国家高速公路交通安全管理局（NHTSA）就发布了《关于自动驾驶仪车辆控制政策的初步意见》，并制定了支持自动驾驶技术发展和推广的自动驾驶考核标准。2016年9月，为有效利用技术变化提供指导，美国交通部发布了一项《联邦自动驾驶汽车政策》，为自动驾驶安全部署提供政策监管框架。2017年9月，美国众议院一致通过了《自动驾驶法案（Self Drive Act，H. R. 3388）》，为美国自主车辆的成功开发、技术创新、技术测试和安全部署提供了重要支持。该法案要求自动驾驶汽车制造商或系统供应商向监管机构提交安全评估证书，以证明其自动驾驶汽车在数据、产品和功能方面采取了充分的安全措施。2018年，美国发布《准备迎接未来交通：自动驾驶汽车3.0》作为自动驾驶产业指导性纲领，引导自动驾驶和智能交通融合发展。美国智能网联汽车发展战略如表1-4所示。

表 1-4　美国智能网联汽车发展战略

年份	国家机构	文件名称	内容
2015 年	美国交通部	《美国智能交通系统（ITS）战略规划（2015—2019 年）》	明确了美国 ITS 战略升级为网联化与智能化的双重发展战略
2016 年	美国交通部	《联邦自动驾驶汽车政策指南》	将自动驾驶的安全监管首次纳入联邦法律框架
2017 年	美国交通部	《自动驾驶系统 2.0 安全展望》	鼓励各州重新评估现有的法律法规，为自动驾驶的测试和部署扫除障碍
2018 年	美国交通部	《准备迎接未来交通：自动驾驶汽车 3.0》	致力于推动自动驾驶技术与地面交通系统多种运输模式的安全融合
2019 年	美国交通部	《确保美国自动驾驶领先地位：自动驾驶汽车 4.0》	介绍自动驾驶带来的经济和社会效益以及三大原则；列举为自动驾驶创新者提供的资源

2）欧洲

欧盟于 2012 年颁布法规，要求所有商用车在 2013 年 11 月之前安装自动紧急制动（AEB）系统。自 2014 年起，在欧盟市场销售的所有新车都必须配备 AEB，没有该系统的车辆将很难获得欧盟新车安全评鉴协会（E-NCAP）五星级安全认证。沃尔沃的城市安全系统、本田的碰撞缓解制动系统（CMBS）和梅赛德斯-奔驰的预警安全系统 PRE-SAFE 都属于这类系统。

戴姆勒的梅赛德斯-奔驰 S 系列汽车、配备激光雷达的奥迪 A8 可以实现在遇到交通堵塞时自动跟踪前方汽车，提供缓解交通拥堵功能。

数据显示，从 2010 年 1 月到 2017 年 7 月，全世界共有 5839 项与自动驾驶汽车相关的技术专利。在专利数量最多的 10 家公司中，6 家是德国公司，3 家是美国公司。德国的博世拥有 958 项专利，远远高于排名第二的奥迪。

自德国加入的《维也纳道路交通公约》要求驾驶人始终控制车辆以来，德国的自动驾驶汽车道路试验已在海外开展"自动驾驶系统根据需要控制车辆，驾驶人可以随时接管"。在德国，只有德国汽车公司才能具备自动驾驶本土化测试条件。2017 年 6 月，德国颁布了世界上第一部自动驾驶法，即《道路交通法修订案》，该修订案允许自动驾驶系统在特定条件下取代人类驾驶车辆，极大地促进了德国道路的自动驾驶技术测试条件与自动驾驶技术推动进度。为此，德国率先开放了 A9 高速公路的部分路段用于自动驾驶技术测试。此外，德国还公布了世界上第一个针对自动驾驶的道德标准，为自动驾驶系统设计和伦理道德研究提供了强有力的支持。该准则允许自动车辆优先处理事故，并将其纳入系统的自我学习。自动驾驶的道德准则部分内容如下。

（1）自动驾驶系统必须始终确保事故比人类驾驶者少。

（2）人类安全必须始终优先于动物或其他财产。

（3）当自动驾驶汽车发生不可避免的事故时，不允许基于年龄、性别、种族、身体特征或任何其他区别因素作出歧视性判断。

（4）在任何驾驶情况下，无论驾驶者是人还是自动驾驶系统，责任方必须遵守既定的道路法规。

（5）为了确定事故责任方，自动驾驶车辆必须配备"黑匣子"，随时记录和存储驾驶数据。

（6）自动驾驶车辆将保留车辆记录数据的唯一所有权，该所有权可决定数据是否由第三方保存或转发。

（7）尽管车辆在紧急情况下可能会自动反应，但在一个更道德和模糊的事件中，人类应该重新控制车辆。

与美国工厂企业由无人驾驶的市场应用探索并从中析出低级驾驶辅助技术不同，德国自动驾驶采取了一种由低级的驾驶辅助逐渐向最高等级驾驶升级的渐进式发展路线，这种路线是目前在无人驾驶领域典型的研究和市场策略。

英国政府设立了2亿英镑的特别基金，以促进英国自动驾驶技术的研究、开发和部署。自2015年以来的3年里，该基金在英国的4个城市（米尔顿凯恩斯、格林尼治、布里斯托尔、南格洛斯特郡）推广了3个自动驾驶示范项目：AutoDrive、Gateway和Venturer，解决了自动驾驶技术、商业模式、法律、保险和工业应用等问题。

2017年2月，英国政府颁布了《汽车技术与航空法》，从保险法规的角度保护人民的安全，减轻汽车制造商和软件开发商的压力，加快智能汽车技术的发展。

2017年8月，英国交通部和国家基础设施保护中心发布了《联网和自主车辆网络安全的关键原则》，涵盖了个人数据安全、远程车辆控制等技术的基本原则，以确保智能车在设计、开发和制造过程中的网络安全和信息安全。欧洲智能网联汽车研发和测试层面发展如表1－5所示。

表1－5 欧洲智能网联汽车研发和测试层面发展

年份	文件	内容
2017年	《道路交通法第八修订案》	（1）允许自动驾驶系统在特定条件下代替人类驾驶汽车，只要车辆获得官方认证或欧盟EC形式认证，就可获得车牌。该修订案并未限定自动驾驶车辆的行驶范围，其可在德国全境道路上行驶。 （2）驾驶人需要保持警觉，负有无延迟地重新控制汽车的义务。可能出现即使在事故结果不可回避的情况下，也因驾驶人没有尽到保持警觉的义务而判其承担责任
2017年	《自动化和网联化车辆交通伦理准则》	（1）自动驾驶系统要求永远保持比人类驾驶员造成的事故少。 （2）人类的安全必须始终优先于动物或其他财产。 （3）当自动驾驶车辆发生不可避免的事故时，任何基于年龄、性别、种族身体属性或任何其他区别因素的歧视判断都是不允许的。 （4）在任何驾驶情况下，责任方，无论驾驶者是人还是自动驾驶系统，都必须遵守已经明确的道路法规。 （5）为了辩解事故承担责任方，自动驾驶车辆必须配备始终记录和存储行车数据的黑匣子。 （6）自动驾驶汽车将对车辆所记录的数据保留唯一所有权，其可决定是否由第三方保管或转发

年份	文件	内容
2020 年	《欧盟自动驾驶车辆许可豁免流程指南》	豁免重点为 L3 和 L4 的自动驾驶车辆，且做过测试并即将在 2020 年量产的车型。指南规定了欧盟和成员国如何对相关车辆进行形式认证，包括车辆安全、人机界面、驾驶任务交接、黑匣子安装、网络安全等方面内容，为 L3/L4 自动驾驶车辆量产准入做好准备

3）日本

日本的交通设施基础较好，拥有比较领先的 ITS，智能网联汽车技术水平稳步推进，日本在汽车智能化和网联化领域都做了研究。在智能化方面，日本从 1991 年开始支持先进安全汽车（ASV）项目，5 年为一期，至今已经开展了 5 期。2010—2015 年为 ASV 项目的第五期，主要的研究方向包括安全驾驶和驾驶人监控技术、基于 V2X 协同通信的车辆驾驶辅助系统应用、先进安全技术的商业化应用与提高用户可接受程度、先进安全汽车与国际相关技术标准的协调与兼容性。在网联化方面，日本于 2005 年启动了 CVHS 的车载信息系统和路测系统的集成开发和试验。日本警察厅于 2016 年 5 月颁布《自动驾驶汽车道路测试指南》，允许自动驾驶汽车上道路测试试验。日本的东京海上日动火灾保险已经明确，从 2017 年 4 月起，把自动驾驶期间的交通事故列入汽车保险的赔付对象，据悉这是日本国内首例以自动驾驶为对象的保险。日本政府在 2013 年推进的复兴计划里启动了自动驾驶相关项目，并在自动驾驶系统研发计划中提出，到 2030 年，实现完全自动驾驶汽车的目标。2020 年日本政府在限定地区解禁无人驾驶的自动驾驶汽车，到 2025 年，实现在日本国内形成完全自动驾驶汽车市场的目标。2018 年，日本发布《自动驾驶汽车安全技术指南》，规定了 L3、L4 自动驾驶汽车必须满足的一系列安全条件，加快推进本土汽车厂商对自动驾驶技术的进一步开发，并计划探讨自动驾驶相关国际标准的制订。日本智能网联汽车发展战略如表 1-6 所示。

表 1-6　日本智能网联汽车发展战略

年份	文件	内容
2017 年	《2017 官民 ITS 构想及路线图》	L2 及以下的自动驾驶在日本现行法律范围之内，要想让 L3 及以上的自动驾驶实现市场化，则有必要进一步修改相关法律法规
2019 年	《道路运输车辆法》	（1）在安保标准对象装置中追加自动运行装置。自动运行装置是指在通过软件程序使车辆自动行驶时，必须安装摄像头、雷达等，而这些装置必须有能力代替驾驶员进行认知、预测、判断及操作。 　　（2）引入汽车电子检查的同时，与该检查相关的必要技术信息管理工作由日本独立行政法人——汽车技术综合机构负责。 　　（3）车辆的检查和整修方面，摄像头、传感器、雷达等自动运行装置的相关整修也纳入其中。此外，车企有义务提供检查、整修所需的技术信息

二、智能网联汽车发展趋势

随着智能网联技术的发展与政策的支持，我国智能网联汽车行业逐渐进入发展的快速期。根据赛迪顾问数据，中国智能网联汽车产业规模由 2019 年的 1 656.0 亿元增长至 2021 年的 4 005.3 亿元，年均增长率达 55.52%，产业发展呈高速增长态势。在 5G 商用加速落地、车辆电动化转型全面推进等因素的驱动下，预计 2024 年中国智能网联汽车规模将突破万亿元大关。

截至 2022 年年底，全国已有 50 多个城市级车联网试点示范点，其中，工业和信息化部、交通运输部、住房和城乡建设部、国家发展和改革委员会等国家部委推进的示范点达 40 余个。产业相关的智能网联示范项目基本覆盖全部一线和大部分新一线城市。智能网联汽车产业生态较为复杂，市场参与者众多，涉及汽车制造企业、零部件企业、信息和通信技术（ICT）企业、互联网企业等。汽车制造企业制定智能网联汽车战略规划，强化车联网布局；互联网企业依托技术和资金优势进军车联网市场，开展自主造车或提供技术方案。

目前，我国自动驾驶技术逐步由 2 级向 2 + 级、3 级过渡，汽车智能化的渗透率不断提升。但受技术、法规等制约，目前 3 级自动驾驶仍未能大规模量产落地，仅搭载在小批量车型之上，或在 2 + 级的车型上体现部分 3 级的功能。因此，当前的自动驾驶技术尚未越过 3 级这一分水岭，处于初级发展阶段。

2020 年 2 月，国家发展和改革委员会正式发布《智能汽车创新发展战略》，提出战略愿景，到 2025 年，中国标准智能汽车的技术创新、产业生态、基础设施、法规标准、产品监管和网络安全体系基本形成。从总体目标来看，围绕中国标准、中国方案的智能汽车，首先要建立自主可控的技术创新体系，其次要实现智能汽车的产业应用，带来产业变革，最终解决社会重大问题，为我国从汽车大国向汽车强国迈进做重要支撑。"十四五"时期将会是国内自动驾驶市场发展的关键阶段，《智能汽车创新发展战略》中提到，到 2025 年，实现 2 级自动驾驶规模化生产，3 级在特定环境下市场化应用。随着政策环境的进一步放开，以及相关软硬件技术的快速发展，3 级及以上等级自动驾驶汽车有望加快进入市场。发展战略中还提到，到 2025 年，智能交通系统和智慧城市相关设施建设取得积极进展，车用无线通信网络（LTE – V2X 等）实现区域覆盖，新一代车用无线通信网络（5G – V2X）在部分城市、高速公路逐步开展应用，高精度时空基准服务网络实现全覆盖。

交流与思考

我国发展自动驾驶汽车不仅是解决汽车社会交通安全、道路拥堵等问题的重要手段，也是构建智慧出行、服务新型产业生态的核心要素，更是推进交通强国、数字中国、智慧社会建设的重要载体，已成为新时代汽车产业转型升级的重要突破口，也是在抢占全球汽车产业技术变革的战略制高点。

国家顶层设计将智能网联汽车定义为战略发展方向，其产业意义深远，重要性与新能源汽车相当。现有的整车制造企业，倾向于温和渐进的策略。他们认为只有当技术足够成熟、社会障碍彻底清除时，全自动驾驶汽车才可能实现。在此期间，整车制造企业将遵从既定的方式进行市场化，首先在高端车型上配备自动驾驶模块。智能网联汽车的发展前景如图 1 – 20 所示。

图1-20 智能网联汽车的发展前景

单元四 智能网联汽车应用场景与面临的挑战

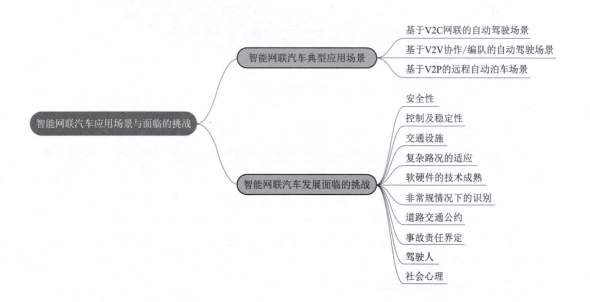

一、智能网联汽车典型应用场景

智能网联汽车以"两端一云"为主体、路基设施为条件，包括智能化汽车、移动智能终端、车联网服务平台等对象，涉及 V2C（车－云）、V2V（车－车）、V2P（Vehicle to Pedestrian，车－人）、V2I（车－路）、车内通信 5 个场景。

微课 智能网联汽车
典型应用场景

1. 基于 V2C 网联的自动驾驶场景

图 1－21 所示为基于 V2C 网联的自动驾驶场景。V2C 通信是指车辆通过卫星或移动蜂窝等无线通信技术实现车辆与车联网服务平台的信息传输。一方面将自身的位置和状态信息上传给云服务器，供他人使用；另一方面接收平台下达的相关控制指令或其他相关信息，控制车辆的运行。基于 V2C 网联的自动驾驶对网络的要求非常高，一方面要保证数据的传输速率，另一方面要保证及时性，否则车辆将无所适从。

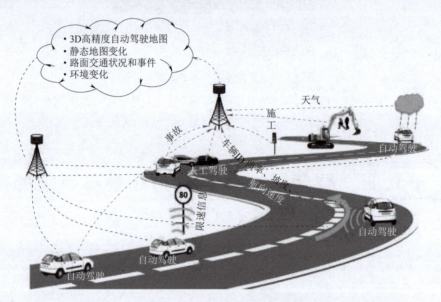

图 1－21 基于 V2C 网联的自动驾驶场景

2. 基于 V2V 协作/编队的自动驾驶场景

V2V 通信是指车辆与车辆之间实现信息交流与信息共享，包括车辆位置、行驶速度等车辆状态信息，可用于判断道路车流状况和形成编队行驶。以排头的车辆作为头车，跟随车辆通过 V2V 车联网实时连接，根据头车的操作而变更驾驶策略，整个车队以极小的车距编队自动驾驶，把车辆开出婚车仪仗队的既视感，如图 1－22 所示。编队行驶状态可以在节省油耗的同时更高效地完成货物运输，减少疲劳驾驶等情况带来的事故风险，也可释放更多车道，缓解交通压力。

3. 基于 V2P 的远程自动泊车场景

V2P 通信是指用户可以通过 WiFi、蓝牙、蜂窝等无线通信手段与车辆进行信息沟通，使用户能通过对应的移动终端设备监测并控制车辆。例如，利用远程通信设备通知车辆白

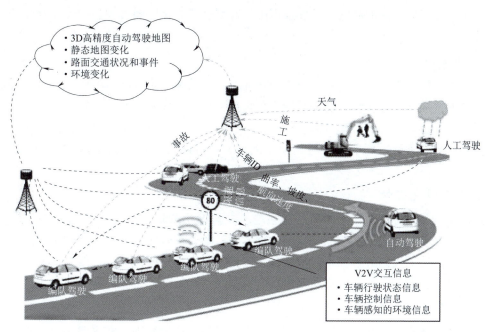

图1-22　编队自动驾驶

主到达停车泊位，或者利用远程通信设备通知车辆自主到达上车地点，无须驾驶人或乘客在上下车地点和停车泊位之间来回走动，如图1-23所示。

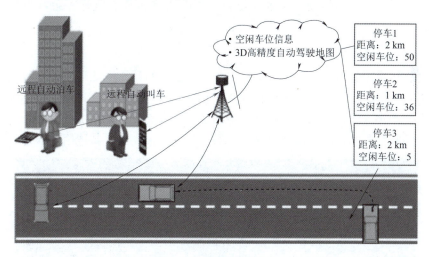

图1-23　远程自动泊车

二、智能网联汽车发展面临的挑战

在汽车工业4.0时代已经有共识，智能网联汽车是汽车产业发展的战略方向。国际上发达国家通过国家战略协同和各方面的推进，已经形成了智能网联汽车发展的先发优势。面对国际上智能网联汽车产

微课　智能网联汽车
发展面临的挑战

业的竞争，在我国智能网联汽车发展过程中，特别是产业化发展过程当中，还存在着一系列挑战。

1. 安全性

信息安全技术包括汽车信息安全建模技术，数据存储、传输与应用三维度安全体系，汽车信息安全测试方法，信息安全漏洞应急响应机制等。智能网联汽车在运行过程中会依托大量数据，这些数据对行车方向、车速，特别是高精度地图的生成具有关键作用。如果这些数据或与之紧密关联的配套设施发生问题，就可能使数据传输延迟，从而造成交通事故。

2. 控制及稳定性

控制执行技术主要包括面向驱动和制动的纵向运动控制、面向转向的横向运动控制；基于驱动、制动、转向、悬架的底盘一体化控制；融合车联网通信及车载传感器的多车队列协同和车路协同控制等。如果线控底盘无法精确执行决策层的指令，就会造成车辆的运动无法高精度控制，从而影响交通安全。

3. 交通设施

传统的交通设施往往是非智能的，甚至很多只是一个标志牌，在光线满足视觉要求的情况下可以看到，而在其他状况下就很难看到。需要探究实现商业化运营所需解决的技术、经济和法律等方面的问题，促进智能网联汽车商业运营所涉及的技术、法规和标准体系的建立与完善，推动开放城镇、乡村、高速路等场景，在限定区域内率先实现真实应用环境下半自动驾驶及自动驾驶等车辆在出行、智能物流和政府监管等运输服务上的创新应用。

4. 复杂路况的适应

普通道路和高速公路都是有潜在风险的，高速公路的互联互通造成特别繁杂的桥梁设计，如图1-24所示，但高速公路没有行人和非机动车的干扰，而普通道路不仅受到行人和非机动车的干扰，而且干扰因素极其复杂和多变，因此普通道路更具有复杂性和不可预见性。智能网联汽车能否准确识别道路状态的变化，直接决定了其适用性的高低。

图1-24 复杂路况

5. 软硬件的技术成熟

不管是环境感知层、智能决策层、控制和执行层，还是软件或硬件，普遍存在着技术不太成熟的地方，这就导致智能网联汽车在实际使用过程中，不能客观反映自己的位置，不能真实反映周围的环境，不能正确反映车辆的行驶状态，不能对环境感知做出恰如其分的决策，不能控制车辆的正确运行，从而导致人们对于该技术的信任度还不是很高。

6. 非常规情况下的识别

任何系统，不管是硬件还是软件，都可能会出现故障，例如，信号突然失效，堵车时交警与信号灯指示相冲突情况下汽车是否依然遵循信号灯指示，还有更加复杂的"碰瓷"、插队等突发情况，如图 1−25 所示。这都要求系统必须有足够的冗余，以保证车辆的正常运营。

图 1−25 非常规状态识别

7. 道路交通公约

我国自动驾驶相关标准的制定权分属政府的不同部门，《公路法》《保险法》等并未包含自动驾驶的相关内容，《网络安全法》《测绘法》等也存在与自动驾驶发展所不适用的规定，这些方面都亟待完善和改革。

8. 事故责任界定

智能网联汽车一旦发生交通事故，服务软件和智能驾驶系统出事的概率比较大，责任或主要责任很大可能在相关服务软件提供商（网络提供商、内容提供商、车载信息服务提供商）及驾驶技术提供商（设备提供商、整车厂商）身上，车主或车辆乘员在更多情况下并非事故责任者。

> **交流与思考**
>
> 2023 年 11 月，工业和信息化部、公安部、住房和城乡建设部以及交通运输部，四部委联合发布了《关于开展智能网联汽车准入和上路通行试点工作的通知》。在上路通行部分中，对 3 级/4 级的自动驾驶车辆，明确了事故责任划分，请同学们查阅相关资料，并理解关于事故责任划分的具体规定。

9. 驾驶人

智能网联汽车是驾驶人员和机器共同驾驶模式，存在驾驶人员与智能驾驶的相互交接问题，若驾驶人员对智能辅助功能生疏，相关操作缺乏配合，在人机切换时就可能发生交通事故。另外，智能网联汽车的各种便捷功能较多，尤其通信、娱乐等功能可能会吸引驾驶人员的注意力，导致驾驶人员注意力分散而增加事故风险。

10. 社会心理

当人类把自己的生命以新的形式完全交给机器，人类与这个社会的连接越来越软件化时，社会心理的巨大惯性将成为最大的阻力。

项目实施

考查计划组织、团队协作、安全防护、操作规范、诚实守信、绿色环保等职业素养。

一、实施准备

车型相关技术资料、多媒体设备等。

二、实施步骤

1. 任务分组

按照班级学生的数量分为若干小组，并明确每个人的任务。

2. 自主学习

（1）查阅国产传统汽车品牌车型相关技术资料，明确车辆基本参数，完成项目工单相关信息的填写。

（2）查阅国产新势力汽车品牌车型相关技术资料，明确车辆基本参数，完成项目工单相关信息的填写。

（3）查阅外资汽车品牌车型相关技术资料，明确车辆基本参数，完成项目工单相关信息的填写。

3. 小组讨论

各小组结合项目工单进行讨论，形成汇报成果。

4. 小组汇报

各小组通过角色扮演的方式分别向小组成员介绍一款国产传统汽车品牌车型、一款国产新势力汽车品牌车型、一款外资汽车品牌车型的智能化等级，先进驾驶辅助系统类型，先进驾驶辅助系统使用的传感器类型及网联化技术。

5.5S 工作

三、项目工单

任务名称		智能网联汽车的认知						
姓名			班级			学号		
填写任务记录								
一款国产传统汽车品牌车型	品牌							
	车型							
	等级	□0 级 □1 级 □2 级 □3 级 □4 级 □5 级						
	先进驾驶辅助系统类型							
	先进驾驶辅助系统使用的传感器类型	□视觉传感器 □超声波雷达 □毫米波雷达 □激光雷达						
	网联化技术							
一款国产新势力汽车品牌车型	品牌							
	车型							
	等级	□0 级 □1 级 □2 级 □3 级 □4 级 □5 级						
	先进驾驶辅助系统类型							
	先进驾驶辅助系统使用的传感器类型	□视觉传感器 □超声波雷达 □毫米波雷达 □激光雷达						
	网联化技术							
一款外资汽车品牌车型	品牌							
	车型							
	等级	□0 级 □1 级 □2 级 □3 级 □4 级 □5 级						
	先进驾驶辅助系统类型							
	先进驾驶辅助系统使用的传感器类型	□视觉传感器 □超声波雷达 □毫米波雷达 □激光雷达						
	网联化技术							
对比不同智能网联汽车的功能和特点								

项目评价

各小组汇报完成后，完成小组自评、小组互评、教师评价，并将结果填入表中。

评价项目	评价标准	小组评价（占50%）	教师评价（占50%）
知识准备（20分）	熟悉智能网联汽车的定义与分级		
	熟悉智能网联汽车的关键技术及应用场景		
知识拓展（10分）	会结合生活实际举例说明智能网联汽车的应用，养成自主学习的习惯，具备资料收集和处理的能力		
项目实施（40分）	能够明确智能网联汽车的分级方法		
	能够明确智能网联汽车先进驾驶辅助系统的类型		
	能够明确智能网联汽车先进驾驶辅助系统使用的传感器类型		
	能够明确智能网联汽车采用的网联化技术		
综合表现（30分）	任务汇报：能正确填写工单且汇报思路清晰，能准确表达，总结到位，具有创新意识		
	工作态度：能与小组成员和同学合作交流、协调工作，认真严谨、积极主动、安全生产、绿色环保		
	5S管理：操作规范，完成竣工检验、现场恢复		
合计			
总评分			
教师评语			
		日期： 年 月 日	

项目小结

本项目主要学习了智能网联汽车的基本定义、分级、体系架构、涉及的关键技术领域以及发展现状和未来面临的诸多挑战等知识，通过本项目的学习，读者对智能网联汽车及其涉及的产业、技术等领域形成宏观认知，对后续深入学习相关知识产生积极的兴趣。

拓展阅读

奋起直追，努力破除"缺芯"问题

党的二十大报告中指出，必须坚持科技是第一生产力、人才是第一资源、创新是第一动力，深入实施科教兴国战略、人才强国战略、创新驱动发展战略，开辟发展新领域新赛道，不断塑造发展新动能新优势。坚持创新在我国现代化建设全局中的核心地位。完善党中央对科技工作统一领导的体制，健全新型举国体制，强化国家战略科技力量，优化配置创新资源，提升国家创新体系整体效能。

在车载芯片领域，日美欧大型企业具有优势，而我国国产比例仅为10%左右。在经历了"缺芯"带来的阵痛之后，汽车企业开始自救，且更加注重汽车芯片在中国市场的本土化供应。仅地平线公司的芯片就被包括比亚迪、长城、理想、长安在内的超25家车企采用，达成共计150多款车型量产。除了合作，车企还尽可能参与到汽车芯片的生产中，参与方式大致可以归纳为以下三种。

（1）自研芯片，特斯拉、比亚迪、蔚来、理想、小鹏等车企选择的是组建团队自研芯片。其中，比亚迪、吉利在危机来临前就已经开始着手，比亚迪自主研发的汽车IGBT芯片已经发展到第四代了。

（2）投资芯片公司，据不完全统计，包括上汽、广汽、北汽、长城、长安、奇瑞、吉利等车企在内，投资了汽车芯片。例如，2023年6月上汽集团与子公司以及关联方共同出资60.12亿元，共同投资上海上汽芯聚创业投资合伙企业（有限合伙），重点关注半导体产业链上下游，汽车智能化、电动化、网联化驱动下芯片相关的关键技术产品。

（3）成立合资公司，一汽、上汽、小鹏、深蓝、理想等车企选择与芯片厂商成立合资公司，尤其是在绝缘栅双极型晶体管（IGBT）、金属–氧化物–半导体场效应晶体管（MOSFET）这类功率半导体等汽车芯片布局重点的领域。例如，上汽选择与英飞凌合资设立IGBT核心部件公司；广汽与中车时代合资成立了青蓝半导体，目标也是IGBT；深蓝与斯达半导体组建合资公司，共同推进下一代功率半导体在新能源汽车领域的商业化应用。

2024年1月8日，工业和信息化部印发了《国家汽车芯片标准体系建设指南》，已经通知了业界团体等，要求在2025年之前针对重要的超30种车载芯片制定技术标准，到2030年扩大至70种以上。计划将通过完善整车及核心系统相关的芯片性能测试，确保安全性和可靠性。预计中国将以制定标准为推动力，实现汽车厂商与芯片企业的密切合作，有效利用政府旗下机构的认证，促进汽车厂商搭载本国产品。相关举措还将扩大至与自动驾驶技术相关的车载芯片，力争构建不受美国制裁影响的自主芯片供应链。我国之所以致力于发展车载芯片，原因是以从燃油车转向纯电动汽车（EV）为契机、在从销量为世界最大的汽车大国走向领先世界市场的汽车强国的背景下，自研芯片成为软肋。

《国家汽车芯片标准体系建设指南》的发布，将更好地引导包括车企在内的参与者规范汽车芯片功能、性能及应用，有助于提高汽车芯片的安全性和可靠性，为我国汽车行业的高质量发展提供有力支持。同时，还将更好地推进芯片供应商和车企协作，加速中国汽

车芯片产业发展，构建不受美国制裁影响的自主芯片供应链，创新发展新质生产力，为建设汽车强国保驾护航。

巩固提高

一、选择题（共30分，每题5分）

1. 以下哪项功能不属于驾驶辅助系统的范畴？（　　）
A. 定速巡航　　　　B. 前方碰撞预警　　　　C. 自动制动　　　　D. 车道保持

2. 国家标准《汽车驾驶自动化分级》中，高度自动驾驶属于第几级？（　　）
A. 1 级　　　　　　B. 2 级　　　　　　C. 4 级　　　　　　D. 5 级

3. 智能网联汽车的架构包括（　　）。
A. 环境感知层　　　B. 智能决策层　　　　C. 控制与执行层　　　D. 信息交互层

4. 以下不属于短距离通信技术的是（　　）。
A. 射频识别技术　　B. 蓝牙　　　　　　C. WiFi　　　　　　D. 5G 技术

5. 智能网联汽车"三横两纵"技术链中的"三横"是指（　　）。
A. 车辆关键技术　　B. 基础支撑关键技术　　C. 信息交互关键技术　　D. 云计算技术

6. 以下哪一项不是当前智能网联汽车所面临的挑战？（　　）
A. 事故责任界定　　B. 安全性　　　　　C. 信息融合技术　　　D. 法律法规缺失

二、填空题（共30分，每空2.5分）

1. 国家标准《汽车驾驶自动化分级》（GB/T 40429—2021）对智能网联汽车的分级分别是＿＿＿＿、＿＿＿＿、＿＿＿＿、＿＿＿＿、＿＿＿＿、＿＿＿＿。

2. 智能网联汽车的基本结构概括起来可以分为＿＿＿＿、＿＿＿＿、＿＿＿＿三大系统。

3. 请结合本项目内容并查阅资料，列举三家国内车载激光雷达企业：＿＿＿＿、＿＿＿＿、＿＿＿＿。

三、简答题（共40分，每题10分）

1. 智能网联汽车的定义是什么？
2. 智能网联汽车发展的最终目标是什么？
3. 智能网联汽车的技术链包含哪些技术？
4. 智能网联汽车的产业链主要有哪些？

项目二

环境感知技术

项目引入

进入 21 世纪以来，新一轮科技革命和产业变革正在孕育兴起，全球科技创新呈现出新的发展态势和特征。自动驾驶汽车不仅是人类将人工智能与大数据技术应用于传统汽车的革命性创新，而且代表着汽车工业文明发展的新方向。环境感知作为自动驾驶的关键技术，已成为推动汽车行业数字化转型的重要力量，为汽车智能决策提供了关键支持，进而推动了汽车自动驾驶等技术的发展。

环境感知传感器被誉为"感知世界的锐利之眼"，它们能够精确捕捉并整合车辆周围的各种环境数据，是自动驾驶系统作出精准、实时决策的核心依据。目前，汽车上都用到了哪些传感器进行感知？这些传感器具有什么样的特征？它们布置在汽车的哪些位置？这些都是客户比较关注的问题。因此，本项目将学习环境感知传感器的结构原理、特点及应用。

项目描述

环境感知系统就像是自动驾驶汽车的"感知器官"，为自动驾驶提供了决策依据。客户在购买智能网联汽车时，非常关注车辆环境感知传感器的配置，请你针对某一款智能网联汽车，向客户介绍环境感知传感器，并在学习小组或班上进行成果汇报。

项目目标

知识目标

1. 环境感知系统整体认知；
2. 掌握视觉传感器、超声波雷达、毫米波雷达、激光雷达的结构和原理；
3. 掌握视觉传感器、超声波雷达、毫米波雷达、激光雷达的应用；
4. 了解视觉传感器、超声波雷达、毫米波雷达、激光雷达的发展趋势；
5. 熟悉多传感器融合技术的构架。

能力目标

1. 能认识超声波雷达、毫米波雷达、激光雷达、视觉传感器的相关零部件；
2. 具有分析多传感器融合应用方案的能力；
3. 能比较超声波雷达、毫米波雷达、激光雷达、视觉传感器的不同特征；
4. 会结合生活实际举例说明各雷达和不同视觉传感器的应用。

素质目标

1. 重视激光雷达等关键技术创新，培养学生钻研能力及创新能力；
2. 通过对各雷达和视觉传感器的对比分析，引导学生善于运用对比分析法对相关事物进行比较，以更好地认识事物的本质和规律，作出正确的评价；
3. 通过对传感器原理及应用的学习，使学生具备资料收集和处理的能力。

知识链接

单元一　环境感知系统概述

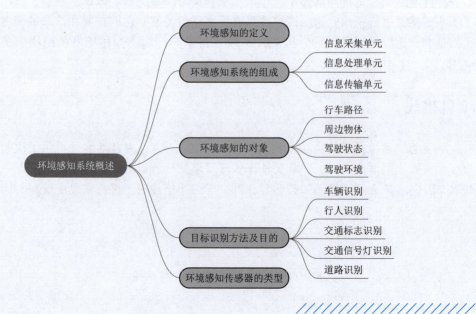

一、环境感知的定义

环境感知技术是智能网联汽车关键技术之一，相当于智能网联汽车的眼睛，是智能网联汽车其他技术的数据基础，为智能决策和控制执行提供依据，将影响整个智能网联汽车的安全性和稳定性。

动画 环境
感知技术

环境感知就是利用车载激光雷达、毫米波雷达、超声波雷达、视觉传感器以及 V2X 通信技术等获取道路、车辆位置和障碍物的信息，并将这些信息传输给车载控制中心，是 ADAS 实现的第一步，为智能网联汽车的安全行驶提供及时、准确和可靠的决策依据。

交流与思考

大自然是优秀的工程师，在漫长的进化过程中，每一种生物在完成生命周期的过程中都需要与自身与周围环境交换信息，因此都有感知自身状态和周围环境的器官或组织，例如，人有眼、耳、鼻、舌、皮肤等，能够获知视觉、听觉、嗅觉、味觉、触觉等信息，因此能够感知世界。为了适应新的技术发展，汽车上应该安装哪些传感器才能实现对周围环境的认识？

二、环境感知系统的组成

环境感知系统包括信息采集单元、信息处理单元及信息传输单元三大模块，如图 2-1 所示。

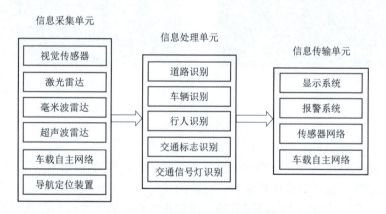

图 2-1 环境感知系统的组成

1. 信息采集单元

信息采集单元包括视觉传感器、激光雷达、毫米波雷达、超声波雷达、车载自主网络、导航定位装置等。对环境的感知和判断是智能网联汽车工作的前提与基础，感知系统获取周围环境和车辆信息的实时性及稳定性，直接关系到后续检测或识别的准确性和执行的有效性。

2. 信息处理单元

信息处理单元包括道路识别、车辆识别、行人识别、交通标志识别以及交通信号灯识别。信息处理单元主要是对信息采集单元输送来的信号进行处理，通过一定的算法对道路、车辆、行人、交通标志、交通信号等进行识别。

3. 信息传输单元

信息传输单元包括显示系统、报警系统、传感器网络、车载自主网络等。信息处理单元对环境感知信号进行分析后，将信息送入传输单元，传输单元根据具体情况执行不同的操作。

三、环境感知的对象

智能网联汽车环境感知对象主要包括行车路径、周边物体、驾驶状态和驾驶环境等。

微课 环境
感知的对象

1. 行车路径

道路是组成场景最基础的要素，进行自动驾驶测试时车辆一定是在道路上行驶的，因此行车路径是指车辆可行驶的道路区域。行车路径可分为结构化道路和非结构化道路，如图 2-2 所示。

（a） （b）

图 2-2 行车路径

（a）结构化道路；（b）非结构化道路

结构化道路主要检测行驶车辆对于两侧车道线和各种车道标线的感知。这类道路具有清晰的道路标志线，背景环境比较单一，道路的几何特征也比较明显，它的路径识别主要包括行车线、行车路边缘以及道路隔离物。结构化道路场景主要包括高速公路、城市道路以及结构等级较高的公路等。

非结构化道路主要检测车辆对可行驶区域的感知。这类道路没有车道线和清晰的道路边界，再加上受阴影和水迹等的影响，道路区域和非道路区域难以区分。它的路径识别主要包括路面环境状况的识别和可行驶路径的确认。与结构化道路相比，非结构化道路场景主要包括厂矿道路场景、林区道路场景和乡村道路场景等。

2. 周边物体

周边物体作为车辆周围的交通参与者，主要包括行驶车辆周围的其他车辆、行人、地面上可能影响车辆通过性和安全性的各种移动或静止物体，如图 2-3 所示。

图 2 – 3　行车时周边物体

周边物体有静止的，如道路、静止的障碍物、交通标志和交通信号灯；也有移动的，如车辆、行人和移动的障碍物。对于移动的目标，不仅要检测，还要对其轨迹（位置）进行追踪，并根据追踪结果，预测该目标下一步的轨迹（位置）。

3. 驾驶状态

驾驶状态主要包括驾驶员自身状态、车辆自身行驶状态和周边车辆行驶状态。

驾驶员自身状态主要通过车辆内部摄像头对驾驶员面部状态、眼睛的开合频率进行数据采集，从而判断驾驶员的精神状态，如图 2 – 4 所示。常用的检测指标包括头部位置、头俯仰角、头部横摆角、头部姿势等。

图 2 – 4　驾驶员自身状态

车辆自身行驶状态主要通过车辆自身装备的车载传感器进行感知。对车辆自身行驶状态的监测往往直接反映了驾驶员是否处于危险驾驶状态。利用车辆自身行驶状态数据对驾驶员状态监测主要使用一些行车数据，包括加速度传感器、惯导传感器、方向盘转角等行车数据，结合行车轨迹变化，对驾驶员的疲劳驾驶行为进行判断和预警。

4. 驾驶环境

驾驶环境主要包括路面状况（路面材料、路面凸起或坑洞、结冰等）、道路状况（拥

堵、事故、施工、管制等）、天气状况（风、雪、雨、雾等）等。其中部分路面状况可以通过车载摄像头的图像识别技术，以及车辆本身装备的压力、摩擦力传感器进行信息采集和自主感知。道路状况和天气状况仅靠车辆自主感知难以实现，需要网联化、协同式的环境感知技术共同支持。

四、目标识别方法及目的

1. 车辆识别

智能网联汽车在高速公路行驶时，车辆识别是非常重要的，如图 2-5 所示。车辆识别可以使用视觉传感器、毫米波雷达和激光雷达。基于视觉传感器和毫米波雷达的车辆识别主要应用于 ADAS 驾驶辅助系统，用以保障车辆安全行驶。基于激光雷达的车辆识别目的是确定可行驶区域。

图 2-5　车辆识别

2. 行人识别

行人识别如图 2-6 所示，是利用计算机视觉技术判断图像或者视频序列中是否存在行人并给予精确定位。行人识别可以采用视觉传感器、毫米波雷达和激光雷达，其中最常用的是视觉传感器，利用安装在车辆上的视觉传感器，采集前方场景的图像信息，通过一系列复杂的算法分析处理这些图像信息，实现对行人的识别；也可以采用视觉传感器和毫

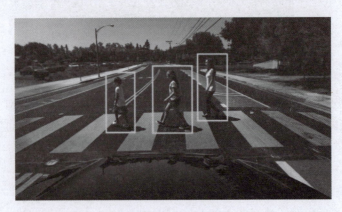

图 2-6　行人识别

米波雷达相融合的方式识别行人。智能网联汽车的行人识别主要有两种应用场景，一种是城市工况下车辆外的行人识别，一种是驾驶室内的驾驶员面部识别。

3. 交通标志识别

道路交通标志作为重要的道路交通安全设施，可向驾驶员提供各种引导和约束信息，驾驶员实时、正确地获取交通标志信息，可以保障行车安全。道路上有各种交通标志，交通标志具有鲜明的色彩特征，因此实现对交通标志图像的有效分割和颜色识别是一个重要部分。选择合适的颜色空间对其加以分析和提取，有助于系统检测的实时性和准确性。交通标志识别主要使用视觉传感器，无人驾驶汽车可以利用激光雷达识别交通标志，智能网联汽车主要依靠车载视觉传感器识别交通标志。

> **小知识**
>
> 我国的交通标志一共有100余种，按类别可分为黄底黑边的警告标志、白底红圈的禁令标志、蓝底白字的指示标志，形状上以三角形、圆形和矩形为主。明确的形状和颜色区分、有限的标志数量，都为图像识别提供了一个相对稳定的应用环境。

4. 交通信号灯识别

交通信号灯是指挥交通运行的信号灯，一般由红灯、绿灯、黄灯组成。红灯表示禁止通行，绿灯表示准许通行，黄灯表示警示。交通信号灯识别如图2-7所示，主要利用视觉传感器实现，交通信号灯的自动识别是实现城市无人驾驶汽车安全行驶的关键，特别是在十字路口，可实现车路协同控制，提高通行效率。如果能从车内预先得知前方的交通信号灯状况，提醒驾驶员目前适合加速或者维持速度恒定，或者预先减速，可以使行车更为顺畅，通行效率大幅提高。

图2-7 交通信号灯识别

5. 道路识别

道路识别可使用视觉传感器和激光雷达，通过视觉传感器检测出车道线，提供车辆在当前车道中的位置，如图2-8所示。激光雷达对道路的识别就是把真实的道路转换成汽车认识的道路。在自动驾驶汽车行驶时，基于视觉传感器的车道线识别主要用于车道偏离预警系统和车道保持系统。

图 2 – 8　道路识别

五、环境感知传感器的类型

智能网联汽车环境感知传感器的类型主要有视觉传感器和雷达传感器。传感器各有优劣，难以相互替代，不同环境感知传感器性能特点如表 2 – 1 所示。

表 2 – 1　不同环境感知传感器性能特点

项目	类型				
	摄像头	红外传感器	超声波雷达	毫米波雷达	激光雷达
远距离探测	较强	一般	弱	强	强
夜间工作	弱	强	强	强	强
全天候能力	弱	弱	弱	强	强
路标识别	可识别	不可识别	不可识别	不可识别	不可识别
优势	可分辨障碍物距离和大小、类型	夜间不受影响、成本低	成本低、结构简单	不受天气影响、探测距离远	方向性好、探测精度高
劣势	受视野范围影响	只能探测较近距离物体	探测距离短、受天气影响	有盲点区域、无法识别交通标志	成本高、易受雨雾天气影响
成本	适中	低	低	适中	高

视觉传感器能够获取车辆周边环境二维或三维图像信息，通过图像分析识别技术对行驶环境进行感知。摄像头能够采集外部信息并根据算法进行图像识别。摄像头看到的就是图片，能识别的信息丰富，能准确识别物体的类别，可获取实时场景图像，但易受光照环境影响，三维信息测量精度较低。

超声波雷达是汽车最常用的一种传感器，广泛应用于倒车辅助系统和自动泊车系统中。它结构简单，成本低，体积小，有效探测距离短，对外界光线和电磁场不敏感，但测量精度受测量物体表面形状和材质的影响大。

毫米波雷达是通过发射和接收无线电波来测量车辆与车辆之间的距离、角度和相对速度的装置。它的特点是探测距离远、响应速度快、适应能力强。远程的信号能够透过雨雾等视线障碍物对远距离目标进行检测，适用于前向避险；中程和短程适用于侧向和后方避险。它的缺点是覆盖区域呈扇形，有盲区，并且无法识别道路标线和交通标志。

激光雷达能够直接获取物体三维距离信息，测量精度高，对光照环境变化不敏感；但它无法感知无距离差异的平面内目标信息，且体积较大，价格较高，不便于车载集成。多线束激光雷达可以获得位置点云信息，通过比较连续感知的点云和物体的差异，检测其运动，由此创建一定范围内的三维地图。

单一传感器都有其局限性，难以提供智能网联汽车行驶环境的全面描述。为了克服它们各自的局限性，保证在任何时刻都能为车辆运行提供完全可靠的环境信息，在智能网联汽车中使用传感器融合技术进行环境感知，环境感知传感器的感知范围示意图如图 2 – 9 所示。传感器融合技术是指运用多种不同传感手段获取车辆周边环境多种不同形式信息，通过多信息融合技术对行驶环境进行感知，如视觉与毫米波雷达、视觉与激光雷达、视觉与超声波雷达的融合等。其优点是能够获取丰富的车辆周边环境信息，具有优良的环境适应能力，为安全快速辅助驾驶提供可靠保障；缺点是系统复杂，成本高。

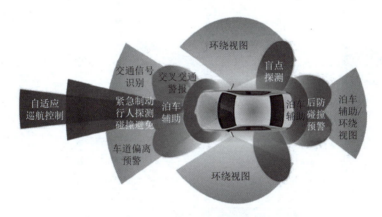

图 2 – 9　环境感知传感器的感知范围示意图

此外，未来的感知系统将借助外界手段进行，也就是通过 V2X 的车辆通信技术实现汽车与外界环境的交互作用，可以实现提前预判交通状况。5G 技术的出现，也提升了信息的传递速度，从而提高环境感知系统的智能性和可靠性，进而提升自动驾驶汽车的安全性。

交流与思考

实际上每个传感器都发挥着其特有的作用，就像我们身边的大多数人一样，平凡却不可或缺。只要坚持螺丝钉精神，立足岗位，就就业业，就能体现自己独有的人生价值，点点微光汇成巨大能量。

 单元二　视觉传感器在智能网联汽车中的应用

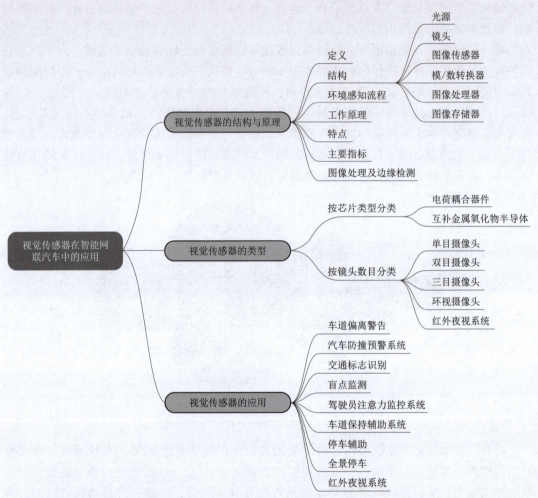

视觉传感器的结构与原理
- 定义
- 结构
  - 光源
  - 镜头
  - 图像传感器
  - 模/数转换器
  - 图像处理器
  - 图像存储器
- 环境感知流程
- 工作原理
- 特点
- 主要指标
- 图像处理及边缘检测

视觉传感器在智能网联汽车中的应用

视觉传感器的类型
- 按芯片类型分类
  - 电荷耦合器件
  - 互补金属氧化物半导体
- 按镜头数目分类
  - 单目摄像头
  - 双目摄像头
  - 三目摄像头
  - 环视摄像头
  - 红外夜视系统

视觉传感器的应用
- 车道偏离警告
- 汽车防撞预警系统
- 交通标志识别
- 盲点监测
- 驾驶员注意力监控系统
- 车道保持辅助系统
- 停车辅助
- 全景停车
- 红外夜视系统

一、视觉传感器的结构与原理

视觉传感器是人工智能的一个分支，起源于 20 世纪 80 年代的神经网络技术，通过使用光学系统和图像处理工具等来模拟人的视觉能力，捕捉和处理场景的三维信息，理解并通过指挥特定的装置执行决策。视觉传感器涉及多种技术，包括图像处理、机械工程、控制、电光源照明、光学成像、传感器、模拟与数字视频、计算机软硬件等技术。

微课　视觉传感器
的结构与原理

1. 定义

视觉传感器是指通过对摄像头拍摄到的图像进行图像处理，对目标进行检测，并输出数据和判断结果的传感器。视觉传感器在智能网联汽车或无人驾驶汽车上的应用以摄像头形式出现，并搭载先进的人工智能算法，便于目标检测和图像处理。通常用图像分辨率来描述视觉传感器的性能，视觉传感器的精度与分辨率和被测物体的检测距离相关，被测物体距离越远，其绝对位置精度越差。

车载视觉传感器用来模拟人的视觉系统，通过对采集的图片或视频进行处理，获得相应场景的三维信息，以此来理解外界的环境和控制车辆自身的运动。车辆上安装视觉传感器的目的是用摄像头代替人眼，解决物体识别、形状与方位确认、运动轨迹判断等问题，可以进一步了解外界的环境以便更好地控制车辆自身的运动。在自动驾驶系统中，通常使用视觉传感器来完成对道路、车辆以及交通标志等的检测、识别和分类。

2. 结构

视觉传感器主要由光源、镜头、图像传感器、模/数转换器、图像处理器以及图像存储器等组成，如图 2 – 10 所示，其主要功能是获取足够的机器视觉系统要处理的原始图像。通常把光源、摄像头、图像处理器、标准的控制与通信接口等集成一体的视觉传感器称为智能图像采集与处理单元。

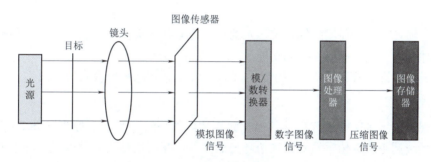

图 2 – 10 视觉传感器的组成

光源是一个物理学名词，世界上的物体有的发光，有的不发光，把能够自行发光且正在发光的物体称为光源，例如，太阳、打开的电灯、燃烧的蜡烛等都是光源。

镜头是视觉传感器的关键部件，它的质量直接影响着摄像头的指标。镜头相当于人眼的晶状体，如果没有晶状体，人眼就看不到任何物体。如果没有镜头，摄像头输出的图像就是白茫茫的一片，没有清晰的图像。

图像传感器通常使用电荷耦合器件（CCD）或互补金属氧化物半导体（CMOS）技术，将光转换为电信号。图像传感器的任务本质上就是采集光源并将其转换为平衡噪声、灵敏度和动态范围的数字图像。图像是像素的集合，暗光产生暗像素，亮光产生较亮的像素。图像传感器能够确保摄像头具有正确的分辨率以适合应用；分辨率越高，图像细节越高，测量准确度越高。

模/数转换器即 A/D 转换器，是将模拟信号转变为数字信号的电子元件，能够把输入的电压信号转换为输出的数字信号。

图像处理器是一个对图像进行分类、合成等处理的软件。它通过取样和量化过程，将以自然形式存在的图像变换为适合计算机处理的数字形式，包括图片直方图、灰度图等。图片修复指通过图像增强或复原来改进图片的质量。

图像存储器是用来存储各种图形和影像的视频信号的存储器。数字图像文件存储方式主要有位映射图像、光栅图像以及矢量图像等。

3. 环境感知流程

环境感知流程一般包括图像采集、图像预处理、图像特征提取、图像模式识别、结果传输等，根据具体识别对象和采用的识别方法不同，环境感知流程也会有所不同。

图像采集主要通过摄像头采集图像，如果是模拟信号，要把模拟信号转换为数字信号，并把数字图像以一定的格式表现出来，应根据具体研究对象和应用场合，选择性价比高的摄像头。

图像预处理包含的内容较多，有图像压缩、图像增强与复原、图像分割等，要根据具体实际情况进行选择。

图像特征提取是为了完成图像中目标的识别，要在图像分割的基础上，提取需要的特征，并将这些特征计算、测量、分类，以便于计算机根据特征值进行图像分类和识别。

图像模式识别的方法很多，从图像模式识别提取的特征对象来看，图像识别方法可以分为基于形状特征的识别技术、基于色彩特征的识别技术以及基于纹理特征的识别技术等。

结果传输是将通过环境感知系统识别的信息传输到车辆其他控制系统或者传输到车辆周围的其他车辆，完成相应的控制功能。

根据具体识别对象和采用的识别方法不同，环境感知流程也会有所不同。

4. 工作原理

车载视觉系统是能够让汽车具备视觉感知功能的系统，其工作原理如图 2 – 11 所示。车载视觉系统利用视觉传感器获取周边环境的图像，并通过视觉处理器进行图像的分析和理解，进而转换为相应的定义符号，使汽车能够辨识并确认物体位置及各种状态。被拍摄的物体经过视觉传感器的镜头聚焦到视觉传感器上面，视觉传感器由多个纵横排列的像素点组成，每个像素点都由一个光电二极管及相关电路组成。光电二极管将光线转变成电荷，收集到的电荷总量与光线强度成比例，所积累的电荷在相关电路的控制下，逐点移出，经滤波、放大，再经过数字信号处理器（DSP）处理后形成视频信号输出，然后通过 I/O 接口传输到计算机中进行处理，最终通过显示屏就可以看到图像。

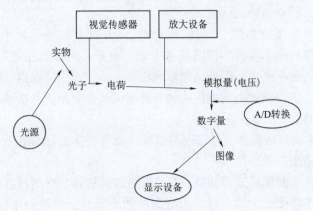

图 2 –11　车载视觉系统工作原理

视觉传感器按一定的分辨率，以隔行扫描的方式采集图像上的点，当扫描到某点时，通过图像传感芯片将该点处图像的灰度转换成与灰度一一对应的电压值，然后将此电压值通过视频信号端输出。视觉传感器连续扫描图像上的一行，则输出就是一段连续的电压信号，电压信号的高低起伏反映了该行图像的灰度变化。

> **交流与思考**
>
> 很早之前人类就不仅使用光源，还研究和使用人造光源。我国战国时期思想家墨子和他的学生完成了世界上第一个小孔成像实验，指出光是沿着直线传播的，远早于西方总结出的类似理论。只有物体发出或反射的光进入眼睛，才能看到该物体，引起视觉。在当今智能化时代，视觉传感器在各个领域都有广泛应用，帮助人们更高效地获取物体的图像，视觉传感器是如何通过光源进行图像的识别呢？

5. 特点

视觉传感器主要具有以下特点。

1）信息量极为丰富

视觉信息不仅有视野内物体的距离信息，还有该物体的颜色、纹理、深度和形状等信息。

2）多任务检测

多任务检测指在视野范围内可同时实现道路检测、车辆检测、行人检测、交通标志检测、交通信号灯检测等，信息获取面积大。

3）视觉 SLAM

视觉即时定位与地图构建（SLAM）可以实现同时定位和建图。

4）实时获取场景信息

视觉信息获取的是实时的场景图像，提供的信息不依赖于先验知识，例如，全球定位系统（GPS）导航依赖地图信息，有较强的适应环境能力。

6. 主要指标

视觉传感器的主要指标有像素、帧率、靶面尺寸、感光度和信噪比等。

1）像素

感光单元可以将光线转换成电荷，从而形成对应景物的电子图像。而在视觉传感器中，每一个感光单元都对应着一个像素。因此，像素越多，代表着视觉传感器能够感测到更多的物体细节，从而图像就越清晰。

2）帧率

帧率代表单位时间所记录或播放图片的数量，连续播放一系列图片就会产生动画效果，根据人的视觉系统，当图片的播放速度大于 15 fps 时，人眼就基本看不出来图片的跳跃，在 24 ~ 30 fps 时就已经完全觉察不到闪烁现象了。视觉传感器指标中的帧率表示视觉传感器在处理场景时每秒能够更新的次数。高的帧率可以得到更流畅、更逼真的视觉体验。

3）靶面尺寸

靶面尺寸是图像传感器感光部分的大小，一般用英寸来表示，通常指的是图像传感器

的对角线长度，如常见的有 1/3 英寸①。靶面越大，意味着通光量越好，而靶面越小则比较容易获得更大的景深。

4）感光度

感光度代表通过 CCD 或 CMOS 以及相关的电子线路感应入射光线的强弱。感光度越高，感光面对光的敏感度就越强，快门速度就越高，这在拍摄运动车辆、夜间监控的时候尤其重要。

5）信噪比

信噪比是指信号电压与噪声电压的比值，单位为 dB。信噪比越大，说明对噪声的控制越好，图像质量越好。

另外，焦距也是摄像头的规格参数之一，是可调参数。焦距与拍摄距离、视野角密切相关，焦距越大，拍摄距离越大，但视野角越小。

交流与思考

智能网联汽车或无人驾驶汽车在高速公路行驶时，有时会偏离行驶车道，车辆偏离车道时如果不及时纠正，就会产生危险，如何知道车辆是否偏离行驶车道？智能网联汽车上的视觉传感器有哪些类型？

7. 图像处理及边缘检测

1）数字图像处理

数字图像处理就是将图像转换成一个数据矩阵存放在存储器中，然后再利用计算机或其他大规模集成数字器件对数据矩阵信息进行数字处理，以达到所预期的效果。

具有一定联系以及时间先后关系的图像称为序列图像。经常看到的电视剧或电影图像主要是由序列图像构成的。序列图像是数字多媒体的重要组成部分。序列图像是单幅数字图像在时间轴上的扩展，可以将视频的每一帧视为一幅静止的图像。

数字图像处理层次为图像处理—图像分析—图像理解，逻辑关系如图 2 - 12 所示。

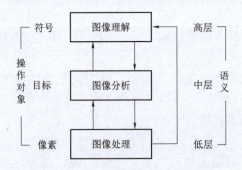

图 2 - 12　数字图像处理层次逻辑关系

图像处理指对图像进行各种加工以改善图像的视觉效果或突出有用信息，并为自动识别打基础，或者通过编码以减少对其所需存储空间、传输时间或传输带宽的要求。

---

① 1 英寸 = 25.4 毫米。

图像分析指对图像中感兴趣的目标进行检测（或分割）和测量，以获得它们的客观信息，从而建立对图像中目标的描述，是一个从图像到数值（或符号）的过程。

图像理解是在图像分析的基础上，进一步研究图像中各目标的性质和它们之间的联系，并得出对图像内容含义的理解（对象识别）及对原来客观场景的解释（计算机视觉），从而指导和规划行动。

2）边缘检测

图像的边缘检测是图像处理的基本问题，图像的边缘是指其周围像素灰度急剧变化的像素的集合，它是图像最基本的特征。边缘存在于目标、背景和区域之间，所以它是图像分割所依赖的最重要的依据。由于边缘是位置的标志，对灰度的变化不敏感，因此边缘也是图像匹配的重要特征。边缘检测基本思想是先检测图像中的边缘点，再按照某种策略将边缘点连接成轮廓，从而构成分割区域。

边缘大致可以分为两种：一种是阶跃状边缘，边缘两边像素的灰度值明显不同；另一种为屋顶状边缘，边缘处于灰度值由小到大再到小变化的转折点处。如图2-13所示，第1行是一些具有边缘的图像示例，第2行是沿图像水平方向的剖面图，第3行和第4行分别为剖面的一阶导数和二阶导数。第1列和第2列是阶梯状边缘，第3列是脉冲状边缘，第4列是屋顶状边缘。实现图像的边缘检测，就是用离散化梯度逼近函数根据二维灰度矩阵梯度向量来寻找图像灰度矩阵的灰度跃变位置，然后在图像中将这些位置的点连起来，就构成了所谓的图像边缘。

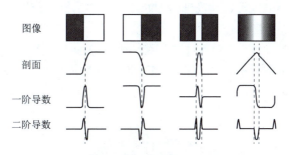

图2-13 边缘检测

> **小知识**
>
> 图像的边缘组成了物体的轮廓，使树木等物体一看就能够被识别，人类视觉通过物体边缘就能识别物体。

二、视觉传感器的类型

车载视觉传感器常用的分类方式有按芯片类型分类和按镜头数目分类。

1. 按芯片类型分类

1）电荷耦合器件

电荷耦合器件（CCD）是一种用电荷量表示信号大小、用耦合方式传输信号的探测元件，主要由一个类似马赛克的网格、聚光镜片以及垫于最底下的电子线路矩阵组成，其外

微课 视觉传感
器的类型

形如图 2-14 所示。

图 2-14　CCD 外形

CCD 图像传感器是一种特殊半导体器件，其功能类似于胶片，上面有很多整齐排列的光电二极管，接收到光信号之后，可以将光信号转换为电信号，电信号再经过采样放大和模/数转换电路变成数字图像信号。CCD 图像传感器上面还有很多一样的感光元件，每个感光元件称为一个像素，一个 CCD 图像传感器上所包含的像素越多，感光后得到的数字信号图像分辨率就越高，它类似于人的眼睛，是一个极其重要的部件，其性能直接影响摄像机的成像质量。

CCD 具有自扫描、感受波谱范围宽、畸变小、体积小、质量轻、系统噪声低、功耗小、寿命长、可靠性高等一系列优点。它广泛应用于数码摄影、天文学等领域，尤其在光学遥测技术、光学与频谱望远镜和高速摄影技术中发挥了重要作用。

2）互补金属氧化物半导体

互补金属氧化物半导体（CMOS），用于制造大规模集成电路芯片。它是一种大规模应用于集成电路芯片制造的原料，和 CCD 一样，同为在扫描仪中可记录光线变化的半导体，其外形如图 2-15 所示。

图 2-15　CMOS 外形

CMOS 感光器件将接收的外界光线转换为电能，再通过芯片上的模/数转换器将获得的影像信号转变为数字信号。CMOS 图像传感器通常由像敏单元阵列、行驱动器、列驱动器、时序控制逻辑、模/数转换器、数据总线输出接口、控制接口等部分组成，这几部分通常都集成在同一块硅片上。CMOS 的制造技术和一般计算机芯片没什么差别，主要是利用硅和锗两种元素所做成的半导体，使其在 CMOS 上共存着 N（带负电）和 P（带正电）的半导体，这两个互补效应所产生的电流即可被处理芯片记录和解读成影像。

CCD 和 CMOS 传感器是当前普遍采用的图像传感器，两者都是利用感光二极管进行光电转换，把图像转换成数字信号，主要差异是数据的传输方式不同。在 CCD 传感器中，每一行的每一个像素的电荷数据都依次传送到下一个像素中，从最底部输出，再经过传感器边缘的放大器放大输出。而在 CMOS 传感器中，当数据的传送距离较长时会产生噪声，因此需要先放大信号，然后再整合各个像素的数据，在每一个像素旁都接有一个放大器及模/数转换电路，用类似于内存电路的方式输出数据。

2. 按镜头数目分类

根据镜头和布置方式的不同，视觉传感器主要包括单目摄像头、双目摄像头、三目摄像头和环视摄像头。此外，红外夜视系统属于视觉传感器的一个独特分支，图像处理算法在处理远红外夜视图像时依然能够发挥作用。

1）单目摄像头

单目摄像头模块只包含一个摄像机和一个镜头，如图 2-16 所示。单目摄像头可识别40~120 m，未来将达到 200 m 或更远。一般安装在前挡风玻璃上部，用于探测车辆前方环境，识别道路、车辆、行人等。

图 2-16 单目摄像头

单目摄像头的算法思路是先识别后测距，首先通过图像匹配进行目标识别（各种车型、行人、物体等），然后通过目标在图形中的大小估算目标距离。在算法设计过程中，需要将标记有待识别目标的图片建立成为样本数据库，并由算法学习这些图片中的特征。在实际应用时，就可以根据已经学习的特征识别出待识别目标。也就是说，要识别各种车型，需要建立车型数据库；要识别动物，需要建立动物数据库；要识别人类或者自行车等交通参与者，也需要建立相应的模型数据库。样本数据库容量越大，通过学习得到的计算机视觉算法就可以越准确地识别目标，同时避免误识别。如果缺乏待识别目标的特征数据，就无法估算目标的距离，会导致 ADAS 漏报。

单目摄像头的视角越宽，可以实现的精确检测距离越近；视角越窄，可以检测到的精确距离越远。单目摄像头由于镜头角度、探测范围和精度有所不同，在实际应用中也经常采用组合单目摄像头来实现不同的检测。在智能网联汽车自动驾驶系统中，通过不同焦距和不同仰角的多个单目摄像头，可以获得不同位置的交通标志、信号灯和各种道路标志的检测以及识别能力。比如，在长焦距摄像头的成像中，100 m 处的交通灯足够大，100 m 处的交通标志上的数字也清晰可见；在短焦距摄像头的成像中，100 m 处交通标志上的数字是完全不清楚的，但是却能够获得近距离更广范围的环境信息。因此，多个单目摄像头的组合方案在智能网联汽车领域得到了广泛应用。

由于很多图像算法的研究都是基于单目视觉传感器开发的，因此相对于其他类别的车载视觉传感器，单目车载视觉传感器的算法成熟度更高。它具有成本低、帧速率高、信息丰富、检测距离远等优点，但易受光照、气候等环境条件的影响，缺乏目标距离等深度信息，对目标速度的测量也不够可靠。

单目摄像头有两个缺点：一是它的视野完全取决于镜头，焦距短的镜头，虽然视野广，但缺失远处的信息，反之亦然；二是单目测距精度较低，摄像机的成像图是透视图，即越远的物体成像越小。近处的物体，需要用几百甚至上千个像素点描述，而处于远处的同一物体，可能只需要几个像素点即可描述出来。这种特性会导致越远的地方，一个像素点代表的距离越大。因此，对于单目视觉来说，物体越远，测距的精度越低。

智能网联汽车传感系统是一个多传感器的复杂系统。使用单目摄像头是一种很好的方法，但是单目摄像头具有依赖大量训练样本、特征提取过程难以观测和调整等缺点。受限于传感器的物理特性，单目摄像头测距精度远低于激光雷达和多普勒雷达。因此在实际应用中，需要结合激光雷达和多普勒雷达等其他传感器进行探测，这些传感器在各自约束条件下能够发挥各自最优的性能，各类传感器的融合将大大提高目标检测精度。

2）双目摄像头

双目摄像头包含两个摄像机和两个镜头，如图2-17所示。双目摄像头的工作原理是先对物体与本车距离进行测量，然后对物体进行识别。

图2-17　双目摄像头

在距离测量阶段，先利用视差直接测量物体与汽车之间的距离原理，与人眼相似，当两只眼睛注视同一物体时，会有视差。分别闭上左右眼看物体时，会发现感觉位移，这种位移大小可以用来测量物体的距离，也就是利用两幅图像的视差直接对前方目标测量距离，不需要判断目标类型。有了像素偏移量、相机焦距和两个车载视觉传感器的实际距离这些信息，根据数学换算即可得到物体的距离。

理论上，双目摄像头的精度可达毫米级，而且双目摄像头计算距离所花费的时间远少于单目摄像头。双目摄像头在20 m范围内具有明显的测量优势，在20 m以外很难缩小视觉的范围，采用高像素摄像头和较好的算法，可以提高测试性能。双目摄像头间距较小，测距镜头之间的距离越近，探测距离越大；镜头间距越大，探测距离越远。将双目测距原理应用在图像上每一个像素点时，即可得到图像的深度信息，深度信息的加入不仅能便于对障碍物进行分类，更能提高高精度地图定位匹配的精度。

与单目摄像头相比，双目摄像头的特点如下。一是成本比单目摄像头高，但尚处于可接受范围内，并且与激光雷达等方案相比成本较低；二是没有识别率的限制，从原理上不需要先进行识别再进行测算，而是对所有障碍物直接进行测量，直接利用视差计算距离，精度更高，不需要维护样本数据库；三是精度比单目摄像头高，直接利用视差计算距离。双目摄像头的一个难点在于计算量非常大，对计算单元的性能要求非常高。

3）三目摄像头

三目摄像头是三个不同焦距单目车载视觉传感器的组合，如图2-18所示。三目摄像头感知范围更大，但需要同时标定三个摄像头，工作量大。

图 2-18　三目摄像头

三目摄像头的感知范围由远及近，分别为前视窄视野摄像头，最远感知250 m；前视主视野摄像头，最远感知150 m；前视宽视野摄像头，最远感知60 m。

由于三目摄像头每个摄像机的视野不同，因此近距离的测距交给宽视野摄像头，中距离的测距交给主视野摄像头，远距离的测距交给窄视野摄像头。这样每个摄像头都能发挥其最大优势。三目摄像头划分为25°视场、50°视场和150°视场，25°视场用于检测前车道线和交通灯，50°视场负责一般的道路状况监测，150°视场用于检测平行车道、行人和非机动车行驶的状况。

对车载视觉传感器来说，感知的范围要么损失视野，要么损失距离。三目摄像头能较好地弥补感知范围的问题。三目摄像头的缺点是需要同时标定三个摄像头，因而工作量更大一些；其次，软件部分需要关联三目摄像头的数据，对算法要求也很高。

4）环视摄像头

环视摄像头又称全景式影像监控系统，其镜头是鱼眼镜头，作用在于识别出停车通道标识、道路情况和周围车辆状况，使用多个摄像头的图像进行拼接，为车辆提供360°成像，安装于车辆前方、车辆左右后视镜下和车辆后方，如图2-19所示。

通过标定值进行图像的投影变换，可将图像还原成俯视图的样子，然后对4个方向的图像进行拼接，再在4幅图像的中间放上一张车的俯视图，即可实现从车顶往下看的效果。环视摄像头的感知范围并不大，主要用于车身5~10 m的障碍物检测、自主泊车时的库位线识别等。

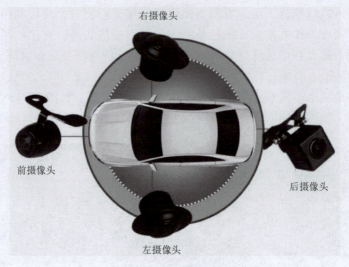

右摄像头

前摄像头

后摄像头

左摄像头

图 2-19　环视摄像头

5）红外夜视系统

红外夜视系统是视觉传感器的一个独特分支，图像处理算法在处理远红外夜视图像过程中依然能够发挥作用，因此红外夜视系统能够像可见光摄像头一样，获取环境中目标大小和距离等信息，在光照不足条件下，对基于可见光的视觉传感器的应用是一种有效补充。

> **小知识**
>
> 自然界中一切温度高于绝对零度的物体，每时每刻都会向外辐射红外线，红外线辐射的物理本质是热辐射，也是一种电磁波，以光速传播，遵循反射、折射、衍射和偏振等规律。

红外夜视系统是一种利用红外线技术成像的视觉传感器，如图 2-20 所示。红外夜视系统主要用于在无可见光或者微光的黑暗环境下拍摄肉眼看不到的画面，弥补光照不足条件下的视觉传感器的缺点。红外夜视系统可分为主动夜视系统和被动夜视系统两种类型。

图 2-20　红外夜视系统

主动夜视系统利用近红外光作为光源照明目标，如红外 LED、红外灯和近红外激光器等，用低照度摄像机或微光摄像机接收目标反射的红外光，将其转换成视频信号，然后在监视器荧光屏上同步显示图像。

被动夜视系统有两种类型，一类是利用月光等一切很微弱的自然光线，加以放大增强达到可视的目的，这类夜视仪又称微光夜视仪；另一类是利用远红外敏感的探测器探测目标本身的热辐射，这类夜视仪又称热像仪。

红外夜视系统基于红外热成像原理，通过能够透过红外辐射的红外光学系统，将视场内景物的红外辐射聚焦到红外探测器上，红外探测器再将强弱不等的辐射信号转换成相应的电信号，然后经过放大和视频处理，形成可供人眼观察的视频图像。如图 2－21 所示，镜头中出行的车辆、行人均被标记了出来。

图 2－21　红外夜视系统检测效果图

三、视觉传感器的应用

智能驾驶汽车的视觉传感器可实现车道偏离警告、前方防撞预警系统、行人碰撞预警、交通标志识别、盲点监测、驾驶人注意力监控系统、全景停车、停车辅助和车道保持辅助系统等功能。

1. 车道偏离警告

车道偏离警告系统是一种辅助驾驶员通过警告来减少因车道偏离引起交通事故的系统，主要包括毫米波雷达、激光雷达、CCD 或 CMOS 摄像头等部件，如图 2－22 所示。

图 2－22　车道偏离警告系统

2. 汽车防撞预警系统

汽车防撞预警系统主要用于协助驾驶员避免高速或低速追尾、高速中无意识偏离车道、与行人碰撞等重大交通事故。汽车防撞预警系统是基于智能视频分析处理技术，通过动态视频摄像技术和计算机图像处理技术来实现其预警功能，如图 2-23 所示。

图 2-23　汽车防撞预警系统

3. 交通标志识别

车辆安全系统的交通标志识别系统通过特征识别算法，利用前置摄像头组合模式识别道路上的交通标志，发出警告或自动调整车辆运行状态，提醒驾驶员注意前方的交通标志，从而提高车辆的安全性和合规性，如图 2-24 所示。

图 2-24　交通标志识别

4. 盲点监测

盲点监测系统又称并线辅助系统，主要功能是扫除后视镜盲区，并通过侧方摄像头或雷达将车左右后视镜盲区内的影像显示在车内，如图 2-25 所示。由于车辆后视镜中有一个视觉盲区，因此在换道前无法看到盲区中的车辆。如果盲区内有超车车辆，则会发生车道碰撞，在大雨、雾天以及夜间光线暗淡的情况下，更难看到后面的车辆，换道更危险。

图 2-25 盲点监测

5. 驾驶员注意力监控系统

驾驶员注意力监控系统又称疲劳监测系统或注意力辅助系统，是一种基于驾驶员生理反应特性的驾驶员疲劳监测预警技术。该系统通过不断检测驾驶员的驾驶习惯，可以在感觉到驾驶员疲劳驾驶后及时向驾驶员发出警告，提醒驾驶员应适当在安全地方停车休息，如图 2-26 所示。

图 2-26 驾驶员注意力监控系统

6. 车道保持辅助系统

车道保持辅助系统是智能驾驶辅助系统之一，基于车道偏离警告系统控制制动和转向控制协调装置，通常进入车道保持状态要求最低限速为 60 km/h。当检测到车辆即将偏离车道线时，系统向转向电机发出指令，以纠正车辆的行驶方向，如图 2-27 所示。

图 2-27 车道保持辅助系统

7. 停车辅助

停车辅助（见图2-28）是用于停车或倒车的安全辅助装置，有手动和自动两种类型的汽车倒车辅助。目前，主流的停车辅助系统由倒车摄像头和汽车监视器组成。

图2-28　停车辅助

8. 全景停车

汽车环绕全景图像停车辅助系统包括多个安装在汽车周围的摄像头、图像采集组件、视频合成/处理组件、数字图像处理组件和车辆显示器等。这些装置可以同时采集车辆周围的图像，对图像处理单元进行变形恢复—视图转换—图像拼接—图像增强，最终形成车辆360°全景仰视图，如图2-29所示。

图2-29　全景停车

9. 红外夜视系统

安装红外夜视系统后，驾驶员可以像在白天一样透过灯光显示系统看到道路的行驶条件。当两辆车相遇时，可以大幅减少对驾驶员的视力刺激，也可以提高驾驶员在雾中辨别的能力，如图2-30所示。该系统通过红外线感知热量的不同，区分人、动物、车辆以及环境的差异，并经过处理转变成图像，将原本看不清楚的物体清楚呈现在驾驶员眼前，以降低行车风险。

图 2-30　红外夜视系统

单元三　雷达在智能网联汽车中的应用

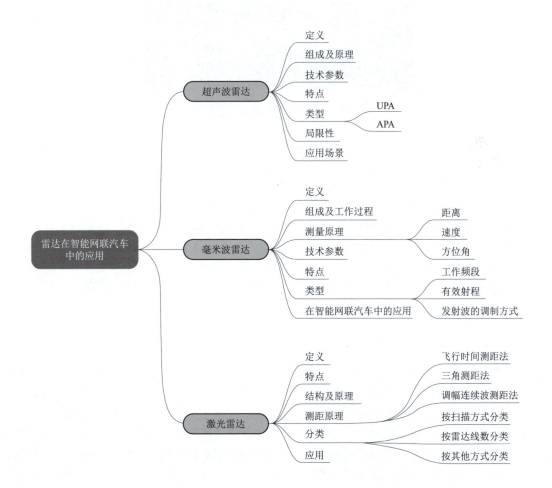

一、超声波雷达

1. 定义

超声波雷达是利用超声波的特性研制而成的传感器，是在超声波频率范围内将交变的电信号转换成声信号或将外界声场中的声信号转换为电信号的能量转换器件。超声波雷达可以通过接收反射后的超声波探知周围的障碍物情况。

微课 超声波雷达
的结构与原理

超声波雷达可以消除驾驶员停车、泊车、倒车和启动车辆时前后左右探视带来的麻烦，帮助驾驶员消除盲点和视线模糊缺陷，提高行车安全性，如图 2 – 31 所示，安装了 4 个后向超声波雷达。

图 2 – 31　超声波雷达示意图

> **小知识**
>
> 声音以波的形式传播称为声波。声波分为次声波、可闻声波、超声波。
>
> 次声波是频率小于 20 Hz 的声波，人耳听不到，但可与人体器官发生共振。
>
> 可闻声波是频率在 20 Hz ~ 20 kHz 的声波，是人能够听见的声波。不同频段的可闻声波会给人带来不同的感觉。例如，人可以听见各种美妙的音乐，这些音乐就是不同频率声波的组合。
>
> 超声波是指频率大于 20 kHz 的声波，人耳听不见超声波，但蝙蝠能发出和听见超声波，并依靠超声波进行捕食。

2. 组成及原理

超声波雷达主要由超声波传感器（俗称探头）、控制器和显示器（或报警装置）等部分组成。超声波雷达有一个发射头和一个接收头，安装在同一面上。超声波传感器可以通过模拟接口和 IIC 接口两种方式将数据传输给控制单元。超声波雷达结构组成如图 2 – 32 所示。系统采用超声波测距原理，由超声波传感器发送超声波，当超声波遇到障碍物时，产生回波信号，超声波传感器接收到回波信号后经控制器进行数据处理并判断出障碍物的位置，由显示器显示距离并发出警示信号，使驾驶员及时得到警示，从而使驾驶员停车、倒车变得更安全、更轻松。

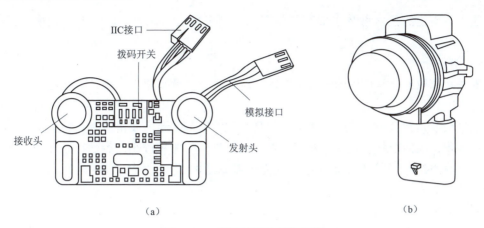

图 2 – 32　超声波雷达结构组成

（a）内部结构；（b）外形

　　超声波雷达的测距原理如图 2 – 33 所示，超声波发射头发出的超声波脉冲，经媒介（空气）传到反射物表面，反射后通过媒介（空气）传到接收头，测出超声波脉冲从发射到接收所需的时间，根据介质中的声速，求得从探头到障碍物表面之间的距离。从探头到障碍物表面的测量距离为 S，超声波在空气中的传播速度为 v（通常在 15 ℃的空气中声音的传播速度为 340 m/s），从发射到接收所需的传播时间为 t，当发射头和接收头之间的距离远远小于探头到障碍物之间的距离时，$S = vt/2$，即可求出测量距离。

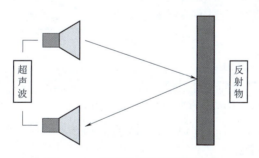

图 2 – 33　超声波雷达的测距原理

交流与思考

　　神奇的大自然赋予生物特有的灵性，科学家凭借敏锐的视角、一丝不苟的科学态度，探究大自然的奥秘。蝙蝠在夜间飞行，靠的不是眼睛，而是嘴和耳朵配合起来探路。在飞行过程中，蝙蝠的嘴会发出一种声音，称为超声波，超声波像波浪一样向前推进，遇到障碍物就反射回来，传到蝙蝠耳朵里，蝙蝠立刻改变飞行的方向。科学家模仿蝙蝠探路的方法，来解决飞机夜间飞行的安全问题，这是属于近代的一门科学——仿生学。仿生学是通过一种生物的特点给人们的启示，制造出一种高科技的产品，它与人类的生活、生产以及未来发展都有着十分密切的关系。在现代生活中，还有许多通过动物和植物获得启示的发明，你还知道哪些仿生学的应用呢？

3. 技术参数

超声波雷达的技术参数主要有测量距离、测量精度、探测角度、工作频率、工作温度等。

1）测量距离

测量距离取决于其使用的波长和频率。波长越长，频率越小，测量距离越大。

2）测量精度

测量精度是指超声波传感器测量值与真实值的偏差。超声波雷达测量精度主要受被测物体的体积、表面形状、表面材料等影响。被测物体的体积过小、表面形状凹凸不平、物体材料吸收声波等情况都会降低超声波传感器测量的精度。测量精度越高，感知信息越可靠。

3）探测角度

由于超声波雷达发射出去的超声波具有一定的指向性，波束的截面类似椭圆形，因此，探测范围有一定限度。探测角度分为水平视场角和垂直视场角。

4）工作频率

工作频率指压电晶片的共振频率。当两端交流电压频率等于晶片的谐振频率时，雷达波的传输能量输出最大，灵敏度也最高。工作频率直接影响超声波的扩散和吸收损失、障碍物反射损失、背景噪声等，并直接决定传感器的尺寸。

5）工作温度

工作温度取决于应用条件。诊断学中超声波雷达功率小，工作温度相对较低，因此能长期工作而不发生故障。但有些应用中，超声波雷达会产生大量热量，需要对超声波传感器进行主动冷却，以满足工作温度的要求。

4. 特点

超声波雷达具有以下优点。

（1）超声波雷达的频率都相对固定。比如，汽车上用的超声波雷达，频率有 40 kHz、48 kHz 和 58 kHz 等，频率不同，探测的范围也不同。

（2）超声波雷达结构简单、体积小、成本低、信息处理简单可靠，易于小型化与集成化，并且可以进行实时控制。

（3）超声波雷达灵敏度高。

（4）超声波雷达抗环境干扰能力强，对天气变化不敏感。

（5）超声波雷达可在室内和黑暗环境中使用。

超声波雷达具有以下缺点。

（1）超声波雷达适用于低速环境。在速度很高的情况下，测量距离具有一定的局限性。这是因为超声波的传输速度容易受天气情况的影响，在不同的天气情况下，超声波的传播速度不同。而且超声波的传播速度较慢，当汽车高速行驶时，如果超声波测距无法跟上汽车车距的实时变化，就会有较大的误差。

（2）超声波有一定的扩散角，只能测量距离，不可以测量方位，所以只能在低速时使用超声波雷达，如在泊车时使用，而且必须在汽车前后保险杠的不同方位上安装多个超声波雷达。

（3）对于低矮、过细的障碍物，或者沟坎，超声波雷达不容易探测到。

（4）超声波的发射信号和余振信号都会对回波信号造成覆盖或者干扰。因此，在低于某一距离后，超声波雷达就会丧失探测功能，这就是普通超声波雷达有探测盲区的原因之一。若在盲区内，则系统无法探测到障碍物，因此比较好的解决办法是在安装超声波雷达的同时安装摄像头。

5. 类型

智能网联汽车上常见的超声波雷达有驻车辅助传感器（UPA）和泊车辅助传感器（APA）两大类。

UPA 是安装在汽车前后保险杠上的，用于测量汽车前后障碍物，是一种短程超声波雷达，检测范围为 0.25 ~ 2.5 m。

APA 是安装在汽车侧面的，用于测量侧方障碍物距离，可应用于泊车库位检测和高速横向辅助。APA 检测范围为 0.35 ~ 5 m，可覆盖一个停车位，方向性强，探头的波传播性能优于 UPA，相比于 UPA 成本更高，功率也更大。

UPA 和 APA 的探测范围和探测区域如图 2 - 34 所示，图中的汽车配备了前后方向各 4 个 UPA，左右两侧各 2 个 APA。APA 的探测距离优势让它不仅能够检测左右侧的障碍物，而且还能根据超声波雷达返回的数据判断停车位是否存在，因此，APA 可用于自动泊车时的泊车库位检测。

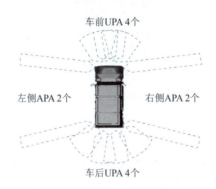

车前UPA 4个
左侧APA 2个　右侧APA 2个
车后UPA 4个

图 2 - 34　UPA 和 APA 的探测范围和探测区域

6. 局限性

超声波的能量消耗较缓慢，在介质中传播的距离比较远，穿透性强，测距的方法简单，成本低，但是它在速度很高的情况下测量距离有一定的局限性，主要体现在以下几方面。

1）高速及远距离测量时误差较大

当汽车高速行驶时，使用超声波测距无法跟上汽车车距的实时变化，会产生较大误差。另外，超声波散射角大，在测量较远距离的目标时，其回波信号会比较弱，影响测量精度。

2）温度敏感

超声波的传播速度跟温度有关。近似关系如下

$$C = C_0 + 0.607 \times T$$

式中，C_0 为 0 ℃时的声波速度，m/s；T 为温度，℃。

例如，温度在 0 ℃时，超声波的传播速度为 332 m/s；温度在 30 ℃时，超声波的传播速度为 350 m/s。相同位置的障碍物，在不同温度的情况下，测量的距离不同。因此，对传感器精度要求极高的智能网联汽车来说，要么选择将超声波雷达的测距进行保守计算，要么将温度信息引入智能网联汽车系统中以提升测量精度。

3）无法精确描述障碍物位置

超声波雷达在工作时会返回一个探测距离的值，如图 2 – 35 所示。处于 A 处和处于 B 处的障碍物都会返回相同的探测距离 d。仅从单个雷达的返回值判断，无法判定障碍物是处于位置 A 还是 B，因此，在实际应用中需要参考多个雷达的返回值以作综合判断。综上分析，超声波雷达在智能网联汽车上主要用于低速和短程距离测量，如停车、泊车、倒车和启动车辆。

图 2 – 35　超声波雷达障碍物位置探测

7. 应用场景

超声波雷达广泛应用于倒车辅助系统和自动泊车系统中，如图 2 – 36 所示。自动泊车系统是最常见的泊车辅助系统，泊车辅助系统在汽车低速巡航时使用超声波雷达感知周围环境，帮助驾驶人找到大小合适的空车位，并在驾驶人发出泊车指令后将汽车泊入车位。

图 2 – 36　停车库位检测

　　自动泊车系统使用的传感器包括8个安装于汽车前后的 UPA 超声波雷达和4个安装于汽车侧面的 APA 超声波雷达。APA 超声波雷达的作用是在汽车低速巡航时完成空车位的寻找和校验工作。随着汽车低速行驶过空车位时，安装在前侧方的 APA 超声波雷达的测量距离有一个先变小、再变大、再变小的过程，一旦汽车控制器测量到这个过程，就可以根据车速等信息得到车位的宽度以及是否有空位的信息。同时，侧方的 APA 在汽车低速巡航时也会探测到类似的信息，可根据这些信息对空车位进行校验，避免误检。使用 APA 超声波雷达检测到空车位后，汽车控制器会根据汽车的尺寸和库位的大小，规划出一个合理的泊车轨迹并进行自动泊车。在泊车过程中安装在汽车前后的 8 个 UPA 超声波雷达实时感知环境信息，实时修正泊车轨迹，以避免碰撞。自动泊车辅助需要驾驶人在车内实时监控，以保证泊车顺利完成。

　　车辆侧方安装的 4 个 APA 还可以实现高速横向辅助，使车辆在高速巡航工况时，监控侧向车道是否有其他车辆接近，如图 2 - 37 所示。

图 2 - 37　高速横向辅助

二、毫米波雷达

1. 定义

　　毫米波是一种波长为 1 ~ 10 mm 的电磁波，工作在毫米波波段的探测雷达，称为毫米波雷达。毫米波雷达外观如图 2 - 38 所示，对应的频率范围为 30 ~ 300 GHz。

微课　毫米波雷达的结构与原理

图 2 - 38　毫米波雷达外观

小知识

　　电磁波是电磁场的一种运动形态。电与磁可以说是一体两面,变化的电会产生磁,变化的磁则会产生电。变化的电场和变化的磁场构成了一个不可分离的统一场,这就是电磁场,而变化的电磁场在空间的传播形成了电磁波,电磁的变化如同微风轻拂水面产生水波一般,因此称为电磁波,也常称为电波。

　　根据波的传播理论,频率越高,波长越短,分辨率越高,穿透能力越强,但在传播过程中的损耗也越大,传输距离也越短;反之,频率越低,波长越长,绕射能力越强,传输距离越远。毫米波的波长介于微波和厘米波之间,因此,毫米波雷达兼有微波雷达和光电雷达的一些优点,同时也有其独特的性质。所以与微波相比,毫米波的分辨率高、指向性好、抗干扰能力强且探测性能好。与红外线相比,毫米波的大气衰减小,对烟雾灰尘具有更好的穿透性,并且受天气影响小。

　　这些特质决定了毫米波雷达具有全天时、全天候的工作能力。所以,毫米波雷达广泛应用于汽车、无人机、智慧交通等多个领域,是不可或缺的核心传感器之一。

交流与思考

　　说到毫米波,可能有点陌生,但是我们一定接触过其他的电磁波,手机使用的是无线电波,微波炉使用的是微波,医学影像使用的是 X 光。虽然它们看不见,摸不着,但却时时刻刻存在于我们的生活之中。请查阅资料,谈一谈电磁波的分类。

2. 组成及工作过程

　　毫米波雷达由雷达整流罩、雷达 PCB 板、压铸底板、集成电路(MMIC)和独立连接器组成。图 2-39 所示为毫米波雷达零件分解图。

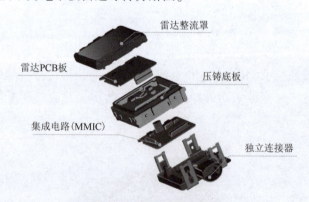

图 2-39　毫米波雷达零件分解图

　　毫米波雷达的结构包括天线、收发模块、信号处理模块等。天线将发射器的能量作为电磁波传输到空气中;发射器使用波形发生器产生雷达信号,并由放大器供电;接收器放大和解调收到的信号;信号处理器处理捕获的信号并计算距离、速度和其他有用信息。

　　毫米波雷达的工作过程如图 2-40 所示,通过天线向外发射毫米波,接收机接收目标并反射信号,经信号处理器处理后快速准确地获取汽车周围的环境信息,如汽车与其他物体之间的相对距离、相对速度、角度以及行驶方向等，然后根据所探知的物体信息进行目标追踪和识别，进而结合车身动态信息进行数据融合，最终通过算法芯片进行智能处理。经合理决策后，通过声、光及触觉等多种方式告知或警告驾驶员，或及时对汽车作出主动干预，从而保证汽车行驶安全性和舒适性，降低事故发生率。

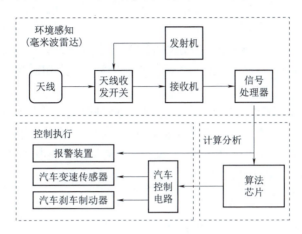

图 2-40　毫米波雷达的工作过程

3. 测量原理

毫米波雷达测量目标的 3 个主要参数为距离、速度、方位角。

雷达调频器通过天线发射毫米波信号，发射信号遇到目标后反射回来，通过接收天线接收反射回来的毫米波。发射信号与回波信号相比，形状相同，时间上存在差值。通过探测光脉冲的飞行（往返）时间得到目标物距离。发射信号与反射信号间的频率差值取决于目标之间的距离。距离越大，则发射信号接收的往返时间越长，并且发射频率与接收频率间的差值越大。

动画　毫米波雷达测距原理

当目标与雷达信号发射源之间存在相对运动时，发射信号与回波信号之间除了存在时间差外，还会产生多普勒频移，如图 2-41 所示。当声音、光和无线电波等振动源与观测者以相对速度相对运动时，观测者收到的振动频率与振动源发出的频率有所不同。当发射的电磁波和探测目标有相对移动时，回波的频率会和发射波的频率不同。当目标向雷达天线靠近时，反射信号频率将高于发射波频率；反之，当目标远离雷达天线时，反射信号频率将低于发射波频率。

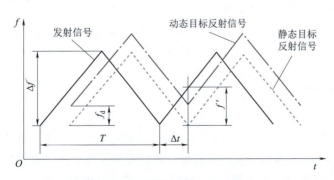

图 2-41　毫米波雷达测速原理

毫米波雷达测量的距离为

$$s = \frac{c\Delta t}{2} = \frac{cTf'}{4\Delta f}$$

毫米波雷达测量的速度为

$$u = \frac{cf_d}{2f_0}$$

式中，s 为相对距离；c 为光速；Δt 为发射信号与回波信号的时间间隔；T 为信号发射周期；f' 为发射信号与反射信号的频率差；Δf 为调频带宽，u 为相对速度，f_d 为多普勒频率；f_0 为发射信号的中心频率。

毫米波雷达的发射天线发射出毫米波信号后，遇到被监测目标反射回来，通过与毫米波雷达并列的接收天线收到的同一监测目标反射信号的相位差，就可以计算出被监测目标的方位角。方位角测量原理如图 2-42 所示，通过毫米波雷达接收天线 RX1 和接收天线 RX2 之间的几何距离 d，以及两根毫米波雷达天线收到反射回波的相位差 b，然后通过三角函数计算得到方位角 α_{AZ} 的值，如下

$$\alpha_{AZ} = \sin^{-1}\left(\frac{\lambda b}{2\pi d}\right)$$

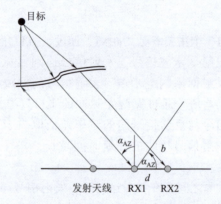

图 2-42　毫米波雷达方位角测量

小知识

　　生活中有这样一个现象：当一辆救护车迎面驶来的时候，听到的声音比原来高，而离去的时候听到的声音比原来低。

　　多普勒效应是指当声音、光和无线电波等振动源与观测者以相对速度 v 运动时，观测者所收到的振动频率与振动源发出的频率有不同，即当发射的电磁波和被探测目标有相对移动时，回波的频率会和发射波的频率不同。

4. 技术参数

毫米波雷达的技术参数主要有最大探测距离、距离分辨率、距离测量精度、最大探测速度、速度分辨率、速度测量精度、视场角、角度分辨率和角度测量精度。

（1）最大探测距离。最大探测距离是指毫米波雷达能检测目标的最大距离，不同的毫

米波雷达，最大探测距离是不同的。

（2）距离分辨率。距离分辨率表示在距离维度分辨两个目标的能力。

（3）距离测量精度。距离测量精度表示测量单目标时的距离测量精度，其取决于信噪比。

（4）最大探测速度。最大探测速度是指毫米波雷达能够探测的目标的最大速度。

（5）速度分辨率。速度分辨率表示在速度维度区分两个同一位置的目标的能力。

（6）速度测量精度。速度测量精度表示测量单目标时的速度测量精度，其取决于信噪比。

（7）视场角。视场角分为水平视场角和垂直视场角，是指毫米波雷达能够探测的角度范围。

（8）角度分辨率。角度分辨率表示在角度维度分离相同距离和速度的目标的能力。雷达的角度分辨率一般较低，在实际情况下，由于距离和速度分辨率较高，因此目标一般可以在距离和速度维度区分开。

（9）角度测量精度。角度测量精度表示测量单目标时的角度测量精度。

5. 特点

毫米波雷达是具备"全天候、全天时"工作能力的车载传感器，是智能网联汽车不可或缺的核心传感器之一，具有以下优点。

（1）响应速度快。毫米波雷达信号的传播速度与光速一样，并且调制简单，配合高速信号处理系统，可以快速测量出目标的角度、距离、速度等信息。

（2）探测距离远。毫米波雷达的探测距离远，最远可达 250 m。

（3）适应能力强。毫米波雷达具有很强的穿透能力，在雨、雪、大雾等恶劣天气依然可以正常工作，而且不受颜色与温度的影响。

毫米波雷达具有以下缺点。

（1）虚假报警。毫米波雷达是利用目标对电磁波的反射来发现并测定目标位置的，而充满杂波的外部环境经常导致毫米波雷达产生虚假报警问题。

（2）覆盖区域呈扇形，有盲点区域。

（3）无法识别交通标志和交通信号灯。

（4）无法识别道路标线。

6. 类型

1）工作频段

应用在智能网联汽车领域的毫米波雷达主要有 3 个频段，分别是 24 GHz 频段、77 GHz 频段和 79 GHz 频段。不同频段的毫米波雷达有着不同的性能。

（1）24 GHz 频段。该频段的毫米波雷达的检测距离有限，因此常用于检测近处的障碍物。该频段的毫米波雷达在自动驾驶系统中常用于感知车辆近处的障碍物，为换道决策提供感知信息，在 ADAS 中可用于盲点检测、变道辅助等。

（2）77 GHz 频段。性能良好的 77 GHz 频段的毫米波雷达的最大检测距离可以达到 160 m 以上，因此常安装在前保险杠上，正对汽车的行驶方向。该频段的毫米波雷达能够用于长距离检测，可实现紧急制动、自适应巡航等 ADAS 功能，同时也能满足自动驾驶领

域对障碍物距离、速度和角度的测量需求。

（3）79 GHz 频段。该频段的毫米波雷达能够实现的功能和 77 GHz 频段相同，也是用于长距离检测。

根据公式，光速 = 波长 × 频率（$v = \lambda \times f$，$f = 1/T$），频率更高的毫米波雷达，其波长更短。波长越短，分辨率越高；而分辨率越高，在距离、速度、角度上的测量精度更高。因此 79 GHz 频段的毫米波雷达必然是未来的发展趋势。

2）有效射程

车载毫米波雷达可分为长距毫米波雷达（LRR）、中距毫米波雷达（MRR）和短距毫米波雷达（SRR），如图 2-43 所示。短距毫米波雷达的探测距离一般小于 70 m，中距毫米波雷达的探测距离一般为 100 m，长距毫米波雷达的探测距离一般大于 200 m。短距、中距、远距毫米波雷达的技术指标如表 2-2 所示。

图 2-43　长距、中距、短距毫米波雷达

表 2-2　短距、中距、远距毫米波雷达的技术指标

参数	短距毫米波雷达	中距毫米波雷达	远距毫米波雷达
频带/GHz	24	76 ~ 77	77 ~ 81
带宽/GHz	4	0.6	0.6
测距范围/m	0.15 ~ 60	1 ~ 100	100 ~ 250
最大视角/（°）	±80	±40	±15
测距精度/m	±0.02	±0.1	±0.1
方位精度/（°）	±1	±0.5	±0.1
测速精度/（m·s⁻¹）	0.1	0.1	0.1

24 GHz 频段的毫米波雷达称为短距毫米波雷达，主要用于 5 ~ 70 m 的中、短程检测，如盲区监测（BSD）系统、车道偏离警示（LDW）系统、车道保持辅助（LKA）系统、变道辅助（LCA）系统、停车辅助系统、倒车辅助系统等。24 GHz 是毫米波雷达目前较为成熟的工作频段，它的工作带宽一般为 250 MHz。

77 GHz 频段的毫米波雷达包含中距毫米波雷达和长距毫米波雷达，主要用于 100 ~ 250 m 的中、远程检测，如自适应巡航（ACC）系统、前向碰撞预警（FCW）系统、自动紧急制动（AEB）系统、自动停车系统（APS）、疲劳驾驶预警系统（DMS）等。77 GHz 频段的毫米波雷达的工作带宽为 800 MHz。

3）发射波的调制方式

毫米波雷达发射波的调制方式分为调频连续波（FMCW）式、脉冲波式（脉冲多普勒雷达）和电子扫描雷达（ESR）式。车载毫米波雷达根据测量原理的不同，一般分为脉冲波式雷达和调频连续波式雷达两种。

脉冲波式雷达在测量近距离目标时，发射和接收脉冲之间的时间差极小，通常达到纳秒级，要求处理器的运行频率很高，所以在实际工程中较少采用。调频连续波式雷达利用多普勒频移原理来测距、测速，对处理器要求较低，因此大部分应用场合均采用调频连续波式雷达。

7. 在智能网联汽车中的应用

毫米波雷达可实现自适应巡航控制、前向防撞报警、盲点检测、辅助停车、辅助变道、自主巡航控制等先进的巡航控制功能。为了满足不同距离范围的探测需要，一辆汽车上会安装多个短距、中距和远距毫米波雷达。其中 24 GHz 频段的毫米波雷达系统主要实现近距离探测，77 GHz 频段的毫米波雷达系统主要实现中距离和远距离探测。

毫米波雷达在智能网联汽车 ADAS 中的应用如表 2–3 所示。

表 2–3 毫米波雷达在智能网联汽车 ADAS 中的应用

毫米波雷达类型		短距毫米波雷达	中距毫米波雷达	远距毫米波雷达
探测距离/m		<60	100 左右	>200
工作频段/GHz		24	77	77
功能	自适应巡航控制系统	—	前方	前方
	自动紧急制动系统	—	前方	前方
	前向碰撞预警系统	—	前方	前方
	行人监测系统	前方	前方	—
	盲区监测系统	前方、后方	侧方	—
	变道辅助系统	后方	后方	—
	后防碰撞预警系统	后方	后方	—
	自动泊车辅助系统	侧方	侧方	—
	驻车开门辅助系统	侧方	—	—

三、激光雷达

1. 定义

激光雷达是激光探测及测距系统的简称，是一种光学遥感传感器，它通过向目标物体发射激光，然后根据接收—反射的时间间隔确定目标物体的实际距离，根据距离及激光发射的角度，通过几何变化推导出物体的位置信息。激光雷达能够确定物体的位置、大小、外部形貌甚至材质。

微课 激光雷达的结构与原理

在实际应用中，激光雷达通过机械电子等处理方式控制激光束，实现多条激光束对环境扫描以产生测量数据，测量数据经过处理可以获得环境中物体的点云，以实现对环境精确的三维测量。激光雷达采集到的物体信息呈现出一系列分散的、具有准确角度和距离信息的点，称为点云。图 2-44 所示为激光雷达的点云图。在无人驾驶过程中，激光雷达同时以一定的角速度匀速转动，在这个过程中不断发出激光并收集反射点的信息，以便得到全方位的环境信息。激光雷达在收集反射点距离的过程中也会同时记录下该点发生反射的时间和水平角度，并且每个激光发射器都有编号和固定的垂直角度，根据这些数据就可以计算出所有反射点的坐标，激光雷达每旋转一周收集到的所有反射点坐标的集合就形成了点云。通过激光雷达获取的环境点云，可以准确获取高精度的空间环境信息，测量精度可达厘米级。

图 2-44　激光雷达的点云图

与传统雷达使用无线电波相比，激光雷达使用激光射线，其射线波长一般在 600 ~ 1 000 nm，远远低于传统雷达所使用的波长。因此，激光雷达在测量物体距离和表面形状时可达到更高的精准度，一般精准度可以达到厘米级。由于激光的传播受外界环境影响较小，激光雷达能够检测的距离一般可达 100 m 以上。

> **小知识**
>
> 　　从古代自然哲学家的猜想，到牛顿与胡克对光的本质的争论，再到近代激光的发明，在过去的数百年间，科学界对光的研究取得了一系列的突破性进展。其中，激光的发明与应用开创了现代光学的新纪元。激光产生于受激辐射后释放大量运动且频率、方向、相位相同的高能光子，由于其具有优异的特性，被誉为"最快的刀""最准的尺""最亮的光"。

2. 特点

激光雷达作为汽车自动驾驶定位导航、空间测绘等领域关键的传感器设备，通常使用多线束扫描。激光雷达的探测精度高，具有以下特点。

（1）探测范围广。激光雷达探测范围可以高达 300 m 以上，但由于各种地面回波的影响，在一定区域内存在盲区。

（2）分辨率高。激光雷达可以实现极高的角度、范围和速度分辨率。

（3）信息量丰富。激光雷达可根据探测目标的距离、角度、反射强度以及速度等信息生成目标多维度图像。

（4）可全天候工作。激光雷达不依赖外界条件或目标本身的辐射类型，它只需发射自己的激光束，通过探测发射激光束的回波信号来获取目标信息。

激光雷达与毫米波雷达相比，产品体积大、成本高，并且不能识别交通标志和交通信号灯。激光雷达在工作时受天气和大气影响较大。激光在晴朗的天气里衰减较小，传播距离较远，而在大雨、浓烟、浓雾等坏天气里，衰减急剧加大，传播距离会受到较大影响。而且大气环流还会使激光束发生畸变、抖动，直接影响激光雷达的测量精度。

3. 结构及原理

激光雷达主要由激光发射系统、激光接收系统、信息处理系统和扫描系统四部分组成，其结构组成如图 2-45 所示。

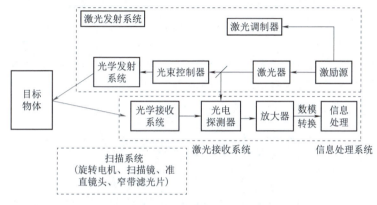

图 2-45　激光雷达结构组成

激光发射系统的激励源周期性地驱动激光器，发射激光脉冲，利用激光调制器通过光束控制器控制发射激光的方向和线数，最后通过光学发射系统将激光发射至目标物体。激光接收系统经光学接收系统、光电探测器接收目标物体反射回来的激光，产生接收信号。信息处理系统将接收信号经过放大处理和数模转换后，由信息处理模块计算，获取目标表面形态、物理属性等特征，最终建立物体模型。扫描系统以稳定的转速旋转，实现对所在平面的扫描，并产生实时的平面图信息。

激光雷达的原理如图 2-46 所示。在激光雷达前端有一个光学发射和接收系统，在发射系统后端有 N 组发射模块，在接收系统后端也有 N 组与发射模块对应的接收模块。当

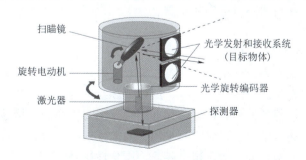

图 2-46　激光雷达的原理

激光雷达开始工作时，N 组发射模块和 N 组接收模块在系统电路的精确控制下，按照一定的时间顺序轮流发射和接收激光束。编码器是一种用于运动控制的传感器，它利用光电、电磁、电感等原理，检测物体的机械位置及其变化，并将此信息转换为电信号作为运动控制的反馈，传递给各种运动控制装置。光学旋转编码器属于编码器中较为特殊的一种，它通过光电转换，可将输出轴的角位移、角速度等机械量转换成相应的电脉冲以数字量的形式输出，可以精确地测试电机角位移和旋转位置。旋转电动机带动扫描镜按照一定的顺序和速度旋转，将激光器发出的激光束发射出去，然后反射回来的激光束通过光学接收系统进行处理计算，这样就可以形成光学扫描。

4. 测距原理

现今市场上主流的车载激光雷达主要基于三种原理测距：飞行时间测距法、三角测距法和调幅连续波测距法。

1）飞行时间测距法

飞行时间测距法是指根据激光遇到障碍物后的折返时间，通过光速计算目标与雷达的相对距离，激光雷达飞行时间测距法的原理如图 2-47 所示。

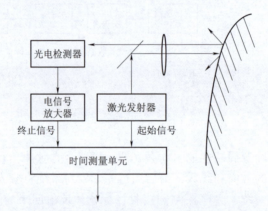

图 2-47 激光雷达飞行时间测距法的原理

激光发射器在向测量目标发射激光的同时向时间测量单元发送起始信号。激光接收器在接收到激光经过测量目标反射的激光回波后，向时间测量单元发送终止信号。时间测量单元通过测量起始信号与终止信号之间的时间差获得激光在空间中的飞行时间 t，从而通过下式计算出激光雷达与待测目标间的距离 d。

$$d = ct/2$$

式中，c 为光在空气中的传播速度。

通过发射和接收激光束，分析激光遇到目标对象的相对距离，并利用此过程中收集到的目标对象表面大量密集的点的三维坐标、反射率和纹理等信息，快速得出被测目标的三维模型以及线、面、体等各种相关数据，建立三维点云图，绘制环境地图，以此达到环境感知的目的。由于光速非常快，飞行时间很短，因此要求测量设备具备很高的精度，从效果上来讲，激光雷达线束越多，测量精度越高，安全性越高。

从原理上来说，激光雷达飞行时间测距法可以测量的距离更远。实际上，在一些要求测量距离较远的场合，如智能网联汽车的应用场合，几乎都是用激光雷达飞行时间测距法。在飞行时间测距法中激光雷达采用脉冲激光采样，并且还能严格控制视场以减少环境光的影响，这些都是长距离测量的前提条件。另外，在转速一定的情况下，采样率（每秒能够完成的点云测量次数）决定了每一帧图像的点云数目以及点云的角分辨率。角分辨率越高，点云数量越多，则图像对周围环境的描绘就越细致。

2）三角测距法

在三角测距法中激光雷达会与待测量目标之间形成一个三角形，利用该三角形的几何关系即可实现对目标距离的估计，如图 2 - 48 所示。

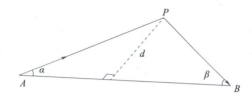

图 2 - 48　激光雷达三角测距法原理

图中 A 点为激光发射点，B 点为激光接收点，P 点为待测量的目标。α 角为激光发射角，AB 为激光发射点与接收点之间的距离，均可通过激光雷达的模型确定，为已知量。A 点发射的激光击中 P 点后，反射到 B 点，可以测量 β 角的大小，可唯一确定出该三角形，并求出 d 的距离。

由

$$\frac{AP}{\sin\beta} = \frac{AB}{\sin(\pi - \alpha - \beta)}$$
$$d = AP \times \sin\alpha$$

得到

$$d = \frac{AB \times \sin\alpha \times \sin\beta}{\sin(\pi - \alpha - \beta)}$$

由于接收点 B 的激光接收面大小有限，所以该方法一般只能对近距离目标测量，常为几米。三角测距法的优点非常突出，原理简单、成本低廉，只需要普通的激光发射器和线阵 CCD 探测器即可实现测距，且在近距离下，探测精度较高。由于三角测距法在远距离探测时，探测误差会呈几何量级增长，并且在阳光直射的情况下，反射光斑通常会淹没在太阳光中，因此导致探测器无法提取反射光斑，从而导致仪器失效。这是三角测距法在远距离探测过程中的主要缺点。

3）调幅连续波测距法

调幅连续波测距法通过将光波的强度进行调制（如正弦波或三角波等），使光波在投射到物体后返回探测器的过程中在光强波形上形成一个相位差，通过测量相位差，就可以间接获取光的飞行时间，从而反推飞行距离，如图 2 - 49 所示。通常测量相位差要比直接测量飞行时间更容易，开发也更容易，因此基于调幅连续波测距法的激光雷达成本要稍低，且其独特的探测方式也便于实现固态面阵 FLASH 扫描。和飞行时间测距法不同的是，因为其采用连续光波调制，所以在远距离探测时需要较大的光功率，尤其在百米级探测距离下，存在人眼安全隐患，无法达到车规级标准。

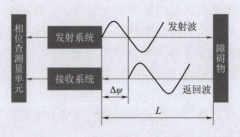

图 2-49 调幅连续波测距法原理

三种测距方法各具优缺点，将车载激光雷达需具备的五个核心能力（探测距离、探测精度、抗强光能力、光功率、成本）作为选型的维度，对上述三种测距方法进行对比，如表 2-4 所示。

表 2-4 激光雷达三种测距方法对比

测距方法	探测距离	探测精度	抗强光能力	光功率	成本
三角测距法	最近	近距离精度高，远距离精度低	不具备	低	低
飞行时间测距法	最远	高	强	适中	适中
调幅连续波测距法	适中	适中	适中	高	适中

依据表格对比，可以看到飞行时间测距在 4 级/5 级的无人驾驶车辆中的应用将具有更高的可操作性。

5. 分类

在实际工作中，激光雷达的类型较多。车载激光雷达的类型如图 2-50 所示。

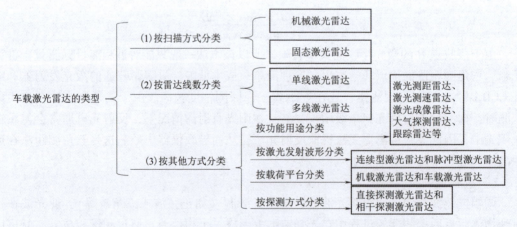

图 2-50 车载激光雷达的类型

1）按扫描方式分类

激光雷达按扫描方式的不同，可分为机械激光雷达和固态激光雷达。

机械激光雷达外表上最大的特点是有机械旋转机构，如图 2-51 所示。智能网联测试车车顶上较复杂的圆柱形装置即为机械激光雷达，可对基础设施（道路、桥梁、护栏、立交桥、隧道、交叉口等）、道路车辆、自行车、行人、道路障碍物等目标进行三维逐点扫描，目标的轮廓和位置信息形成三维激光雷达扫描点云地图。但这种雷达调试装配工艺复杂，生产周期长，成本居高不下，并且机械部件寿命不长（1 000～3 000 h），难以满足车规级要求（至少 10 000 h）。另外，机械激光雷达由于光学结构固定，适配不同车辆往往需要精密调节其位置和角度，因此，激光雷达量产商都在着手开发性能更好、体积更小、集成化程度更高且成本更低的激光雷达。

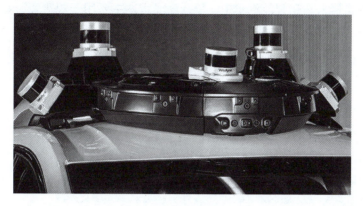

图 2－51　机械激光雷达

固态激光雷达由于不存在旋转的机械结构，而是依靠电子部件来控制激光发射角度，因此不需要机械旋转部件（如电机、轴承等部件），故尺寸较小，可安装于车体内，且扫描速度快，如图 2－52 所示。固态激光雷达所有的激光探测水平和垂直视角都是通过电子方式实现的，装配调试可以实现自动化，并且能够量产，成本大幅降低，设备的耐用性也有效提高。通过光束控制，探测点（点云）可以任意分布，例如，在高速公路上主要扫描前方远处。固态激光雷达是必然的技术发展路线。

图 2－52　固态激光雷达

但是，固态激光雷达在不良天气条件下的检测性能较差，不能实现全天候工作。机械激光雷达能进行 360°的扫描，固态式激光雷达一般为 120°的向前扫描。

2）按雷达线数分类

根据雷达线数的多少，激光雷达分为单线激光雷达与多线激光雷达。

单线激光雷达扫描一次只产生一条扫描线，如图2-53所示，其所获得的数据为2D数据。单线激光雷达只在平面上扫描，其结构简单、测距速度快、系统稳定可靠，因此无法区别有关目标物体的3D信息。由于单线激光雷达在角频率和灵敏度方面都比多线激光雷达更快，因此，在测试周围障碍物的距离和精度上都更加精确。但是，单线激光雷达只能平面式扫描，不能测量物体高度，有一定局限性。目前，单线激光雷达主要应用于服务机器人，如扫地机器人。在智能汽车中，单线激光雷达主要用于规避障碍物、地形测绘等领域。

图2-53　单线激光雷达

多线激光雷达扫描一次可产生多条扫描线，主要应用于障碍物的雷达成像，如图2-54所示。相比单线激光雷达，多线激光雷达在维度提升和场景还原上有了质的改变，可以识别物体的高度信息，目前市场上多线产品包括4线、8线、16线、32线、64线等。多线激光雷达可以扫描出不同类型障碍物的点云图，包括汽车、人、墙、树木、公交车和小货车等。

图2-54　多线激光雷达

3）按其他方式分类

此外，激光雷达按功能用途，可分为激光测距雷达、激光测速雷达、激光成像雷达、大气探测雷达和跟踪雷达等；按激光发射波形，可分为连续型激光雷达和脉冲型激光雷达；按载荷平台，可分为机载激光雷达、车载激光雷达等；按探测方式，可分为直接探测激光雷达和相干探测激光雷达。

6. 应用

激光雷达在智能网联汽车中起着类似于眼睛的功能，能够根据扫描的点云数据快速绘制3D全景地图。多线束激光雷达具有高精度电子地图、定位、障碍物识别、可通行空间检测、障碍物轨迹预测等功能。4级和5级自动驾驶汽车使用多线束激光雷达360°发射激光，从而达到360°扫描，获取车辆周围行驶区域的三维点云，通过比较连续感知的点云和物体的差异检测其运动，由此创建一定范围内的3D地图。

激光雷达主要应用场景有障碍物分类、障碍物跟踪、路沿可行驶区域检测、车道标志线检测和高精度定位等。

1）障碍物分类

激光雷达对周围障碍物进行扫描，对障碍物的形状特征进行提取，对比数据库原有特征数据，进行障碍物分类。激光雷达将小轿车、大货车和自行车等进行了分类。

2）障碍物跟踪

激光雷达采用相关算法对比前后帧变化的障碍物，利用同一障碍物的坐标变化，实现障碍物的速度和航向的检测跟踪，为后续避障提供可靠的数据信息。

3）高精度定位

首先GPS给定初始位置，通过惯性测量元件和车辆的编码器可以得到车辆的初始位置，然后对激光雷达的局部点云信息进行特征提取，包括点、线、面的几何信息和语义信息，并结合车辆初始位置进行空间变换，获取基于全局坐标系下的矢量特征，接着将这些特征与高精度地图的特征信息进行匹配，获取准确的定位。

> **交流与思考**
>
> 《人民日报》评论称，历史和实践反复告诉我们，关键核心技术是要不来、买不来、讨不来的。只有把关键核心技术掌握在自己手中，才能从根本上保障国家经济安全、国防安全和其他安全。
>
> 我国汽车雷达产业经过数十年发展，产业链上下游已经成形。超声波雷达方面，由于其门槛较低，已经实现充分的产业链国产替代；毫米波雷达方面，其技术仍处于发展中，但外国雷达厂商在中国市场已经形成垄断，中国厂商技术创新空间受到挤压；激光雷达作为全新赛道，中外企业同时起跑，总体水平不相上下，头部中国厂商甚至更具优势。随着国产厂商逐渐崛起，行业话语权已不再由外企独掌，无论哪条赛道，中国雷达厂商仍具备崛起的机会，只是时间窗口愈加狭窄。未来，作为新时代青年，我们应适应当今世界正经历百年未有之大变局，为中国雷达走向高质量发展之路贡献自己的力量。

任务四　多传感器融合技术

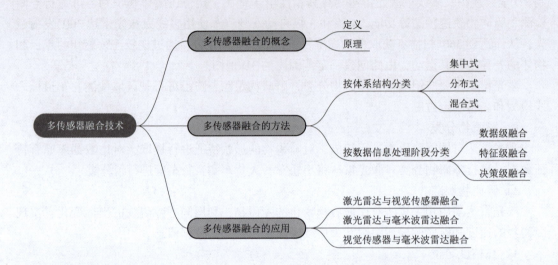

一、多传感器融合的概念

1. 定义

多传感器融合又称多传感器信息融合，有时也称多传感器数据融合，于1973年在美国国防部资助开发的声呐信号处理系统中首次提出。它是对多种信息的获取、表示及内在联系进行综合处理和优化的技术。多传感器融合是利用计算机技术将来自多传感器或多源的信息和数据，在一定的准则下加以自动分析和综合，为完成所需要的决策和估计而进行的信息处理过程。传感器融合要硬件同步、时间同步、空间同步和软件同步。

硬件同步是指使用同一种硬件同时触发采集命令，实现各传感器采集和测量的时间同步。硬件同步可以做到同一时刻采集相同的信息。

时间同步是指通过统一的主机给各个传感器提供基准时间，各个传感器根据校准后的各自时间为各自独立采集的数据加上时间戳信息，可以做到所有传感器的时间戳同步，但由于各个传感器的采集周期相互独立，无法保证同一时刻采集相同的信息。

空间同步是指将不同传感器坐标系的测量值转换到同一个坐标系中，其中激光传感器在高速移动的情况下需要考虑当前速度下的帧内位移校准。

软件同步是指时间同步和空间同步。

2. 原理

多传感器数据融合的基本原理就像是大脑综合处理信息的过程一样，它充分利用多个传感器资源，通过各种传感器及其观测信息的合理支配与使用，将各传感器在空间和时间上的互补与冗余信息依据各种优化准则组合起来，产生对观测环境的一致性解释和描述。

也就是将多个传感器获取的数据和信息集中在一起进行综合分析，以便更加准确、可靠地描述外界环境，从而提高系统决策的准确性。

要实现自动驾驶，需要多个传感器相互配合共同构成汽车的感知系统。不同传感器的原理、功能各不相同，在不同的使用场景里可以发挥各自优势。多个同类或不同类传感器分别获得不同局部和类别的信息，这些信息之间可能相互补充，也可能存在冗余和矛盾，而控制中心最终只能下达唯一正确的指令，这就要求控制中心必须对多个传感器所得到的信息进行融合以及综合判断。由于单一传感器获得的信息有限，且还要受到自身品质和性能的影响，因此智能汽车上通常配有数量众多的不同类型的传感器，以满足探测和数据采集的需要。

多传感器信息融合的优势在于能够综合利用多种信息源的不同特点，多方位获得相关信息，从而提高整个系统的可靠性和精准度。多种传感器联合互补可以提高系统感知的准确度，避免单一传感器的局限性，最大程度发挥各传感器的优势；增强环境适应能力，充分利用不同时间与空间的多传感器数据资源，采用计算机技术按时间序列获得多传感器的观测数据，在一定准则下进行分析、综合、支配和使用；获得对被测对象的一致性解释与描述，进而实现相应的决策和估计，使系统获得比各组成部分更为充分的信息；有效减少成本，实现多个价格低廉的传感器代替价格昂贵的传感器，在保证性能的基础上又可以降低成本预算。未来传感器融合技术将显得更加重要，并且会成为一种趋势。多传感器信息的融合是无人驾驶安全出行的前提。

二、多传感器融合的方法

1. 按体系结构分类

按传感器融合的体系结构分为三种：集中式、分布式、混合式。

1）集中式

集中式将各传感器获得的原始数据，直接送至信息融合中心进行融合处理，可以实现实时融合，如图 2-55 所示。例如，在使用雷达和红外等多类检测设备传感器对运动目标进行跟踪的过程中，将雷达和红外等传感器所获得的数据不经处理直接传送给计算机中心进行数据融合处理。

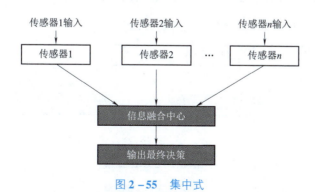

图 2-55 集中式

优点是数据处理的精度高，算法灵活，信息损失量最小；缺点是数据互联较困难并且

需要处理的数据量大，对处理器的要求高，可靠性较低，还需要考虑数据传输的延迟，实现难度大。

2）分布式

分布式是先对各个独立传感器所获得的原始数据进行局部处理，然后再将结果送入信息融合中心进行智能优化组合来获得最终的结果，如图 2-56 所示。在分布式融合结构中，每个传感器都可以独立地处理其自身信息，之后将各决策结果送至数据融合中心，再进行融合。与集中式融合相比，分布式融合系统要求的通信开销小，融合中心计算机所需的存储容量小，因此扩展了多传感器测量系统参数估计的灵活性，增强了系统的生存能力且提高了融合速度，但却损失了融合中心信息的完整性。

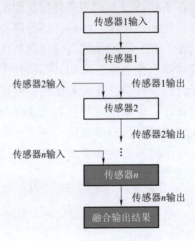

图 2-56　分布式

分布式对通信带宽的需求低，计算速度快，可靠性和延续性好，但跟踪的精度却远没有集中式高。

3）混合式

混合式多传感器信息融合，顾名思义，就是将集中式和分布式相结合，部分传感器采用集中式融合方式，剩余的传感器采用分布式融合方式，如图 2-57 所示。

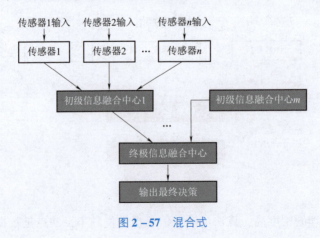

图 2-57　混合式

混合式融合框架具有较强的适应能力，兼顾了集中式和分布式融合的优点，稳定性强。但是混合式融合方式的结构比集中式和分布式融合方式的结构复杂，这样就加大了通信和计算的代价。

2. 按数据信息处理阶段分类

一般来说，数据的处理要经过获取数据、特征提取和识别决策三个层级，在不同的层级进行信息融合，策略不同，应用场景不同，产生的结果也不同。按照这种思路，可以将传感器融合分为数据级融合、特征级融合和决策级融合。

1）数据级融合

数据级融合将同类别的传感器采集的原始数据进行融合，最大可能地保留了各预处理阶段的细微信息，如图 2 - 58 所示。但是，由于融合进行在数据的最底层，因此计算量大且容易受不稳定性、不确定性因素的影响。同时，由于数据融合精确到像素级的准确度，因而无法处理异构数据，也就是说数据级融合处理的数据必须是由同一类传感器采集的，不能处理不同传感器采集的异构数据。

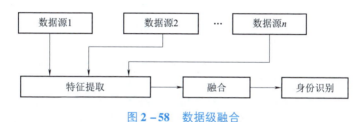

图 2 - 58　数据级融合

2）特征级融合

特征级融合是从传感器所采集的数据中提取出能够体现监测对象属性的特征向量，在这个层级上对于监测对象特征做信息融合，如图 2 - 59 所示。通过各传感器的原始数据结合决策推理算法，对信息进行分类、汇集和综合，提取出具有充分表示量和统计量的属性特征。这种方式之所以可行，是由于部分关键的特征信息可用来代替全部数据信息。根据融合内容，特征级融合又可以分为目标状态信息融合和目标特性融合两大类。其中，前者的特点是先进行数据配准，以实现对状态和参数相关估计，因此更加适用于目标跟踪。后者是借用传统模式识别技术，在特征预处理的前提下进行分类组合。

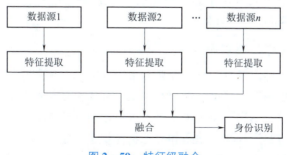

图 2 - 59　特征级融合

3）决策级融合

决策级融合是在特征提取的基础上，通过进行一定的判别、分类以及简单的逻辑运算作出识别判断，在此基础上根据应用需求完成信息融合，进行较高级的决策，如图 2 - 60

所示。它的特点是高层次，需要处理不同类型的传感器对同一观测目标的原始数据，并完成特征提取和分类判别，生成初步结论，然后根据决策对象的具体需求，进行相关处理和高级决策判决，获得简明的综合推断结果。决策级融合具有实时性好、容错性高的优点，面对一个或者部分传感器失效时，仍能给出合理决策。

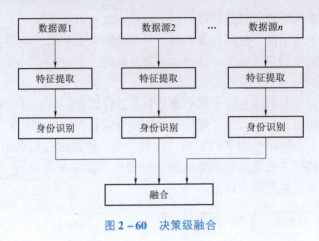

图 2-60　决策级融合

交流与思考

　　应该如何选择传感器融合的策略和架构？其实没有一定之规，需要根据具体的实际应用而定，也需要综合算力、通信、安全、成本等方面的要素，作出正确的决策。不论是采用哪种传感器融合架构，可能都会发现传感器融合很大程度上是一个软件工作，主要的重点和难点都在算法上。因此，根据实际应用开发出高效的算法，也就成了传感器融合开发工作的重中之重。

三、多传感器融合的应用

　　在智能网联汽车所需的传感器中，摄像头和雷达具有很强的互补性。激光雷达获取的深度数据精度高，不容易受到外界环境光照情况的影响；摄像头采集的图像分辨率高，更擅长辨别色彩。因此，很多车上采取了"雷达 + 摄像头"的融合方案。

微课　多传感器
融合技术的应用

1. 激光雷达与视觉传感器融合

　　激光雷达和视觉传感器融合是一个经典方案。在无人驾驶应用中，视觉传感器价格便宜，但是受光照环境影响较大，可靠性相对较低；激光雷达探测距离远，对物体的运动判断精准，可靠性高，但价格高。视觉传感器可进行车道线检测、障碍物检测和交通标志的识别；激光雷达可进行路沿检测、动态和静态物体识别、定位以及地图创建。对于动态的物体，视觉传感器能判断出前后两帧中物体或行人是否为同一物体或行人，而激光雷达则得到信息后测算前后两帧间隔内的运动速度和运动位移。视觉传感器和激光雷达分别对物体识别后进行标定。对于安全性要求 100% 的无人驾驶汽车，激光雷达和视觉传感器融合将是未来互补的方案。

2. 激光雷达与毫米波雷达融合

激光雷达和毫米波雷达融合是新的流行方案。毫米波雷达已经成为 ADAS 的核心传感器,它具有体积小、质量轻和空间分辨率高的特点,而且穿透雾、烟、灰尘的能力强,弥补了激光雷达的不足。但毫米波雷达受制于波长,探测距离有限,也无法感知行人,并且对周边所有的障碍物无法进行精准的建模,而这恰恰是激光雷达的强项。激光雷达和毫米波雷达不仅可以在性能上实现互补,还可以大大降低使用成本,为无人驾驶的开发提供了一个新的选择。

3. 视觉传感器与毫米波雷达融合

视觉传感器和毫米波雷达融合,相互配合,共同构成智能网联汽车的感知系统,二者取长补短,实现更稳定可靠的 ADAS 功能,具有以下优势。

(1)可靠性:目标真实,可信度提高。
(2)互补性:全天候应用,远距离提前预警。
(3)精度高:大视场角、全距离条件下高性能定位。
(4)识别能力强:对各种复杂对象都能识别。

项目实施

考查计划组织、团队协作、安全防护、操作规范、诚实守信、绿色环保等职业素养。

一、实施准备

毫米波雷达、超声波雷达、视觉传感器、激光雷达、智能网联汽车环境感知系统综合实训台或搭载智能传感器的实车、车型相关技术资料等。

二、实施步骤

1. 任务分组

按照班级学生数量分为若干小组,并明确每人任务。

2. 自主学习

(1)查阅车型相关技术资料,明确车辆基本参数,完成项目工单相关信息的填写。
(2)查阅传感器及车型相关技术资料,观察车辆或台架,明确传感器类型、安装位置、外观是否完整及其性能参数,完成项目工单相关信息的填写。

3. 小组讨论

各小组结合车辆或台架进行讨论,形成汇报成果。

4. 小组汇报

各小组通过角色扮演的方式在车辆或台架上向客户介绍环境感知系统。

5. 5S 工作

三、项目工单

任务名称	智能网联汽车环境感知传感器的认知		
姓名		班级	学号

填写任务记录

车型		
毫米波雷达	类型	□中短测距　□远测距
	能否分辨障碍物类型	□能　□否
	工作能否不受天气影响	□能　□否
	能否测量车速	□能　□否
	测量距离	
	视场角	
	测量速度及精度	
超声波雷达	工作频率	
	能否分辨障碍物类型	□能　□否
	工作能否不受天气影响	□能　□否
	能否测量车速	□能　□否
	测量距离	
	报警区域	
视觉传感器	类型	□单目　□双目　□三目　□环视　□红外
	能否分辨障碍物类型	□能　□否
	工作能否不受天气影响	□能　□否
	能否测量车速	□能　□否
	测量距离	
	视场角	
激光雷达	类型	□单线　□多线
	能否分辨障碍物类型	□能　□否
	工作能否不受天气影响	□能　□否
	能否测量车速	□能　□否
	测量距离	
	视场角	
绘制整车简图，并标注环境感知传感器的位置		

项目评价

各小组汇报完成后，完成小组自评、小组互评、教师评价，并将结果填入表中。

评价项目	评价标准	小组评价（占50%）	教师评价（占50%）
知识准备（20分）	熟悉环境感知传感器的结构、原理及应用		
	熟悉多传感器融合技术的架构		
知识拓展（10分）	会结合生活实际举例说明各传感器的应用，养成自主学习的习惯，具备资料收集和处理的能力		
项目实施（40分）	能够明确毫米波雷达类型、安装位置、外观是否完整及其性能参数		
	能够明确超声波雷达类型、安装位置、外观是否完整及其性能参数		
	能够明确视觉传感器类型、安装位置、外观是否完整及其性能参数		
	能够明确激光雷达类型、安装位置、外观是否完整及其性能参数		
综合表现（30分）	任务汇报：能正确填写工单且汇报思路清晰，能准确表达，总结到位，具有创新意识		
	工作态度：能与小组成员和同学合作交流、协调工作，认真严谨、积极主动、安全生产、绿色环保		
	5S管理：操作规范，完成竣工检验、现场恢复		
合计			
总评分			
教师评语			
		年　月　日	

项目小结

本项目主要介绍了环境感知系统、视觉传感器、超声波雷达、毫米波雷达和激光雷达的基础概念，通过学习，掌握各类传感器的结构原理、特点及应用场景，更好地了解智能网联汽车未来的发展趋势。

拓展阅读

中国智能汽车新一代传感器

> 传感技术是新一代信息技术三大组成部分之一，是发展物联网及其应用的关键，是发展中国装备制造业的关键基础元器件。只有把核心技术掌握在自己手中，才能真正掌握竞争和发展的主动权，才能从根本上保障国家经济安全、国防安全和其他安全。

面对复杂多变的感知环境，传统环境感知传感器性能已无法满足更高级别的智驾功能和更好的人机交互需求。此时，在智能驾驶和智能座舱场景中，出现了一些具备自主学习能力，并且能支持 AI 技术处理大规模数据的智能传感器，这类传感器可以称为"新一代传感器"。新一代传感器具备边缘计算能力，能够对数据进行实时采集和计算，相比传统智能传感器，其核心部件的精密度更高，软硬件的要求也更高。

1. 4D 毫米波雷达

毫米波雷达被认为是辅助驾驶的核心，但在 3 级及以上自动驾驶系统中应用始终有限。在 4D 毫米波雷达出现后，这一局面或将改变，端倪显现于相关企业近期纷纷接触并采用 4D 毫米波雷达方案。4D 毫米波雷达是在原有的距离、方位、速度三个维度的基础上增加了高度信息。4D 毫米波雷达由于增加了纵向天线及处理器，因此可以接受更多信息返回点，并像激光雷达一样呈点云图。4D 毫米波雷达相比传统毫米波雷达，其测距能力和测距精度都得到了大幅提升，并克服了无法识别静态目标物的缺点，但由于还是采用电磁波的原理，因此易受到电磁干扰的影响。

与传统的毫米波雷达相比，性能更强大的 4D 毫米波雷达正在争取成为一种能"独当一面"的传感器，它被寄希望于能使毫米级雷达从配角转向主角。这就需要技术持续创新，在感知系统解决方案的开发上，引领开拓无激光雷达的高阶自动驾驶之路。

2. 3D ToF

3D ToF 摄像头利用飞行时间（ToF）技术得到整幅图像的深度信息，能够获取目标物之间更丰富的位置关系，也能利用 CMOS 的特性对物体姿态进行有效判断，但由于受限于分辨率和成本等因素，因此目前应用场景主要在舱内。基于 3D ToF 开发的安全功能应用包括驾驶员疲劳检测功能，以及乘员/儿童座椅检测功能，可以实现更精确的安全气囊控制。使用 3D ToF 摄像头还可以实现其他一些安全功能，如手握方向盘检测、视线检测、头部姿势检测、身体姿势检测和高级安全带应用。

汽车智能化时期，功能需求的提升加速了新一代传感器规模化上车。国家与地方政策共同支持新一代传感器的产业发展，它也成为行业发展的重要组成部分。在国内智能汽车发展浪潮下，本土感知传感器供应商迎来了弯道超车的机会。

巩固提高

一、选择题（共 25 分，每题 5 分）

1. 调频连续波式雷达是利用（　　　）进行障碍物的测量。
A. 多普勒效应　　　B. 压电效应　　　　C. 压阻效应　　　　D. 光敏效应

2. 环境感知的对象主要包括以下哪几方面？（　　　）
A. 行车路径　　　　B. 周边物体　　　　C. 驾驶状态　　　　D. 驾驶环境

3. 环境感知系统信息采集单元包括（　　　）。
A. 道路识别　　　　B. 激光雷达　　　　C. 毫米波雷达　　　D. 交通标志识别

4. 超声波雷达的优点是（　　　）。
A. 结构简单　　　　B. 价格便宜　　　　C. 体积小巧　　　　D. 远距离探测能力强

5. 激光雷达按雷达线束分类，可以分为（　　　）。
A. 单线激光雷达　　B. 多线激光雷达　　C. 机械激光雷达　　D. 固态激光雷达

二、判断题（共 25 分，每题 5 分）

1. UPA 是用于测量汽车前后障碍物的超声波雷达。　　　　　　　　　　　（　　　）
2. 单一传感器的感知可以提供智能网联汽车行驶环境的全面描述。　　　（　　　）
3. 超声波雷达是利用超声波的特性研制而成的传感器。　　　　　　　　（　　　）
4. 单线激光雷达只能进行平面扫描，不能测量物体高度，有一定局限性。（　　　）
5. 为了获取足够大的视野，环视摄像头的代价是图像畸变严重。　　　　（　　　）

三、分析题（共 50 分，每题 10 分）

1. 请查阅环境感知传感器的性能特点及优缺点，并分别写出。
2. 请分别探讨多传感器融合中每一个层次的特点。
3. 请分析视觉传感器在智能网联汽车前视系统的具体应用。
4. 如何合理进行多传感器融合？谈谈你对国家智能网联汽车标准体系中信息感知的理解。
5. 查阅资料，了解生产各种类型传感器的厂家，请简要概括出这些厂家中的一家所生产的传感器的类型及其特点。

传感器类型	生产厂家	生产传感器类型	传感器特点
视觉传感器			
超声波雷达			
毫米波雷达			
激光雷达			

项目三

高精度地图与定位技术

项目引入

　　智能汽车渗透率快速提升，定位系统上车成标配。国内首条 3 级自动驾驶法规表决通过，自动驾驶等级由 2 级/2＋级向 3 级/4 级发展。高等级自动驾驶对定位精度的要求极高，单独的全球导航卫星系统（Global Navigation Satellite System，GNSS）米级定位精度已无法满足要求，各典型场景均要求定位精度至少达到分米级，技术要求的提高推动高精度组合定位技术持续发展。

　　高精度定位与高精度地图紧密联系，高精度定位通过卫星导航与惯性导航的组合使汽车拥有自我感知的能力，高精度地图匹配激光雷达等传感器获得相对环境位置，二者互为安全冗余，加强系统整体鲁棒性。本项目将学习高精度地图、高精度定位及其关键技术。

项目描述

　　高精度地图和高精度定位是智能网联汽车产业的重要基础技术，尤其是 3 级及以上级别的自动驾驶必备的支撑技术，是智能网联汽车技术体系的重要组成部分。客户在购买智能网联汽车时，非常关注车辆的高精度地图与定位技术，请你针对某一款智能网联汽车，向客户介绍高精度地图与定位技术，并在学习小组或班上进行成果汇报。

项目目标

知识目标

1. 掌握高精度地图的定义、分类、数据内容、特点、作用、生产制作及应用；

2. 掌握高精度定位技术的分类、定义、原理；

3. 理解高精度定位的关键技术；

4. 理解组合导航技术。

能力目标

1. 能区分高精度定位和普通定位；

2. 能区分高精度地图和普通地图；

3. 能识别汽车的导航定位系统；

4. 会结合华为智驾，举例说明高精度地图和高精度定位技术的应用。

素质目标

1. 北斗系统体现了中国人的"自主创新、开放融合、万众一心、追求卓越"的新时代精神——北斗精神，以此培养学生自力更生、勇于创新的精神。

2. 通过对各种导航技术的对比分析，引导学生理解组合导航的优点，使学生认识到世界上不存在完美的事物，要善于利用各组成要素的优缺点进行正确组合，从而培养学生的团队精神。

3. 通过对华为"问界"智能驾驶技术的收集整理，锻炼学生利用互联网和自媒体等资源进行自主学习以及对资料进行分析和处理的能力。

知识链接

单元一　高精度地图概述

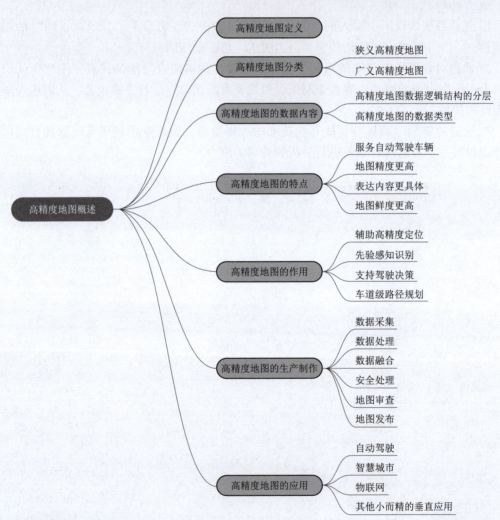

高精度地图概述

- 高精度地图定义
- 高精度地图分类
  - 狭义高精度地图
  - 广义高精度地图
- 高精度地图的数据内容
  - 高精度地图数据逻辑结构的分层
  - 高精度地图的数据类型
- 高精度地图的特点
  - 服务自动驾驶车辆
  - 地图精度更高
  - 表达内容更具体
  - 地图鲜度更高
- 高精度地图的作用
  - 辅助高精度定位
  - 先验感知识别
  - 支持驾驶决策
  - 车道级路径规划
- 高精度地图的生产制作
  - 数据采集
  - 数据处理
  - 数据融合
  - 安全处理
  - 地图审查
  - 地图发布
- 高精度地图的应用
  - 自动驾驶
  - 智慧城市
  - 物联网
  - 其他小而精的垂直应用

一、高精度地图定义

高精度地图又称自动驾驶地图或智能汽车基础地图，英文为 HD Map（High Definition Map），是指绝对精度和相对精度均在厘米级（10～20 cm）的高分辨率、高丰度要素的导航地图。高精度地图提供了自动驾驶车辆所处的环境模型，包含了最底层的静态高精度地图以及

微课　高精度地图
定义及分类

其他动态信息。静态高精度地图中包含了车道模型、道路部件、道路属性和其他的定位图层。

高精度地图就是精度更高、数据维度更多的电子地图。精度更高体现在精确到厘米级别，数据维度更多体现在其包括了除道路信息之外的与交通相关的周围静态信息。

交流与思考

就像人走路或者开车一样，人脑或者车上、手机上都有一个定位以及导航，不然很容易迷路，自动驾驶汽车也一样需要导航，也同样离不开地图和定位。面向自动驾驶的地图和我们一般所用的导航地图的区别主要体现在使用者不同、用途不同、所属系统不同、要素和属性不同。

相较于为人工驾驶员服务的传统车载导航电子地图，高精度地图是为自动驾驶系统服务的专属地图，其蕴含更为丰富细致的路面、路侧及路上的静态信息，如图 3-1 所示，还需要辅以实时动态交通信息，因此制作难度和复杂度远高于传统地图。

图 3-1 高精度地图示意图

高精度地图将大量的行车辅助信息存储为结构化数据，这些信息可以分为两类。第一类是道路数据，如车道线的位置、类型、宽度、坡度和曲率等车道信息。第二类是车道周边的固定对象信息，如交通标志、交通信号灯、车道限高、下水道口、障碍物及其他道路细节，还包括高架物体、防护栏、树木、道路边缘类型、路边地标等基础设施信息，如图 3-2 所示。

这些信息都有地理编码，导航系统可以准确定位地形、物体和道路轮廓，从而引导车辆行驶。其中最重要的是对路网精确的三维表征（厘米级精度），如路面的几何结构、道路标示线的位置、周边道路环境的点云模型等。有了这些高精度的三维表征，自动驾驶系统可以通过比对车载的 GPS、惯性测量组件（IMU）、激光雷达或摄像头的数据精确确认自己当前的位置。另外，高精度地图中包含有丰富的语义信息，如交通信号灯的位置和类型、道路标示线的类型以及哪些路面可以行驶等。

图 3-2　道路标志标线

二、高精度地图分类

高精度地图一般分为两类：狭义高精度地图和广义高精度地图。

（1）狭义高精度地图是由传统图形商定义的精度更高、内容更详细的地图。例如，定义车道和交通标志的地图。

（2）广义高精度地图是直接构建一个真实的三维世界。除了绝对位置的形状信息和拓扑关系外，还包括点云、语义和特征等属性。

三、高精度地图的数据内容

高精度地图由多层数据组合而成，其数据逻辑结构能准确反映道路环境，能实现地图数据的多尺度标定和高效存储，且支持定位、路径规划和决策控制，并能满足导航中基于空间索引的需求。

微课　高精度地图
的数据内容

1. 高精度地图数据逻辑结构的分层

根据高精度地图数据逻辑结构的分层特点将其划分为4层。

1）静态地图层

静态地图层用于精准刻画静态驾驶环境，提供丰富的道路语义信息，约束与控制车辆行为，主要包含道路网、车道网、交通设施网与定位图层。

2）实时数据层

实时数据层用于动态路径规划和车辆控制，主要包含交通限制信息、交通流量信息、服务区信息等更新频率较高的实时路况信息。

3）动态数据层

动态数据层用于弥补在能见度低的交叉盲点上的车载传感器的视野盲区，以保证行驶安全，主要包含车辆、行人、交通信号灯等高度动态信息。

4）用户模型层

用户模型层提供行车经验信息，用以辅助车辆实现特定约束条件下的最优行驶策略，主要包含驾驶记录数据集和驾驶经验数据集。

2. 高精度地图的数据类型

完整的高精度地图通常通过三类数据来完整表达真实道路信息。第一类是道路和车道信息，主要记录道路信息及引导拓扑信息；第二类是道路周边设施信息，用于定位和记录障碍物等辅助信息；第三类是定位图层，用于自动驾驶车辆现场匹配。

1）道路（车道）模型数据

道路（车道）模型定义的核心内容是道路相关的数据表达，用于满足道路级别的路径规划，以及在高级辅助驾驶系统应用场景下对油门、刹车、方向的预先控制和规划。如图 3-3 所示，车道模型记录了车道的行驶参考线、车道的边线（标线）及停止线、车道与道路拓扑的关系等，可以满足车道级别的路径规划需求，同时通过车道标线信息提供车道间横向连通关系。

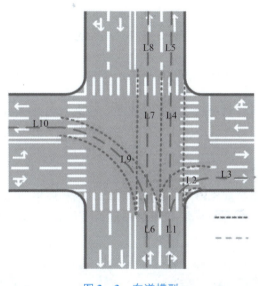

图 3-3　车道模型

2）道路周边设施数据

道路周边设施数据用于记录道路和车道行车空间范围边界区域内的要素，其几何表达分点、线、面三种类型，例如，两侧的护栏、路牙等通过线来表达，墙、标牌、区域、文字、箭头、符号等通过面来表达，电话亭则通过点来表达。周边设施数据通常用于辅助环境感知，以及通过抽取定位图层用于辅助定位。

3）道路定位图层数据

道路定位图层数据信息分为两类：第一类是道路采集时的原始点云信息，一般为压缩抽稀后的点云数据；第二类是从矢量化之后的道路周边设施数据中抽取部分特征要素作为定位图层。OpenDrive 中定义的高精度地图图层，基于 Features 图层提取出来的要素或原始数据层，用作定位图层。

四、高精度地图的特点

随着自动驾驶汽车逐步走向量产，未来的车载地图将迈入以高精度、高现势性（活地

图或动态地图）为特性的高精度动态地图时代。与传统的导航电子地图相比，高精度地图在各方面的要求更高，并且能够配合传感器和算法，为决策层提供支持。作为一种全新的电子地图类型，其独有的特点有以下几方面。

微课 高精度
地图的特点

1. 服务自动驾驶车辆

驾车时用来导航的传统电子地图是显示给行人和人工驾驶员的，而高精度地图只为自动驾驶系统提供服务。为了满足自动驾驶汽车的需求，高精度地图除了包含传统地图的内容，还会描述精细的车道标线信息，以及道路参考线和车道参考线信息，也包含了复杂的车道交换引导参考线及周边设施信息等。

2. 地图精度更高

普通导航电子地图的绝对精度通常在 10 m 左右，高精度地图的绝对精度普遍认为需达到 50 cm，相对精度在 100 m 的行驶距离内，不能超过 20 cm 的误差，即基本与一个车道标线的宽度相同。

> **小知识**
>
> 为什么高精度地图的相对精度不能超过 20 cm 呢？因为根据研究得知，只有在不超过 20 cm 的相对精度的情况下，才能保证车辆不发生侧面碰撞。

3. 表达内容更具体

导航电子地图会将道路抽象为一条直线或曲线，高精度地图需要尽量还原道路真实的现场状况，建立精度极高的车道模型和在道路通行空间范围边界区域内的精细化对象模型，如图 3－4 所示。

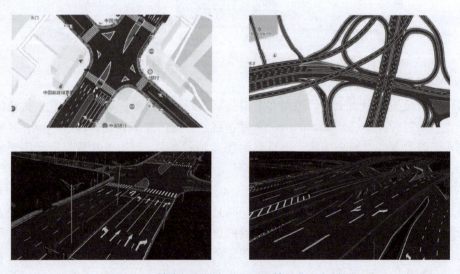

图 3－4　精度极高的车道模型和精细化对象模型

4. 地图鲜度更高

许多驾驶员不喜欢车载导航的重要原因是车辆自带的导航软件没有及时更新，或者需要支付不菲的年费；而手机导航地图则可以随时更新道路信息，而且是免费的。然而，自动驾驶车辆是无法使用这些免费的传统导航地图的。由于高度智能化的智能网联汽车需要实时掌握车辆周边的设施变化情况和交通状态，并以此作为自动驾驶决策的依据，因此，高精度地图需要提供日更新的高现势性地图和以分、秒为更新频率的动态交通信息。

五、高精度地图的作用

随着汽车智能化和网联化的普及，高级辅助驾驶技术不断发展，高精度地图受到了越来越多的关注。在1级、2级的辅助驾驶阶段，高精度地图并非刚性需求，但其对于4级、5级的自动驾驶是必选项，对于3级的自动驾驶是可选项。因此，自动驾驶汽车的自动化和智能化程度越高，对高精度地图的依赖性就越强。

微课 高精度地图的作用

> **交流与思考**
>
> 党的二十大报告指出："以国家战略需求为导向，集聚力量进行原创性引领性科技攻关，坚决打赢关键核心技术攻坚战。"智能驾驶技术的领航者——中国的华为公司就是原创科技的典范。该公司深度赋能智能网联汽车行业，为消费者带来了极狐、问界、阿维塔、智界等智能汽车。这些车辆在设定的道路通则下，自动执行转弯、换车道与加速等工作，充分运用高精度地图获取先验参数、超视距感知、高精度定位、优化驾驶行为、精准控制执行器操作和辅助路线规划，为自动驾驶提供诸多数值化的决策依据，在智能驾驶技术方面居于世界前列。

高精度地图具体作用如下。

1. 辅助高精度定位

通过基于高精度地图的辅助感知，自动驾驶车辆能准确获取周边物体（对象）的高精度位置坐标，同时通过传感器得到车辆与周边物体的相对距离。自动驾驶车辆可基于探测到的物体（对象）的高精度坐标和相对距离反算出车辆的高精度位置坐标，从而实现对自身位置的持续修正。

2. 先验感知识别

高精度地图能够辅助汽车超视距感知，当车辆道路环境被其他物体遮挡，或者超出了汽车电子设备感知范围时，高精度地图能够帮助车辆对行进方向环境进行感知，如图3-5所示。高精度地图能够辅助车辆快速识别道路环境周边固定物体及车道标线，能够提高自动驾驶车辆数据处理效率。自动驾驶车辆在感知、重构周围三维场景时，可以利用高精度地图作为先验知识减少数据处理时的搜索范围。高精度地图还能为车辆提供各种危险区域的预警，以使车辆可以提前作出应急方案。

3. 支持驾驶决策

高精度地图提供道路曲率，当车辆转弯时可以根据曲率进行提前减速、控制传感器甚

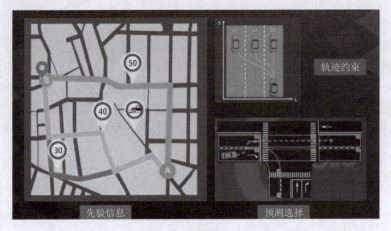

图 3 – 5　高精度地图辅助汽车超视距感知

至大灯转向辅助。高精度地图提供隧道等遮蔽信息，车辆在进入前可以提前开启大灯或调整传感器感光参数。高精度地图提供坡度，能够辅助车辆控制油门，节省能源。高精度地图的限速信息精确到车道和车型，可以协助智能网联汽车精准控制执行器和相应车型合规运行。

4. 车道级路径规划

基于高精度地图的车道级动态路径规划及辅助感知成果都将作为参考信息提供给决策单元，决策单元在已知固定环境、已知线路和动态目标的基础上通过算法生成车道级控制指令，如图 3 – 6 所示。

图 3 – 6　车道级路径规划

六、高精度地图的生产制作

人们日常导航用的普通地图是地图提供商同测绘部门通过全球卫星定位系统（GPS 和北斗导航系统）和卫星图片制作的，比较简单。但高精度地图对精度及鲜度要求极高，因此采集和制作方式也有很大的不同。为了保证地图鲜度，整个生产过程会不断将 AI 技术应用其中。高精度地图生产流程主要由数据采集、数据处理、数据融合、安全处理、地图审查、地图发布等组成，如图 3 – 7 所示。其中数据采集是高精度地图生产流程中最重要的环节，也是成本占比最高的部分。

需要特别指出的是，由于涉及国家安全，高精度地图的数据采集、编辑加工和生产制作必

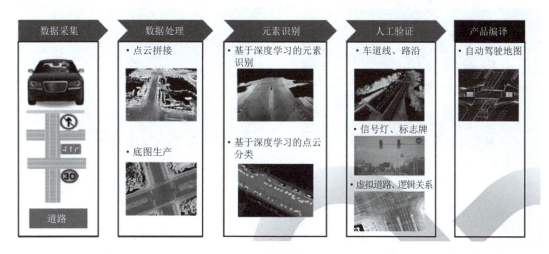

图 3 - 7 高精度地图生产流程

须由具有甲级导航电子地图制作测绘资质的国内单位承担，因此具有较高的政策准入壁垒。

1. 数据采集

高精度地图的数据采集是个多传感器融合的过程。实地采集是制作高精度地图的第一步，主要指专业采集车进行外业采集以及用户生成内容（User Generated Content，UGC）设备采集。采集的核心设备是激光雷达和高精度差分 - 惯导 - 卫星定位系统，通过激光反射形成点云，完成对环境中各种物体的采集，并通过高精度定位系统记录行驶轨迹和环境中物体的高精度位置信息。另外，高精度地图为了保持周期性数据更新，需要大范围内足量且实时有效的道路数据作为支撑。高精度地图数据的海量性与精准性要求仅依靠传统专业测绘难以实现，所以针对传统专业测绘采集模式下的不足，衍生出专包采集和众包采集两种方式。

1）专业测绘

专业测绘的作业内容主要包含移动测绘车生产、无人机航测和大比例尺地形图测绘，如图 3 - 8 所示。移动测绘车生产是最常用的生产方式，需要搭载激光雷达、GNSS/IMU 位姿传感器、全景相机、车轮测距器设备，移动测绘车采集的数据以三维点云数据为主，主要解决点云地图构建和目标检测问题。

微课 专业测绘

（1）专业测绘优势如下。

①精度高：专业的测绘手段与成熟的制图工艺流程相配合，可以达到厘米级精度，能够满足不同等级自动驾驶技术对高精度地图的精度要求。

②适应性强：不同场景、不同等级的自动驾驶技术方案各有不同，矿山、园区等场景在地图测绘时也可能会采用不同的方案（采集车搭配不同的传感器），以满足定制化的需求。在为客户提供产品之前是全方位多角度的产品设计，基本上可实现与算法软件无缝对接。

③技术成熟：专业采集技术经过多年的技术积累，形成了相对成熟的流程，在质量控制方面也具有相对成熟的经验，可以很好地满足需求。

图3-8 专业测绘

（2）专业测绘虽然优势众多，但仍然有以下劣势。

①成本高：测绘车由于搭载了激光雷达等昂贵的设备，一台测绘车的成本往往高达几十万甚至几百万。图3-9所示为高德高精度地图专业采集设备，一套成本高达800万元，配备2个高频单线激光雷达、6个工业级摄像头、1个GNSS天线以及IMU等设备，是目前国内精度最高的高精度地图采集设备，相对精度在10cm之内。

图3-9 高德高精度地图专业采集设备

②数据量大：由于采集的地图要素多而且精细，在存储和传输过程中，需要的存储容量和带宽要求也非常惊人，这也是目前高精度地图的数据采集、制作基本上以项目/区域为主，还并未形成一张全国高精度地图的原因。

③需要专业人员：外业采集人员需要具备专业的知识且经过多年培训，才能完成任务。而且后续在制图过程中也需要大量业内人员参与到绘图、切片等制作流程中。

④鲜度维持难度大：专业采集受制于采集车的使用频率与地图的制作工艺，在日新月异的国内建设速度下，数据鲜度的维持越发重要且困难。为了降低成本，地图生产商采用了专包采集方法。

2）专包采集

专包采集是指地图生产商通过与车辆运营商（如出租车公司、客运公司或货运公司）合作，将测绘工具（激光雷达、全景相机等）搭载在车身上，进行道路数据测绘采集，定期进行测绘工具维护和测绘数据回收。它的优点是成本相对较低，缺点是精度不够、鲜度维护困难。为了实现地图的快速更新和降低成本，地图生产商采用了众包采集方法。

3）众包采集

对于地图领域初创公司，众包采集成为创业方向和标准解决方案，如图 3 – 10 所示。这种方式是指把地图更新的任务交给道路上行驶的大量非专业智能网联汽车，利用成本相对低廉的车载传感器，收集路况与道路特征，实时监测环境变化，然后通过深度学习和图像识别算法将其转换为结构化数据，生成高精度地图众包信息。此方式中，将信息与高精度地图进行比对后，发现道路发生变化时，就将数据上传至云平台进行数据融合，然后再下发给其他车辆，从而实现地图数据的快速更新。

微课 专包和众包

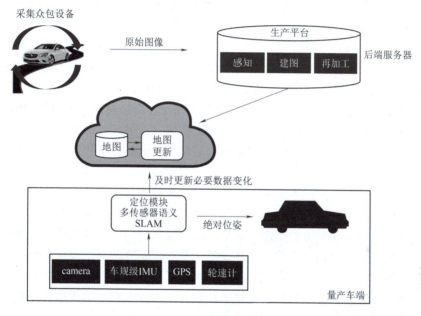

图 3 – 10 众包采集示意图

> **小知识**
>
> 作为全国首家提出用数据众包采集自动生产高精度地图的公司，极奥的数据众包采集主要有两种方式：①专业众包线，利用以双目摄像头及 IMU 惯性导航为主的高精度测绘采集套件，和一些运营车辆（如物流车、客车、商务车）合作，利用这些车辆进行高精度地图基础数据采集；②后装众包线，与后装硬件、行车记录仪等厂商合作，利用后装设备中 4G 卡、回传视频和图片轨迹，完成地图更新。通过专业众包线和后装众包线的双向拟合，极奥的高精度地图的精度已经达到横向 5 ~ 20 cm，纵向 5 ~ 10 cm，高度 5 ~ 20 cm。

（1）众包采集的技术流程。众包采集的数据包括轨迹数据、视频数据、雷达数据和传感器数据。各自处理方式如下。

①轨迹数据的处理。先把不同的轨迹分到不同的高度层内，然后开始形状构建，完成初步的拓扑构建，再进行二次形状构建。最后，根据拓扑和形状完成车道构建，形成整个

车道级拓扑网络。

②视觉数据的处理。通过人工智能技术识别地物，包括车辆、行人、地面车道线、限高标志、交通指示灯、交通护栏、车道线距离、前方行车、后方超车、侧方会车等。

③三维场景重构。利用三维场景重构补充车道级拓扑精度，再用地物与车道挂接，最后得到高精度地图，目的是重构精确的高度、坡度、曲率、航向和回旋曲线。

（2）众包采集的优势如下。

①相对成本较低。中国有600多万千米的道路数据，如果完全按照专业测绘的方式采集，所花的费用将是个天文数字，如果在高精度地图的基础上通过众包采集方式来更新信息，与昂贵的专业测量车相比，普通车辆经过简易改造即可执行任务。通过众包采集方式获得城市细致道路数据，将会实现低成本和可量产的目标。

②数据来源非常丰富，制作效率高。地图公司自己车队采集或者通过购买等渠道获得的数据不可能覆盖所有行驶场景，而众包采集参与的车辆比集中制图多得多，数据量也丰富得多，能大大提高制图的效率。大量非专业采集车辆在行驶中可即时获取道路状况发生的变化，这种UGC的数据产生方式可以及时解决路况数据快速检阅与更新的问题。

③实时性好。中国需要600多万千米的道路数据，如果按照专业测绘的方式采集，成本与时耗都将是个天文数字。众包采集是实现实时更新的低成本和可量产化的方案。

众包采集的劣势如下。

①传感器数据来源和标准不统一。由于各家众包采集方案使用的传感器不一样，导致数据来源、精度、格式标准都不统一，采集的数据在融合时会出现一定难度。

②精度不够。众包采集方案产生的数据大多是视频数据，精度较低。图像包含的信息量非常大且大部分为非结构化数据。这些非结构化数据要处理成结构化数据，需要通过标定和AI算法把图像数据变成矢量化数据。数据精度低会导致后续处理更加复杂。为了达到高精度地图的要求，需要海量的数据做数据聚合，这也造成了很难通过众包采集方式做成第一张高精度地图，所以这种方式适用于数据更新。

③政策门槛高。众包采集目前缺乏行政许可，根据我国测绘法对测绘行为的定义，企业性质的大范围带GPS或不带GPS的地理数据搜集行为属于测绘行为，这些数据需要由有甲级导航电子地图资质图商收集处理。所以，一定要增强法律意识，切勿随意用无人机等进行测绘。

④技术门槛高。众包采集整个过程涉及计算机视觉技术、AI技术、数据融合技术等目前业界的一些尖端技术，有些技术目前还不成熟。

2. 数据处理

所有采集到的地图数据称为原始数据，分为点云和图像两类。在采集过程中信号可能不稳定，优化之后对点云信息做拼接得到完整的点云信息。点云信息被压扁得到定位地图图像和反射地图图像。考虑到高精度地图要求以点云为主，故其通常利用激光雷达扫描获取激光雷达点云数据，重建

微课 数据处理

三维道路环境，并进行道路要素特征的提取与识别，得到高精度点云地图。处理后的激光点云数据能够与图像数据进行映射或融合处理，得到信息更加丰富的彩色激光点云地图。随后经过整理、分类与清洗等专业处理过程，获得没有任何语义信息或注释的初始地图模板。

1）元素识别

元素识别又称对象检测，是利用机器学习的感知算法（图像识别）对大部分常见的静态对象进行的分类识别，包括车道线、交通标志甚至电线杆等，如图 3 - 11 所示。对于少量复杂的对象，需要利用人工方式标注。基于深度学习的地图要素识别有两个层面：一是能否基于点云分割，从点云里提取特征；二是尝试从点云中提取车道线、灯杆、红绿灯等。

杆状物，红绿灯

动态地物

车道信息

图 3 - 11　元素识别场景

2）人工验证

人工验证是指由专业的技术团队进行人工抽样检测，并进行最后一步的确认和完善，从而发现自动化处理过程中出现的错误，并及时弥补数据的缺陷，提高精准度。这就需要技术人员精益求精，只有人工验证无误的高精度地图，才能进行发布。

3）发布

验证无误的地图，需要进行转换编译，生成矢量母库，从而完成生产环节。但由于高精度地图体量非常大，超过 GB 级的存储量，已经不是传统物理存储可以承载的。此外，高精度地图对数据更新的实时性要求非常高，这就决定了高精度地图需要借助云平台来实现发布及更新。

4）后续更新

道路整改工作会经常发生，加之无法预料的突发性路况，使地图需要不断更新。更新问题可采取众包采集方式或与政府实时交通管理部门合作来解决。国内图商——四维图新目前进行 UGC 地图更新时，利用预先安装好的消费级的车内传感器，进行自动化数据回传和处理，然后通过高度自动化的融合算法，从而实现基于消费级传感器数据的自动更新，最终保证高精度地图能够实现实时动态更新，全面保障自动驾驶的安全性。

3. 数据融合

高精度地图数据融合技术是将传统的地图信息、全球卫星导航系统等位置信息融合到一起，以空间信息为基础，同时参考交通网络数据、车辆漂移数据等多种数据信息，形成更加准确可靠的车辆定位结果，然后将结果反馈给驾驶员，进而提高驾驶的安全性和舒适度的技术。主要包括以下几方面。

1）多传感器数据融合

高精度融合定位技术通过同时利用多个传感器（如 GPS、惯性测量单元、地图数据等）的信息，实现对位置和姿态的精确估计。通过融合多个传感器的数据，可以弥补单个传感器存在的精度限制和局限性，从而提高整体的定位精度。

2）滤波算法

滤波算法在高精度融合定位技术中起着至关重要的作用。常用的滤波算法包括卡尔曼滤波和粒子滤波等。这些算法能够对传感器数据进行优化和校正，进而减小噪声的影响，提高定位的准确性。

3）地图匹配

地图匹配是高精度融合定位技术中的一项重要技术。通过将实时定位数据与预先构建的地图进行匹配，可以实现对车辆或者移动设备在地理空间中的准确定位，从而消除定位误差，提高定位的精度和稳定性。

4. 安全处理

高精度地图在发布商用之前，必须经过国家测绘局的加密处理，目的是保证国家安全。加密处理主要包含一些安全信息，如 GPS 坐标、火星坐标、地球地图等。通常导航设备需要加入国家的保密插件才允许进行使用和公开。安全处理流程如下。

1）测绘联编

（1）申请书提交。提交申请的资料通常包含申请书、测绘联编方案、测试计划等，提交后等待审核。

（2）现场联编。国家工作人员将源码和加密插件进行联合编制。针对商用的地图数据，可以分批次分区域地进行加偏验证，所有的区域验证偏转通过后，申请全国的一张图，随后就可以进行商用了。

2）加密插件

加密插件简单理解就是数据加密，一般由自然资源部相关部门进行处理，人为进行数据加偏处理，通过算法将真实的坐标加密成虚假的坐标。

5. 地图审查

在地理要素表达方面，根据《测绘地理信息管理工作国家秘密范围的规定》等要求，公开地图数据产品中，不允许表达道路的最大纵坡、最小曲率半径、高程、重要桥梁的坡度、重要隧道的高度和宽度等属性信息。

> **小知识**
>
> 在地理信息保密要求方面，《基础地理信息公开表示内容的规定（试行）》中指出了地理信息敏感内容，例如，公开发布含敏感地理信息的地图，需要作加密处理，地图发布需要进行审图环节。《地图审核管理规定》《关于加强互联网地图管理工作的通知》规定，未经依法审核批准的互联网地图，一律不得公开登载和传输。

6. 地图发布

因为自动化处理不可能做到 100% 的准确，所以需要再进行一轮人工验证，相当于视频制作的精剪和输出成片阶段。人工验证需要从云端下载需要验证的路段数据，然后把自动处理之后的高精度地图数据和对应位置的图像信息作比对，找出错误的地方并进行更正。比如，如果系统把一个限速牌识别错误，就需要进行人工修正。这些修正后的数据不会保存在本地，而是需要上传到云端，最终的高精度地图成品也会通过云平台进行发布。

七、高精度地图的应用

高精度地图是实现3级以上自动驾驶的必备条件，随着各行各业信息化技术的发展，地图数据应用更加多元化，高精度地图未来有可能不再只是行车或行人所依赖的地图参考工具，它将成为未来智能世界的基础地图。其典型应用方向包括以下几方面。

1. 自动驾驶

目前，高精度地图可为自动驾驶系统提供预判信息，它犹如一个巨大的信息容器，涵盖的数据包括车道信息（坡度、曲率、航向、高度等）、道路上所有的元素（路面标识、路灯、护栏、信号灯等），以及动态的交通数据，这些数据对3+级以上的自动驾驶汽车感知、决策和判断起着决定性作用。

2. 智慧城市

高精度地图具有强大的空间分析能力和决策支持功能，除应用于自动驾驶领域之外，对于具有天然空间位置属性的交通、出行、物流等领域也具有广阔的应用价值。基于车道级高精度地图，结合高精度定位、云计算和视频监控等技术，搭建智慧交通监管平台，在特殊车辆监控、精准导航、公交优先、车道自由流等一些重要的场景中，有利于交通管理单位对车辆的精细监控管理，又有利于规范司机的驾驶行为。高精度地图能准确描绘全息时空大数据，除了能应用于智慧交通，也能广泛应用于公安、旅游、道路管理、紧急事件响应、城市空气污染治理等政务领域。基于不同的城市政务管理业务需求，各种定制化的高精度地图解决方案能全面提升城市综合治理能力，这些均是实现智慧城市的前提。因此，高精度地图服务是智慧城市的"底座"。

> **小知识**
>
> 智慧城市是综合运用以物联网、云计算、大数据和移动互联网等为代表的现代科学技术手段，集高端发展的网络化、信息化、智能化和现代化于一体的新型城市，是以智慧管理、智慧产业、智慧民生等为重要内容的城市发展的新模式。

3. 物联网

如今，5G技术正在加速推动高精度定位发展，而高精度定位也将影响物联网行业发展。如图3-12所示，物联网设备之间的信息互联互通，需要高精度地图作为支撑，各种精细化模型地图可以支撑很多行业、设备群管理的可视化发展。高精度地图作为物联网实时数据展示载体，对于使用者可以更直观、更美观。

4. 其他小而精的垂直应用

地图本身不是个大产业，但是它作为基础数据与服务提供方，跟各行各业都能结合应用，而且随着各行业信息化技术的不断发展，定制化需求会越来越多。

图 3-12　物联网与高精度地图

1) AntV L7

AntV L7 是由蚂蚁金服 AntV 数据可视化团队推出的基于 WebGL 的开源大规模地理空间数据可视分析开发框架。L7 中的 L 代表 Location，7 代表世界七大洲，寓意能为全球位置数据提供可视分析的能力。

2) WeMap

WeMap 属于腾讯位置服务的一部分，是腾讯面向智慧产业的数字地图"底座"，依托长期的游戏技术积累及游戏渲染引擎，实现了对建筑物、道路、绿地、水系等要素的高逼真美化，并具备对环境、光照、阴影等的超强还原能力，能够真实呈现日夜、光照、天气变化下的城市环境。

3) 华为河图（Cyberverse）

华为河图致力打造地球级的、不断发展的、与现实无缝融合的数字新世界。其功能包括识物百科、识人辨人、识字翻译、识车安保、3D 地图识别等，其应用场景包括景区景点、博物馆、智慧园区、机场、高铁站、商业空间等公共场所，为游客提供导览服务。

4) 百度地图慧眼

百度地图慧眼是百度地图推出的一款商业地理智能数据平台，是城市人口与地理大数据服务专家，百度地图慧眼基于百度地图海量位置大数据、地理大数据及路况大数据等数据源，通过人工智能技术，打造城市大数据分析平台。百度地图慧眼用亿万大数据助力城市规划、地产研究、零售选址、政府管理等行业。

交流与思考

　　高精度地图制作是一个门槛（人力、财力、技术要求）较高的行业，受制于设备价格和精度要求，高精度地图可能在短期内不能量产；而它又具备行业结合等特点，因而未来高精度地图小范围（单纯面积）定制应用可能成为趋势。你认为高精度地图在未来哪些行业能得到广泛应用？

单元二 高精度定位技术概述

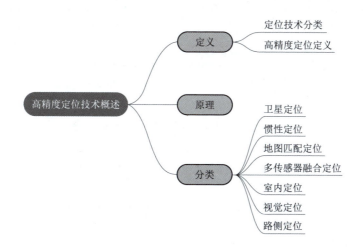

一、定义

1. 定位技术分类

随着城市车辆数量的日益增加，城市道路规划也趋于复杂化，定位需求更加精细化。目前的定位技术按照定位原理可分为以下两大类。

1）绝对定位

绝对定位又称单点定位，是指在一个待测点上，用一台接收机独立跟踪 GPS 卫星，测定待测点的绝对坐标。单点定位一般采用伪距测量，其位置是由已知位置的卫星或者基础设施地标确定的。绝对定位一般用于对导航和精度要求不高的场景。

2）相对定位

相对定位又称差分定位，这种定位模式是指采用两台以上的接收机，同时对一组相同的卫星进行观测，以确定接收机天线间的相互位置关系。常用航位推算法，定位结果由之前已知的位置推导得出。

2. 高精度定位定义

高精度定位是通过高精度的绝对参考系对车辆自身的绝对位置进行精准判断，从而确认自动驾驶车辆自身确切位置的技术。其基于普通卫星定位，采用信号增强系统将定位精度从米级提高至厘米级。高精度地图凭借其厘米级的地图信息，为智能驾驶车辆绘制出了一条"无形的轨道"。高精度定位确保车辆行驶不出轨。在高精度定位的协助下，车辆可对自身位置进行精准定位，确保其实际位置与高精度地图中显示的位置一致，以更好地实现导航定位功能。

目前，依靠单一定位技术无法满足自动驾驶汽车所需的高精度。从现有主机厂商使用

的方案看，使用多传感器融合定位技术，除了采用组合导航模块和高精度地图，还会选择视觉 SLAM、激光雷达等技术。

> **小知识**
>
> 百度公司在融合定位技术方面已布局多年，可提供基于 GPS、IMU、高精度地图以及多种传感器数据的百度自定位系统及厘米级综合定位解决方案。百度 Apollo 研究测试结果显示，GNSS – RTK 可实现 65% 的综合场景定位误差小于 20 cm 的覆盖率，GNSS + IMU 的组合可以实现 85% 左右的覆盖率，GNSS + IMU + 感知与地图的融合高精度定位系统可以实现 97.5% 的覆盖率。

二、原理

微课 高精度
定位方法

普通卫星定位需同时接收至少 4 颗卫星信号，以确定经度、纬度、高度和时间差 4 个变量，从而实现对位置的定位。但卫星信号在穿越电离层和对流层时会产生一定波动，从而引起误差，最终导致定位精度在米级，如图 3 – 13 所示。

> **交流与思考**
>
> 普通定位因为有卫星误差、大气误差、设备误差等原因，导致最后定位精度在 10 ~ 30 m。而高精度定位服务，通过误差模型计算，使定位能力提高，误差在 1 m 左右，可帮助地图应用识别行驶中的具体车道并及时准确地进行语音播报。你知道高精度定位是如何实现的吗？

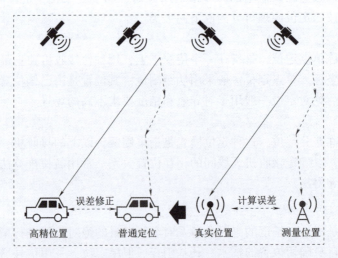

图 3 – 13 定位误差示意图

如图 3 – 14 所示，地面增强基站使用 RTK（Real – Time Kinematic）技术（实时动态载波相位差分技术，是实时处理两个测量站载波相位观测量的差分方法）计算卫星定位误差，并将误差值发送至目标终端以进行位置修正，从而提高定位精度，可将定位精度从米级增强至动态厘米级、静态毫米级水平。

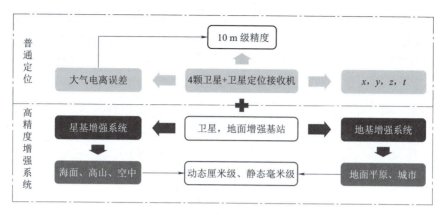

图 3 – 14　高精度定位信号增强系统

三、分类

高精度定位技术是用于精确确定物体或位置坐标的技术。目前主要分为卫星定位、惯性定位、地图匹配定位、视觉定位和多传感器融合定位等。

1. 卫星定位

它是一种利用人造地球卫星进行点位测量的技术，如今，中国自主研发的全球定位系统，实现了在任意时刻、在地球上任意一点都可以同时观测到 4 颗以上的卫星，以便实现导航、定位、授时等功能。

2. 惯性定位

这是一种通过惯性测量组件测量载体的角速率和加速度信息，利用牛顿运动定律自动推算载体的瞬时速度和位置信息的技术。惯性定位具有不依赖外界信息、不向外界辐射能量、不受干扰和隐蔽性好的特点。惯性导航车辆如图 3 – 15 所示。

图 3 – 15　惯性导航车辆

3. 地图匹配定位

地图匹配定位首先利用车辆装载的 GNSS 和惯性导航系统（Inertial Navigation System，INS）作出初始位置判断，确定高精度地图局部搜索范围。然后，将激光雷达实时数据与预先制作好的高精度地图数据变换到同一个坐标系内进行匹配，匹配成功后即可确认车辆定位信息。地图匹配定位原理如图 3 – 16 所示。

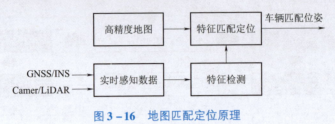

图 3 – 16　地图匹配定位原理

4. 多传感器融合定位

多传感器融合系统主要分为松耦合（Loosely Coupled）、紧耦合（Tightly Coupled）以及深耦合（Deep Coupling）等组合结构。实现多传感器融合定位的算法有很多种，可概括为随机类和人工智能类。随机类主要有综合估计法、贝叶斯推理、D – S 证据理论、最大似然估计、贝叶斯估计、最优估计、卡尔曼滤波及鲁棒估计等。人工智能类主要有基于神经网络的多传感器数据融合、基于模糊聚类的数据融合以及专家系统等。

5. 室内定位

室内定位技术用于在建筑物内实现高精度定位。这些技术包括 WiFi 定位、蓝牙定位、超宽带（UWB）定位和红外线定位等。其中 WLAN（Wireless Local Area Network，WLAN）定位技术是通过接收无线局域网发射的信号，计算设备与接入点之间的信号强度差，从而确定设备的位置。

6. 视觉定位

计算机视觉和图像处理技术可用于分析图像和视频以确定物体的位置。视觉定位通过图像处理技术，获得类似于人类通过双眼确定物体位置的能力，使用神经网络等技术，将图像所代表的三维矩阵信息反向传播，转换成想获得的参数，最终计算出视觉传感器当前的位置信息，如图 3 – 17 所示，其定位精度与高精度地图精度和视觉算法高度相关，当前整体定位精度较低。

中国引进的特斯拉汽车的自动驾驶程序及视觉处理方案，使用成本低廉的摄像头来采集车辆周边信息，研发了一套视觉处理工具 Tesla Vision。Tesla Vision 基于深度神经网络，能够对行车环境进行专业的解构分析，相比传统视觉处理技术可靠性更高。中国车企则很少采用纯视觉方案，更多采用多传感器融合技术。

7. 路侧定位

路侧定位主要依赖路侧单元为其提供绝对参考系，通过测量车辆与多个路侧单元之间的距离对车辆位置进行推算。由于路侧单元在开放道路上大范围建设成本过高，因此当前仅在隧道等少数场景下采用了路侧定位技术。随着智能网联汽车相关建设进度的不断推

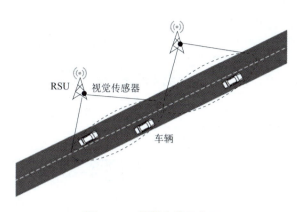

图 3 – 17   视觉定位示意图

进，路侧定位在开放道路中大范围使用的可能性亦在不断增强。

综合来看，各种高精度定位方式均有其各自的优势和局限之处。视觉定位凭借其低成本，有望在中低价位车型中广泛应用，高精度地图的精度提升将带动其定位的精度提升。路侧定位在开放道路中建设成本过高，发展进度较慢，但有望成为多车智能阶段中重要的定位技术。卫惯组合导航是当下同时具备性能和成本优势的解决方案，有望在智能驾驶向3 级及以上升级的过程中成为导航定位的首选。为了全天候、全时段都能获得较好的定位精度，多定位技术融合有望成为智能驾驶定位导航功能的发展趋势。

小知识

差分 GPS 是一种提高 GPS 精度的技术。它使用基站接收 GPS 信号，计算伪距修正量，并将修正信息传递给用户接收器，以实现亚米级的精度。RTK 是一种高精度 GPS 技术，使用测站接收和传送 GPS 信号。用户接收器同时接收 GPS 信号和来自基站的校正信号，以实现厘米级的精度。

单元三 高精度定位关键技术

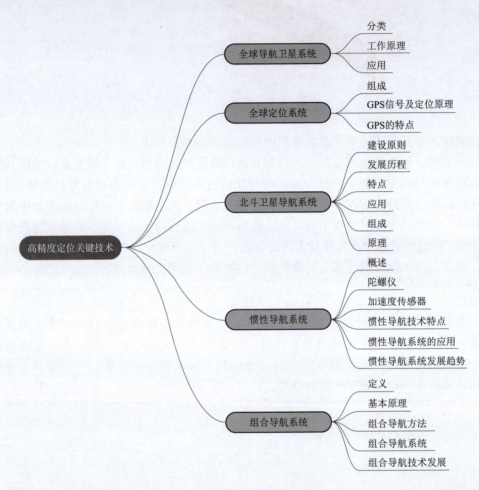

高精度定位关键技术
- 全球导航卫星系统
  - 分类
  - 工作原理
  - 应用
- 全球定位系统
  - 组成
  - GPS信号及定位原理
  - GPS的特点
- 北斗卫星导航系统
  - 建设原则
  - 发展历程
  - 特点
  - 应用
  - 组成
  - 原理
- 惯性导航系统
  - 概述
  - 陀螺仪
  - 加速度传感器
  - 惯性导航技术特点
  - 惯性导航系统的应用
  - 惯性导航系统发展趋势
- 组合导航系统
  - 定义
  - 基本原理
  - 组合导航方法
  - 组合导航系统
  - 组合导航技术发展

一、全球导航卫星系统

在各种定位方式中，全球导航卫星系统（GNSS）是目前最重要的一种。如图3-18所示，它是一种能在地球表面或近地空间的任何地点为用户提供全天候的三维坐标和速度以及时间信息的空基无线电导航定位系统。GNSS 系统不仅是国家安全和经济的基础设施，也是体现现代化大国地位和国家综合国力的重要标志。

微课 全球导航
卫星定位系统
（GNSS）

图 3 – 18   全球导航卫星系统

1. 分类

常见的全球导航卫星系统有中国的北斗卫星导航系统（BDS）、美国的全球定位系统、俄罗斯的格洛纳斯（GLONASS）卫星定位系统以及欧洲空间局的伽利略（GALILEO）卫星定位系统。除了上述四大全球导航卫星系统外，还包括区域系统和增强系统，其中区域系统有日本的 QZSS 和印度的 IRNSS，增强系统有美国的 WAAS、日本的 MSAS、欧盟的 EGNOS、印度的 GAGAN 以及尼日利亚的 NIG – GOMSAT – 1 等。

2. 工作原理

GNSS 定位主要解决两个问题：一是观测瞬间卫星的空间位置，二是测量站点与卫星之间的距离。空间位置，即 GNSS 卫星在某坐标系中的坐标，为此首先要建立适当的坐标系来表征卫星的参考位置，而坐标往往又与时间联系在一起，因此，定位是基于坐标系和时间系统来进行的。

1）坐标系统和时间系统

坐标系统和时间系统是描述卫星运动、处理观测数据和表达观测站位置的数学与物理基础。根据应用场合的不同，选用的坐标系也不相同。一般分为地理坐标系、惯性坐标系、地球坐标系、地心坐标系和参心坐标系。时间系统可分为世界时、力学时、原子时、儒略日、卫星导航时间系统等。

2）GNSS 定位基本原理

GNSS 定位系统利用基本三角定位原理，GNSS 接收装置通过测量无线电信号的传输时间来测量距离。由每颗卫星所在的位置和测量得到的每颗卫星与接收装置的距离，便可以计算出接收器所在位置的三维坐标值。使用者至少需收到 3 颗卫星的信号才可确定自身的位置。在实际使用中，GNSS 接收装置都是利用 4 个以上的卫星信号来确定使用者所在的位置及高度的，分别以 3 个卫星的位置为圆心，3 个卫星距地面某点距离为半径作球面，则球面交点即为地面用户位置，如图 3 – 19 所示。

如图 3 – 20 所示，全球导航卫星系统定位是利用一组卫星的伪距、星历、卫星发射时间等观测量，包含了卫星和接收机的钟差、大气传播延迟、多路径效应等误差，在定位计算时还要受到卫星广播星历误差的影响，在进行相对定位时大部分公共误差被抵消或削弱。

双频接收机可以根据两个频率的观测量抵消大气中电离层误差，主要部分定位精度将大大提高。

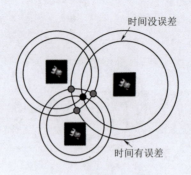

图 3 – 19　三角定位原理

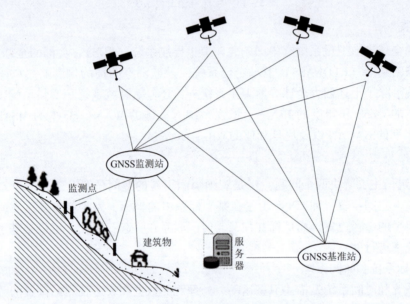

图 3 – 20　全球导航卫星系统定位原理

　　GNSS 定位，按定位方式分为单点定位和相对定位（差分定位），按接收机的运动状态分为动态定位和静态定位。单点定位是根据一台接收机的观测数据来确定接收机位置的方式，它只能采用伪距观测，可用于车船等的概略导航定位。相对定位是确定测站点之间的三维或二维坐标差在多个测站上进行同步观测以测定测站之间相对位置的卫星定位。采用载波相位测量可实现高精度的相对定位。

　　（1）静态相对定位。①定义：用两台接收机分别安置在基线的两个端点，其位置静止不动，同步观测相同的 4 颗以上卫星，确定两个端点在协议地球坐标系中的相对位置。②定位原理：在一个范围不大的区域内，同步观测相同的卫星，卫星的轨道误差、卫星钟差、接收机钟差以及电离层和对流层的折射误差等，对观测量的影响具有一定的相关性，利用观测量的不同线性组合，进行相对定位，就可以有效减弱上述误差对定位的影响。③定位特点。在观测过程中，接收机固定不动，这样可以通过连续观测取得足够多的多余观测数据，提高定位精度。一般采用载波相位观测值作为基本观测量。载波频率大、波长短，测量精度远高于测码伪距测量。为提高精度，一般将观测值进行求差，形成新的观测值（虚拟观测值），以此消除卫星的轨道误差、卫星钟差、接收机钟差以及电离层和对流层的折射误差等的影响。其优点是消除或减弱一些具有系统性误差的影响，如卫星轨道误差、钟差和大气折射误差等。缺点是静态相对定位的观测每个点需要 30 min 以上，而且数据需要测后处理，因此无法进行导航。

（2）动态相对定位。①定义：用一台接收机安置在基准站上固定不动，另一台接收机安置在运动载体上，两台接收机同时观测相同卫星，以确定运动点相对于基准站的实时位置。②分类：根据观测量的不同，分为以测码伪距为观测量的动态相对定位和以测相伪距为观测量的动态相对定位。③定位原理：通常采用无源定位方式，即依靠定位接收机接收来自多颗卫星的导航定位信号进行定位。

相对定位可以消除或减弱一些具有系统性误差的影响，如卫星轨道误差、钟差和大气折射误差等，而绝对定位受卫星轨道误差、钟同步误差及信号传播误差等因素的影响，精度只能达到米级。因此相对定位方法是当前 GPS 测量定位中精度最高的一种方法。

3）RTK 定位原理

RTK 是高精度相对定位的常用手段之一，一般利用基准站和流动站的载波相位观测值组成双差模型进行定位，可以得到厘米级的实时定位精度，目前已广泛应用于工程测量等领域。RTK 能够在野外实时得到厘米级定位精度，它采用了载波相位动态实时差分方法，是 GNSS 应用的重大里程碑。

4）PPK 定位原理

PPK 即动态后处理技术，是对 RTK 技术的补充，利用进行同步观测的一台基准站接收机和至少一台流动接收机对卫星的载波相位观测量，然后在计算机中利用 GPS 处理软件进行线性组合，形成虚拟的载波相位观测量值，确定接收机之间厘米级的相对位置，最后，通过坐标转换得到流动站在地方坐标系中的坐标。

交流与思考

身处茫茫宇宙，人类是如何确定自己的位置的呢？千百年来，人类从来没有停止过高精度定位技术的探索。你了解现阶段智能网联汽车是如何确定自身的精确位置从而实施智能驾驶的吗？

3. 应用

全球卫星导航系统用途广泛，从应用的角度至少可分成以下 10 类。

（1）地理数据采集。人类 80% 的活动与空间信息有关，地理数据采集是 GNSS 最基本的专业应用，用来确认航点、航线和航迹。国土、矿产和环境调查等需要确定采样的点位信息，铁路、公路、电力、石油、水利等需要确定管线位置信息，房地产、资产和设备巡检需要面积和航迹位置信息。GIS 数据采集产品正在成为满足各行业对空间地理数据需求的常用工具。

（2）航空服务。GNSS 具有连续的全球覆盖能力，使飞机可以实现从一个地点到另一个地点的直线飞行，摆脱台对台飞行，明显降低航行时间和油耗。在 GNSS 接收机中包含数据处理系统，可将飞机位置、高度、速度信息实时发送到空中交通管制中心及相关部门，实现全程自动监视，为空中交通管制中心提供防撞预警。GNSS 导航系统相对于陆基

导航系统，具有无法比拟的优越性和安全性。

（3）航海。差分 GPS 广泛应用于沿岸、进港以及内河行驶的船只，精度可达到 2~3 m。在卫星导航接收机与无线通信手段集成后，该系统便成为一个位置报告系统和紧急救援系统。许多渔船将 GPS 与雷达和鱼探器结合在一起，产生明显的经济效益。

（4）通信。卫星导航接收机与无线电通信机的结合是自然发生的，这种融合产生的意义是非常深远的。实际上，这是移动计算机（PDA）、蜂窝电话和 GPS 接收机的系统集成和完美整合。

（5）人员跟踪。个人跟踪的应用需求与导航手机或定位手机思路相似，但其产品类型和主要功能定位则与它们大相径庭。首先要求其体积和功耗要小，便于隐藏或佩戴，如手表之类。其应用功能可以由中心加以激活或启动，以利于获取佩戴者所在位置。

（6）消费娱乐。徒步旅行者、猎人、越野滑雪者、野外工作人员和户外活动者现在常应用袋式 GPS 定位器，配上电子地图，可以在草原、大漠、乡间、山野或无人区内找到自己的目的地。

（7）测绘。高精度测量卫星导航应用给测绘界带来了一场革命，现已广泛应用于大地测量、资源勘查、地壳运动、地籍测量及工程测量等领域，在海洋测量和海洋工程中的应用也已经兴起。与传统的测量手段相比，卫星导航应用有巨大的优势：测量精度高、操作简便、仪器体积小、便于携带、全天候操作及观测点之间无须通视。

（8）授时。作为时间同步装置，特别是作为交易处理定时（如在 ATM 机中）和通信网络中应用，目前广泛应用在天文台、通信系统基站和电视台中。

（9）车辆监控管理。车辆监控调度应用系统通过 GNSS 全球定位技术，利用通信信道，将移动车辆的位置数据传送到监控中心，实现 GIS 的图形化监视、查询、分析功能，对车辆进行调度和管理。

（10）汽车导航与信息服务。车载导航系统结合了卫星导航技术、地理信息技术和汽车电子技术，可在显示器上精确显示汽车的位置、速度和方向，为驾驶者提供实时的道路引导。

> **小知识**
>
> 人们在从事野外探险、科学考察等活动时，GNSS 模块的广泛应用为探险者提供了精准的导航、位置跟踪和安全保障。探险者可以规划和导航复杂的路线，穿越未知的地形，随时了解自己的确切位置。GNSS 实时共享其位置信息，与数字地图结合使用，为探险者提供了实时的地形信息。

二、全球定位系统

全球定位系统（GPS）是应用最为广泛、历史最为悠久的一种全球导航定位系统。该系统由美国从 20 世纪 70 年代开始研制，当时的主要目的是为陆、海、空三大领域提供实时、全天候和全球性的导航服务，并用于情报收集、核爆监测和应急通信等一些军事目的。

微课 美国全球
定位系统（GPS）

GPS 是一种以人造地球卫星为基础的高精度无线电导航的定位系统，它在全球任何地方以及近地空间都能够提供准确的地理位置、车行速度及精确的时间信息。它利用导航卫星进行测时和测距，具有在海、陆、空全方位实时三维导航与定位的能力。它是继阿波罗登月计划、航天飞机后的美国第三大航天工程，已经成为当今世界上最实用且应用最广泛的全球精密导航、指挥和调度系统。现在，GPS卫星在全球范围内每秒都会传输高分辨率、高精度的位置和定时数据，从而可以在世界各地进行无数次精确导航、测量、车辆控制和同步操作。

1. 组成

GPS由空间部分（导航卫星）、地面监控部分和用户设备部分三大部分组成，如图3-21所示。

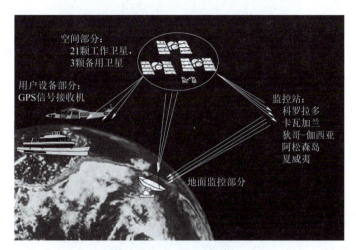

动画 GPS卫星
定位系统的组成

图3-21 GPS组成

1）空间部分（导航卫星）

如图3-22所示，空间部分起初由21颗工作卫星和3颗备用卫星组成，分布在20200 km高的6个轨道平面上，24颗卫星以55°的轨道倾角绕地球运行，形成6个地球椭圆轨道面，每个轨道面上都有4颗卫星。各轨道平面的升交点赤经相差60°，一个轨道平面上的卫星比西边相邻轨道平面上的相应卫星升交角距超前30°。

发展到今天，GPS的空间部分在轨道上运行的卫星数量已经达到27颗。在地球上任何地点任何时刻都能观测到5~8颗卫星。如图3-23所示，GPS卫星的主体呈圆柱形，两侧有太阳能帆板，能自动对日定向。太阳能电池为卫星提供工作用电。每颗卫星都配备有多台原子钟，可为卫星提供高精度的时间标准。卫星上带有燃料和喷管，可在地面控制系统的控制下调整自己的运行轨道。

GPS卫星的基本功能为接收并存储来自地面控制系统的导航电文和在原子钟的控制下自动生成测距码和载波。

GPS卫星产生两组电码，一组称为C/A码（Coarse/Acquisition Code 1.023 MHz），一组称为P码（Precise Code 10.23 MHz）。P码频率较高，不易受干扰，定位精度高，因此受美国军方管制，并设有密码，一般民间无法解读，主要为美国军方服务。C/A码降低精度后主要开放给民间使用，将测距码和导航电文调制在载波上播发给用户。按照地面控制系统的命令调整轨道和卫星钟，修复故障或启用备用件以维护整个系统的正常工作。

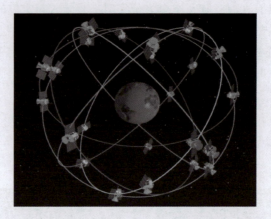

图 3 – 22　GPS 空间部分

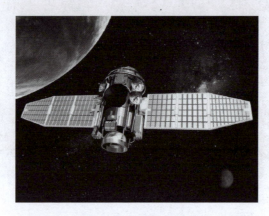

图 3 – 23　GPS 卫星

2）地面监控部分

地面监控部分是指 GPS 的地面监测和控制系统，如图 3 – 24 所示。它包括主控站（MCS）、卫星监测站（监控站）和上行信息注入站（又称地面天线）以及把它们联系起来的数据通信网络。

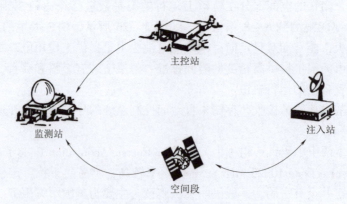

图 3 – 24　GPS 地面监测和控制系统

地面控制段主要收集在轨卫星运行数据、计算导航信息、诊断系统状态、调度卫星。卫星上的各种仪器设备是否正常工作，以及卫星是否一直沿着预定轨道运行，都要由地面设备进行监测和控制。它的另一重要作用是保持各颗卫星处于同一时间标准，即 GPS 时间系统，这就需要地面站监测各颗卫星的星载原子钟信息，求出钟差，然后由地面注入站发给卫星，卫星再由导航电文发给用户设备。

（1）主控站。负责管理、协调整个地面控制系统的工作。主控站拥有以大型计算机为主体的数据收集、计算、传输、诊断等设备，对地面监控系统实行全面控制，主要任务是收集并处理各监测站对 GPS 卫星的全部观测数据，包括各监测站测得的距离、距离差、气象要素、卫星时钟和工作状况的数据以及监测站自身的状态数据等，根据收集的数据及时计算每颗 GPS 卫星的星历、时钟改正值、状态数据以及信号的大气传播改正值，并按一定格式编制成导航电文，传送到注入站。

（2）注入站。地面天线在主控站的控制下，向卫星注入导电位用于捕获卫星和接收卫星定位信息，即辐射和接收电磁波，将来自卫星的无线电信号的电磁波能量转换成接收电子设备能够吸收并施加的电流，即能量转换。它的任务主要是在每颗卫星运行至上空时把这类导航数据及主控站的指令注入卫星，每天对每颗 GPS 卫星离开注入站作用范围之前进行最后的信息注入。

（3）卫星监测站。卫星监测站是数据自动收集中心，监控整个地面监控系统是否工作正常，检验注入卫星的导航电文是否正确，监测卫星是否将导航电文发出。调度备用卫星替代失效的工作卫星，将偏离轨道的卫星"拉回"到正常轨道位置。监控站为主控站编算导航电文提供观测数据，每个监测站均用 GPS 信号接收机测量每颗可见卫星的伪距和距离差，采集气象要素等数据，并将它们发送给主控站。监控站安装有高精度原子钟、高精度 GPS 用户接收机，收集当地气象数据，同时对接收的卫星系统相关数据进行初步处理并将这些数据传送至主控站。

> **小知识**
>
> 地面控制段可以出于美国国家政治、军事和安全考虑而有意干扰导航信号，从而降低特定区域的定位精度。

（4）通信辅助系统。通信辅助系统主要进行数据传输。

3）用户设备部分

用户设备主要由 GPS 接收机、卫星天线及 GPS 数据处理软件组成。它的主要功能是根据一定的卫星截止角捕获被测卫星，并跟踪这些卫星的运行情况。

（1）GPS 接收机。GPS 接收机的主要功能是捕获按一定卫星高度截止角所选择的待测卫星的信号，并跟踪卫星运行；对所接收的 GPS 信号进行变换、放大和处理；测量出信号传播的时间，解译出 GPS 卫星所发送的导航电文；实时计算出测站的三维信息甚至三维速度和时间。图 3-25 所示为 GPS 接收机实物。

图 3-25 GPS 接收机实物

小知识

1990 年年底，在海湾战争中沙漠风暴行动的前线，美军士兵开始要求他们的家人为其购买商用 GPS 接收机应用到战争中。但军方起初并未对 GPS 引起重视，没有预料到 GPS 应用会如此之广泛，如此之重要。科技创新的重要性可见一斑。

（2）GPS 数据处理软件。GPS 数据处理软件的主要功能是对 GPS 接收机获取的卫星测量记录数据进行预处理，并对处理的结果进行平差计算、坐标旋转和分析综合处理，计算出用户所在位置的三维坐标、速度、方向和精确时刻等。

2. GPS 信号及定位原理

1）GPS 信号

（1）GPS 的信号结构如图 3-26 所示。每个 GPS 卫星播发一组信号，每组信号包括两个不同频率的载波信号（L1 和 L2）、两个不同的测距码信号（C/A 码调制在 L1 载波上，P 码或 Y 码同时调制在 L1 及 L2 载波上）以及卫星的轨道信息。

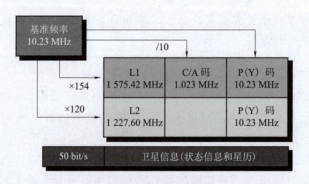

图 3-26 GPS 的信号结构

（2）C/A 码（粗码、捕捉码）。频率为 1.023 MHz，仅在 L1 载波上作调变，每 1023 位重复一次，以 1 MHz 的资料作调度，一般提供给民间使用。但基于国家安全考虑，美国国防部刻意以无线电信号干扰卫星上的原子钟，并宣告一些不准确的轨道参数来造成定位误差。这就是所谓的 SA（Selective Availability）效应。

（3）P码（Y码、精码）。频率为10.23 MHz，每7天重复一次，可同时采用L1及L2载波，主要提供军事用途。P码的频率大约是C/A码的10倍，不但更为精确，也更不易被干扰。

（4）M码

除了IIR卫星，2005年发射了波音IIF卫星。IIF批次卫星除发射增强的L1、L2民用信号和M码外，将在1 176.45 MHz增加第3个民用信号（L5），位于960～1 215 MHz。L2载波上增加的第二个民用信号是L2C，能补偿大气传输不稳定性，提高民用导航精度到3～10 m。M码采用新型的调制方法和新一代加密技术，军用和民用码分离。

2）GPS定位原理

（1）距离测定原理。测距方式分为C/A码测距和L1/L2测距。

①伪随机测距码。每一卫星播发一个伪随机测距码信号，该信号大约每1 ms播发一次；接收仪同时复制出一个同样结构的信号并与接收到的卫星信号进行比较，如图3-27所示。由信号延迟时间推算出卫星至接收仪的距离，接收仪时钟应与卫星钟校时。

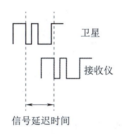

图3-27 伪随机测距码信号

②载波相位测距。信号量测精度优于波长的1/100，载波波长（$L1 = 19$ cm，$L2 = 24$ cm）比C/A码波长（$C/A = 293$ m）短得多，如图3-28所示。所以，GPS测量采用载波相位观测值可以获得比伪距（C/A码或P码）高得多的定位精度。

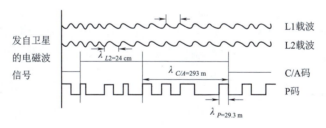

图3-28 载波相位测距

（2）点位测定原理。GPS定位原理是根据三角测量定位来实现的，并且同时利用相关技术获取观测值。卫星钟用来控制卫星发射的伪随机信号，本地时钟用来控制用户接收机的伪随机信号，两者之间有比较大的时差。GPS用户终端可以同时跟踪4颗GPS卫星，并捕获其信号，这里将两时钟之间的时差作为未知量，使其和观测点坐标共同组成一个四元方程组，所得的解就是观测点的经纬度坐标和时差，使用这种方法进行定位可以得到较高的定位精度。卫星不间断地发送自身的星历参数和时间信息，用户接收到这些信息后，经

过计算求出接收机的三维位置、三维方向以及运动速度和时间信息。具体计算过程如下。

地球表面的任何一个位置，都有它的三维坐标，也就是经度、纬度和高程。GNSS 卫星也有自己的三维坐标。把整个空间看成一个坐标系，可以画一个立方体。立方体的两个对角，分别是用户和卫星，如图 3 - 29 所示。

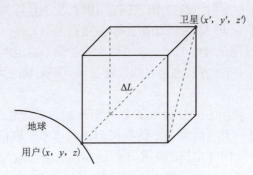

图 3 - 29　伪距示意图

根据立体几何知识，卫星和用户之间的距离 ΔL 通常称为伪距观测量（也称伪距）。此观测值称为伪距的原因：第一，它是以地表和卫星之间的距离为变量的函数；第二，由于大气效应和时钟误差的影响，与实际的距离之间存在偏差。计算方法如下

$$\Delta L = \sqrt{(x-x')^2 + (y-y')^2 + (z-z')^2}$$

卫星的坐标是 (x', y', z')，这是已知的。用户的坐标是 (x, y, z)，这是未知的。与此同时，卫星可以给用户终端发信号，信号的传输速度几乎等同于光速 c。而卫星上面有精度极高的原子钟，时间是 t。假设用户终端的时间是 t'，卫星和用户之间的距离 ΔL 又可以通过如下公式算出

$$\Delta L = (t - t') \cdot c$$

两个公式一合并，就变成了

$$(t - t') \cdot c = \sqrt{(x-x')^2 + (y-y')^2 + (z-z')^2}$$

一个公式里有 4 个未知数 (x, y, z, t)，再找 3 个卫星的坐标值，组成 4 个四元方程就能得到 x, y, z。这就是一个用户终端要想解算出自己的准确位置，必须有至少 4 颗卫星的原因。

（3）差分 GPS。

目前 GPS 系统提供的定位精度优于 10 m，而为了得到更高的定位精度，通常采用差分 GPS 技术。相对定位（差分定位）是根据两台以上接收机的观测数据来确定观测点之间的相对位置的方法。如图 3 - 30 所示，将一台 GPS 接收机安置在基准站上进行观测，根据基准站已知精密坐标，计算出基准站到卫星的距离改正数，并由基准站实时将这一数据发送出去。用户接收机在进行 GPS 观测的同时，也接收到基准站发出的改正数，并对其定位结果进行改正，从而提高定位精度。

3. GPS 的特点

（1）覆盖范围广。GPS 能够为用户提供全球范围内的定位服务，无论是在陆地上还是海洋上甚至是山区或其他难以直接通信的地区。

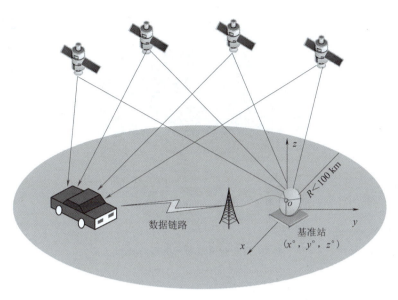

图 3-30 差分定位原理图

（2）定位精度高。GPS 的定位精度可以达到厘米级别甚至毫米级别，这使它在各种应用场景中都非常准确可靠。

（3）功能多样。GPS 不仅可以用于导航，还可以进行测速、测时等多种功能，它的应用范围非常广泛。

（4）操作便捷。GPS 接收机操作简单，大多时候用户只需将其放置在适当的位置并开启，GPS 接收机就可以自动完成卫星捕获、跟踪观测等工作。

（5）抗干扰能力强。GPS 具备良好的抗干扰性能和较强的保密性，即使在复杂的电磁环境中也能稳定运行。

（6）全天候工作。GPS 接收机几乎能在所有条件下工作，无论是白天还是黑夜，无论是晴天还是雨天，都能提供连续且实时的三维位置和时间信息。

（7）实时定位。GPS 支持实时动态定位技术，可以实现厘米级别的实时三维定位，这在许多领域都非常重要。

（8）三维定位能力。除了二维定位外，GPS 还能精确测定测站的平面位置和大地高程，从而提供三维定位。

（9）用户端的高效性。GPS 的用户端设备（如手机或车载导航系统）通常集成了多种功能，提高了用户的便利性和工作效率。

三、北斗卫星导航系统

北斗卫星导航系统（BeiDou Navigation Satellite System，BDS，以下简称北斗系统），其标志如图 3-31 所示，是中国着眼于国家安全和经济社会发展需要、自主建设运行的全球卫星导航系统，是为全球用户提供全天候、全天时、高精度的定位、导航和授时服务的国家重要时空基础设施。北斗系统秉承"中国的北斗、世界的北斗、一流的北斗"发展理念，为服务全球、造福人类贡献中国智慧和力量。

微课　北斗卫星导航
系统概述（BDS）

图 3−31　北斗卫星导航系统标志

1. 建设原则

（1）自主：坚持自主建设、发展和运行北斗系统，具备向全球用户独立提供卫星导航服务的能力，体现了中国人自力更生、艰苦奋斗的工作作风。

（2）开放：免费提供公开的卫星导航服务，鼓励开展全方位、多层次、高水平的国际交流与合作。

（3）兼容：提倡与其他卫星导航系统开展兼容与互操作，鼓励国际交流与合作，致力于为用户提供更好的服务。

（4）渐进：分步骤推进北斗系统建设，持续提升北斗系统服务性能，不断推动卫星导航产业全面、协调和可持续发展。

2. 发展历程

北斗系统走过了不同寻常的发展历程，如图 3−32 所示，也形成了伟大的"北斗精神"，那就是"自主创新、开放融合、万众一心、追求卓越"的新时代精神。以国为重是"北斗精神"的社会主义核心价值观。

（1）20 世纪后期，中国开始探索适合国情的卫星导航系统发展道路，逐步形成了"三步走"发展战略。1994 年，启动北斗一号系统工程建设；2000 年，发射 2 颗地球静止轨道卫星，建成系统并投入使用，采用有源定位体制，为中国用户提供定位、授时、广域差分和短报文通信服务；2003 年，发射第 3 颗地球静止轨道卫星，进一步增强系统性能。

（2）建设北斗二号系统。2004 年，启动北斗二号系统工程建设；2012 年年底，完成 14 颗卫星（5 颗地球静止轨道卫星、5 颗倾斜地球同步轨道卫星和 4 颗中圆地球轨道卫星）发射组网。北斗二号系统在兼容北斗一号系统技术体制基础上，增加无源定位体制，为亚太地区用户提供定位、测速、授时和短报文通信服务。

（3）建设北斗三号系统。2009 年，启动北斗三号系统建设；2018 年年底，完成 19 颗卫星发射组网，完成基本系统建设，向全球提供服务；2020 年 6 月 23 日，我国成功发射北斗系统第 55 颗导航卫星。

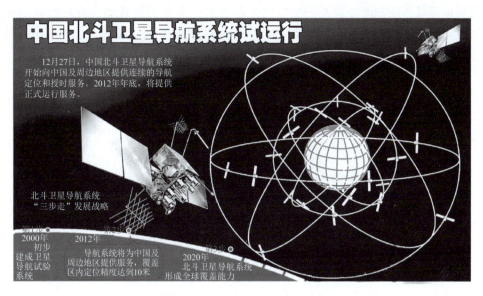

图 3-32 北斗系统发展战略示意图

3. 特点

北斗三号系统继承北斗有源服务和无源服务两种技术体制，能够为全球用户提供基本导航（定位、测速、授时）、全球短报文通信、国际搜救服务，中国及周边地区用户还可享有区域短报文通信、星基增强、精密单点定位等服务。作为联合国卫星导航委员会认定的供应商之一的北斗系统有以下特殊之处。

（1）没有通信盲区，覆盖范围大。北斗系统空间段采用三种轨道卫星组成的混合星座，与其他卫星导航系统相比高轨卫星更多，抗遮挡能力强，尤其低纬度地区性能特点更为明显。每小时可以供全球范围内 540 000 用户使用。

（2）定位精度准确，更新快。北斗系统提供多个频点的导航信号，能够通过多频信号组合使用等方式提高服务精度。水平精度为 100 m（1σ），设立标校站之后为 20 m（类似差分状态），工作频率为 2 491.75 MHz。

（3）功能更全。北斗系统创新融合了导航与通信能力，具有实时导航、快速定位、精确授时、位置报告和短报文通信服务五大功能。北斗系统同时具备定位与通信功能，用户终端具有双向报文通信功能。

（4）保密性强。北斗系统采用了自主系统，安全、可靠、稳定，适用于关键部门，使我国在导航和定位领域不再受制于人。

（5）精密授时。北斗系统可向用户提供 20~100 ns 时间同步精度。

4. 应用

强大的功能使北斗系统得到了广泛应用，主要体现在大众应用、行业及区域应用方面。

北斗系统在大众服务方面发展前景广阔。如图 3-33 所示，基于北斗系统的导航服务已被电子商务、移动智能终端制造、位置服务等厂商采用，广泛进入中国大众消费、共享

经济和民生领域，深刻改变着人们的生产生活方式。其在交通运输、农林渔业、水文监测、气象测报、通信系统、电力调度、救灾减灾、公共安全等领域得到广泛应用，融入国家核心基础设施，产生了显著的经济效益和社会效益。

图 3 – 33　北斗系统的应用示意图

目前，北斗系统可以为全世界各种用户提供全天候、高精度、高可靠性的定位、导航和定时服务，具有短消息通信能力，最初提供了区域导航、定位和定时功能，定位精度为10 m，测速精度为 0.2 m/s，定时精度为 10 ns。全世界一半以上的国家都开始使用北斗系统，这一足以彪炳史册的伟大成就，离不开"北斗人"的无私奉献，以及他们身上闪耀着的新时代"北斗精神"。

交流与思考

2020 年年初，新冠疫情暴发。在危难时刻，抢险救灾人员利用北斗系统火线驰援武汉市火神山和雷神山医院建设。通过北斗高精度技术，多数测量工作一次性完成，为医院建设节省了大量时间，保障抗击疫情"主阵地"迅速完成建设，为抗击疫情贡献"北斗智慧与力量"，也充分体现了社会主义制度的优越性。

5. 组成

北斗系统由空间段、地面段和用户段三部分组成，如图 3 – 34 所示。空间段由若干地球静止轨道卫星、倾斜地球同步轨道卫星和中圆地球轨道卫星等组成。地面段包括主控站、时间同步/注入站和监测站等若干地面站，以及星间链路（星间链路是航天器与航天器之间具有数据传输和测距功能的无线链路，解决了卫星运行到地面站无法观测的位置时的数据接收和处理问题）运行管理设施。用户段包括北斗兼容其他卫星导航系统的芯片、模块、天线等基础产品，以及终端产品、应用系统与应用服务等。

1）北斗系统的空间段

北斗系统空间段由 35 颗卫星组成，其中地球静止轨道卫星 5 颗，中地轨道卫星27 颗，倾斜同步轨道卫星 3 颗。5 颗地球静止轨道卫星的固定位置为东经 58.75°、80°、110.5°、140°和 160°。中地轨道卫星运行在 3 个轨道面上，轨道面均匀分布 120°。

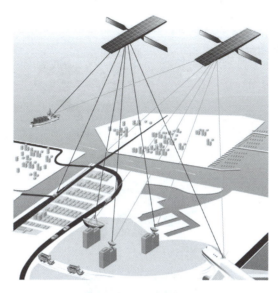

图 3 - 34   北斗系统组成

2）北斗系统地面段

地面段如图 3 - 35 所示，包括主控站、时间同步/注入站和监测站等若干地面站，以及星间链路运行管理设施，用来追踪及控制北斗导航卫星的运转。地面段主要任务是监视系统状态，调度卫星，通过收集的卫星数据计算导航信息，修正与维护每颗卫星的各项参数数据等，使空间星座的卫星能正常运行。

动画 北斗卫星
导航系统的组成

（1）主控站：用于系统运行管理和控制，接收来自监测站的数据并对其进行处理，生成卫星导航信息和差分完整性信息，形成卫星导航电文，向卫星注入导航电文参数，监测卫星有效载荷等。

（2）时间同步/注入站：根据主控站的统一调度，完成主要任务，包括卫星导航电文参数注入、与主控站的数据交换、时间同步测量等。

（3）监测站：连续跟踪监测导航卫星，用于接收卫星信号并将其发送到主控站进行卫星监测，提供观测数据，生成导航电文，以确定卫星轨道并为时间同步提供观测数据。

3）北斗系统的终端产品（用户段）

用户段由北斗用户终端以及与美国 GPS、俄罗斯的 GLONASS、欧洲的 GALILEO 等其他卫星导航系统兼容的终端组成。如图 3 - 36 所示，用户段包括基础产品、终端设备、应用系统与应用服务等。

其中，基础产品包括兼容其他卫星导航系统的芯片、模块、天线等。用户终端主要追踪北斗导航卫星信号，通过对接收机所在位置的坐标、移动速度及时间的实时计算，服务于各领域的需求，满足行业需要。

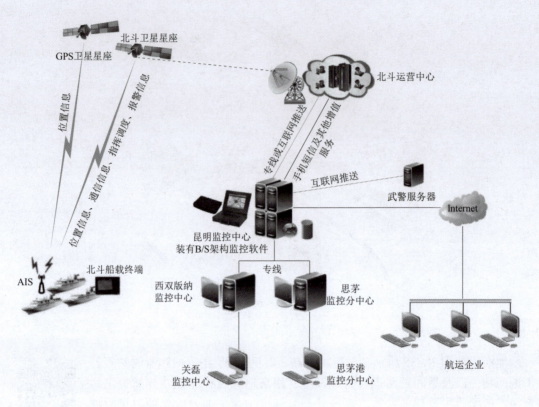

图 3-35 北斗系统地面段

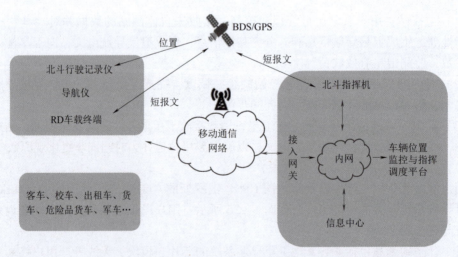

图 3-36 北斗系统用户段

小知识

　　2020 年 7 月 31 日，习近平总书记郑重宣布北斗三号全球卫星导航系统正式开通。其实安卓手机从 2016 年开始就已经支持北斗系统了。苹果从 iPhone 12 系列开始支持北斗系统。如果要支持北斗定位，必须有相关的硬件支持，并且与手机芯片也有直接关系。只要手机硬件支持，不需要专门下载北斗定位的软件。在日常生活中，各种导航软件会自动搜索各种卫星，这类软件使用的是混合定位方式，当前哪个信号好，就使用哪个卫星来定位。

6. 原理

　　北斗系统的定位原理是利用多颗卫星分布在不同的轨道上，通过卫星和地面接收机之间的信号交互，来计算出接收机的位置信息。

　　在北斗系统中，有两种类型的卫星：一种是地球同步卫星（GEO），另一种是地球非同步卫星（MEO）。地球同步卫星处于地球赤道附近的轨道上，它们的轨道周期恰好与地球自转周期相等，因此它们相对于地面固定不动。地球非同步卫星则分布在不同的轨道上，既包括倾斜轨道，也包括近地点和远地点离地球赤道较远的轨道。北斗系统利用这些卫星的分布来提供导航定位服务。当用户需要定位时，接收机会向所有可见的卫星发送信号请求。卫星接收到信号后，会将接收时间和卫星位置信息编码成导航信号，通过卫星广播发送回地面。接收机接收到多个卫星的导航信号后，根据接收时间和卫星位置信息来计算出自身的位置。

　　北斗系统定位的核心原理是基于三边测量原理和时间测量原理。三边测量原理是指通过接收到至少 3 颗卫星的导航信号，可以确定接收机与这些卫星之间的距离。利用三边测量原理，可以将接收机所在的位置确定在一个球面上。而时间测量原理是指根据卫星发射导航信号和接收机接收这些信号的时间差，计算出信号在空间中的传播时间，从而得知接收机与卫星之间的距离。

　　为了提高定位的准确性，北斗系统采用了差分定位技术。差分定位是指将一个已知位置的接收机作为参考站，与待定位的接收机进行无线电信号传输和数据处理，通过比较两者之间的差异来纠正待定位接收机的位置偏差。通过差分处理，可以显著提高定位的精度，特别是在误差积累较大的情况下。

　　除了定位功能，北斗系统还提供时间同步功能。北斗系统的每一颗卫星上都搭载了高精度原子钟，可以提供高精度的时间信号。用户可以通过接收卫星的导航信号来获取卫星发射信号的时间信息，并与本地钟进行同步，从而实现时间的精确同步。

　　总之，北斗系统的定位原理是通过多颗卫星的分布、接收机和卫星之间的信号交互，利用三边测量原理、时间测量原理和差分定位技术，来计算接收机的位置信息。这种定位原理不仅可以提供准确的位置信息，还可以实现时间的同步。北斗系统在交通运输、农业、地理测量、航天航海等领域具有广泛的应用前景。

四、惯性导航系统

1. 概述

惯性导航系统是人类最早发明的导航系统之一。早在 1942 年，德国在 V2 火箭上就首先应用了惯性导航技术。惯性导航系统是一种利用惯性敏感器件、基准方向及最初的位置信息经过积分和运算来确定运载体在惯性空间中的位置、方向和速度的自主式导航系统。

微课　惯性导航
系统概述

1）惯性导航系统工作原理

惯性导航涉及力学、控制理论、计算机技术、测试技术、精密机械技术等，是一门综合性很强的应用技术。具体来说，惯性导航系统属于一种推算导航系统，如图 3 – 37 所示，即从一已知点的位置根据连续测得的运动载体航向角和速度推算出下一点的位置，因而可连续测出运动体的当前位置。

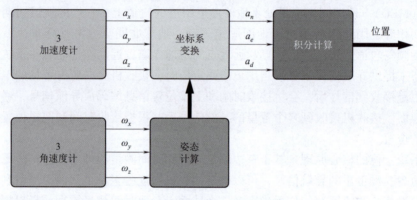

图 3 – 37　惯性导航系统推算方法

惯性导航系统中的陀螺仪用来形成一个导航坐标系，使加速度计的测量轴稳定在该坐标系中，可以测量瞬时角速率或角位置信息，提供各轴（及其上加速度计）在各时刻的方向从而给出航向和姿态角。如图 3 – 38 所示，惯性导航计算载体的空间位置和速度，并且通过 IMU 提供的三轴角速度数据估计车辆姿态，如侧倾、俯仰和航向等。

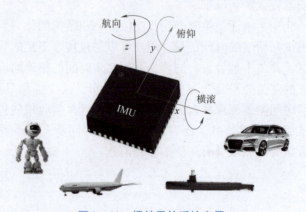

图 3 – 38　惯性导航系统应用

2）惯性导航系统组成

惯性导航系统通常由惯性测量装置、计算机、控制显示器等组成。图 3 – 39 所示为惯性导航系统实物图。

图 3 – 39　惯性导航系统实物图

（1）惯性测量装置：包括加速度计和陀螺仪，又称惯性测量单元或惯性导航组合。一个 IMU 包含了 3 轴加速度计和 3 轴陀螺仪，也可能包含磁力计，表 3 – 1 所示为 IMU 的组合形式。如图 3 – 40 所示，3 轴陀螺仪用来测量运载体的 3 个转动运动，3 轴加速度计用来测量运载体的 3 个平移运动的加速度。

表 3 – 1　IMU 的组合形式

自由度（DOF）	组成	测量内容
6DOF	3 轴加速度计 + 3 轴陀螺仪	线性 + 旋转速率
9DOF	3 轴加速度计 + 3 轴陀螺仪 + 3 轴磁力计	线性 + 旋转速率 + 磁场
10DOF	3 轴加速度计 + 3 轴陀螺仪 + 3 轴磁力计 + 气压计	线性 + 旋转速率 + 磁场 + 高度

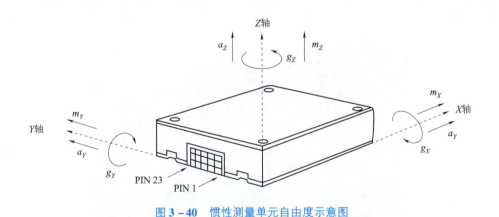

图 3 – 40　惯性测量单元自由度示意图

①加速度计：用来测量瞬时加速度信息，根据计算获得载体的瞬时速度和位置。其原理如图 3 – 41 所示。

②陀螺仪：转动运动，可以测量瞬时角速率或角位置信息，提供各轴（及其上加速度

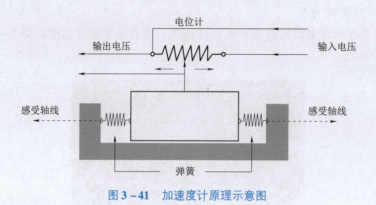

图 3-41　加速度计原理示意图

计）在各时刻的方向。

（2）计算机：根据测得的加速度信号计算出运载体的速度和位置数据，主要由姿态解算单元、积分单元和误差补偿单元这三部分组成。姿态解算单元的主要任务是负责将测量得到的惯性数据由载体自身的坐标系转换到地球坐标系。加速度积分单元负责在系统所提供初始位置及速度的基础上，对运动传感器的信息进行整合计算，不断更新当前位置及速度。误差补偿单元负责对积分单元的输出进行适当的修正，提高定位和姿态精度。

（3）控制显示器：显示各种导航参数。

3）惯性导航系统分类

按照惯性测量单元在运载体上的安装方式，惯性导航系统可分为平台式和捷联式。

（1）平台式惯性导航系统。平台式惯性导航系统的惯性测量单元安装在惯性平台的台体上，计算量小，容易补偿和修正仪表的输出，但结构复杂、尺寸大；利用陀螺使平台始终跟踪当地水平面，三个轴始终指向东、北、天方向。如图 3-42 所示，惯性平台成为系统结构的主体，其体积和质量约占整个系统的一半，而平台本身又是一个高精度、复杂的机电控制系统，它所需的加工制造成本约占整个系统成本费用的 2/5 且其结构复杂、故障率高，使惯性导航系统的可靠性受到很大影响。

图 3-42　惯性平台装置

（2）捷联式惯性导航系统。捷联式惯性导航系统的惯性测量单元直接安装在运载体上，省去平台，导致仪表精度下降，这种系统的加速度计输出的是机体坐标系的加速度分量，需要经计算机转换成导航坐标系的加速度分量，计算量较大。从结构上讲，捷联式惯性导航系统与平台式惯性导航系统的最主要区别是去掉了实体的惯性平台，取而代之的是存储在计算机里的数学平台。载体的姿态和航向可以由载体坐标系（b 系）相对于导航坐标系（n 系）的三个转动角决定。就是说，在捷联式惯性导航系统中，直接测得的三个方向的加速度是载体坐标系三个轴方向上的，需要用一个捷联矩阵 C 将其变换到导航坐标系中来。

由于捷联式惯性导航系统本身固有的优点，以及随着高速大容量的数字计算机技术和高精度陀螺仪技术的出现，捷联式惯性导航系统在低成本、短期中精度导航中呈现出逐渐取代平台式惯性导航系统的趋势。并且在这一时期捷联式惯性导航系统由试飞阶段进入了应用阶段，目前正朝着高精度、高可靠性、低成本、小型化、数字化、广泛应用的方向迅速发展。

> **小知识**
>
> 　　激光、光纤等新型固态陀螺仪已逐渐成熟。这些新型陀螺仪具有测量角速度不受限制、过载能力强、精度与过载无关、可靠性高、启动快等优点，这些正是捷联式惯性导航系统所追求的。在欧洲，军用飞机中的所有新型以及改进型飞机大部分用激光陀螺仪惯导装置；在美国，军用性导航系统在 1984 年全部为平台式，到 1989 年已有一半改为捷联式，到 1994 年捷联式已占有 90%。

4）惯性导航系统特点

（1）惯性导航系统主要优点。

①惯性导航系统是完全依靠运动载体自主完成导航任务，不依赖任何外部输入信息，也不向外输出信息的自主式系统，所以具备极高的抗干扰性和隐蔽性。

②惯性导航系统不受气象条件限制，可全天候、全天时、全地理工作，无须特定的时间或者地理因素，随时随地都可以运行。

③惯性导航系统提供的参数多。比如，GPS 卫星导航，只能给出位置、方向、速度信息，而惯性导航系统能提供位置、速度、航向和姿态角数据，所产生的导航信息连续性好且噪声小。

④导航信息更新速率高，短期精度和稳定性好。目前常见的 GPS 更新速率为 1 次/s，但是惯性导航系统更新速率可以达到每秒几百次甚至更高。

（2）惯性导航系统主要缺点。

①偏移误差，表现为陀螺仪和加速度计即使在没有旋转或加速的情况下也会有非零的数据输出。位移数据是对加速度计的输出进行两次积分。因此，两次积分后，即使很小的偏移误差也会被放大。随着时间推进，位移误差会不断积累，最终导致无法再跟踪汽车的位置；比例误差，即所测量的输出和检测输入的变化之间的比例误差。与偏移误差相似，在两次积分后，随着时间推进，其造成的位移误差也会不断积累；背景白噪声误差，如果不纠正，也会导致无法再跟踪汽车的位置。

②每次使用惯性导航系统之前需要较长的初始对准时间。惯性导航系统需要初始对准，且对准复杂、对准时间较长。

③惯性导航系统只能提供位置信息，无法给出时间信息。

④精准的惯性导航系统价格昂贵，通常造价在几十到几百万人民币。

为了纠正这些误差，必须对惯性传感器进行校准，找出偏移误差、比例误差，然后使用校准参数对惯性传感器原数据进行修正。但是，惯性传感器的误差也会随着温度而变化。即使校准得再好，随着时间的推进，位移的误差还是会不断积累，所以很难单独使用惯性传感器对汽车进行定位。例如，一个盲人到了某个地方，只能根据自己的经验，极为谨慎地走小碎步，并不断用手摸周围的东西，用以确定自己所在的位置，在黑暗中，由于盲人对步长的估计和实际走的距离存在误差，走的步数越来越多时，盲人估计的位置与实际的位置相差会越来越远。

5）惯性导航系统主要传感器

惯性传感器（见图3-43）中的加速度计和陀螺仪作为汽车的"内耳"，多年来一直在汽车安全气囊和稳定控制系统等应用中执行一些基本的低性能任务。惯性传感器能够独立探测到车辆的运动，例如，一个简单的单轴加速度计可以探测到汽车的急剧减速来打开安全气囊。更先进的惯性传感器组件由两个正交的 XY 加速度计和一个单轴/双轴角速度陀螺仪组成，常用于车辆的稳定控制。而横向、纵向加速度和转速决定了车辆是否需要采取措施来防止侧翻或减少转弯时的车轮打滑。从本质上讲，惯性传感器组件决定了汽车在驾驶员设置的既定轨道上行驶。

图 3-43　惯性传感器

现在通常的车载惯性传感器组件可以测量某个方向的运动状态，而惯性测量单元不仅可用于安全气囊和车辆稳定性控制，还可以实时跟踪计算车辆的位置和方向。IMU 由 6 个传感器组成，这些传感器排列在三个正交轴上，每根轴上都有一个加速度计和一个陀螺仪，可测量 6 个自由度。IMU 利用陀螺仪或加速度传感器等惯性传感器的参考方向和初始位置信息来确定载体位置。因此，IMU 通过精确校准消除温度和偏差漂移后，结合扩展卡尔曼滤波器算法能在短时间内对车辆进行精准定位，且不需要任何辅助。更先进的系统会融合车轮速度和角度信息，以辅助卡尔曼滤波器定位估计，进一步提高定位精度。

2. 陀螺仪

1）陀螺

绕一个支点高速转动的刚体称为陀螺，是中国民间最早的娱乐工具之一。通常所说的陀螺特指对称陀螺，它是一个质量分布均匀、具有轴对称形状的刚体，其几何对称轴就是它的自转轴。现在一般将能够测量相对惯性空间的角速度和角位移的装置称为陀螺。

2）陀螺效应

所谓陀螺效应是指旋转着的物体具有像陀螺一样的效应。重力对高速旋转中的陀螺产生对支撑点的力矩不会使其发生倾倒，而会发生小角度的进动，此即陀螺效应。陀螺效应有两个特点：进动性和定轴性。

> **小知识**
>
> 当高速旋转的陀螺遇到外力时，它的轴的方向是不会随着外力的方向发生改变的，而是轴围绕着一个定点进动。如果玩过陀螺就会知道，陀螺在地上旋转时轴会不断地扭动，这就是进动。

简单来说，陀螺效应是指旋转的物体有保持其旋转方向（旋转轴的方向）的惯性。在一定的初始条件和外在力矩作用下，陀螺会在不停自转的同时，还绕着另一个固定的转轴不停地旋转，这就是陀螺的旋进（Precession），又称回转效应（Gyroscopic Effect）。陀螺旋进是日常生活中常见的现象。

3）陀螺仪

（1）陀螺仪定义。利用陀螺的力学性质所制成的各种功能的陀螺装置称为陀螺仪，如图3-44所示。它在科学、技术、军事等各个领域有着广泛应用，如回转罗盘、定向指示仪、炮弹的翻转、陀螺的转动、地球在太阳（月球）引力矩作用下的旋进（岁差）等。

图3-44 陀螺仪

（2）陀螺仪分类。

①按用途分类。陀螺仪的种类很多，按用途可分为传感陀螺仪和指示陀螺仪。传感陀螺仪用于飞行体运动的自动控制系统中，作为水平、垂直、俯仰、航向和角速度传感器使用。指示陀螺仪主要用于飞行状态的指示，作为驾驶和领航仪表使用。

②按原理分类。陀螺仪根据其工作原理可分为四代：第一代，基于牛顿经典力学原理，典型代表有三浮陀螺仪、静电陀螺仪以及动力调谐陀螺仪；第二代，基于萨格纳克效应，典型代表是激光陀螺仪和光纤陀螺仪；第三代，基于哥氏振动效应和微米/纳米技术，典型代表是MEMS陀螺仪；第四代，基于现代量子力学技术，典型代表有核磁共振陀螺

仪、原子干涉陀螺仪。

（3）陀螺仪结构。如图3-45所示，陀螺仪的主要部分是一个对旋转轴以极高角速度旋转的陀螺转子，转子装在一支架内。在通过转子中心轴上加一内环架，陀螺仪就可环绕平面两轴作自由运动。然后，在内环架外加上一外环架，这个陀螺仪就有两个平衡环，可以环绕平面三轴作自由运动，这就是一个完整的太空陀螺仪（Space Gyro）。

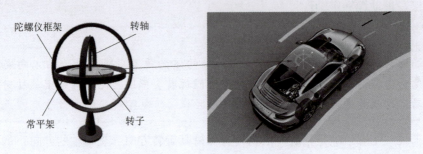

图3-45　陀螺仪结构意图及应用

陀螺转子常采用同步电机、磁滞电机、三相交流电机等拖动方法来使陀螺转子绕自转轴高速旋转，其转速近似为常值。内外框架（或称内外环）是使陀螺自转轴获得所需角转动自由度的结构，内框可以绕内框轴相对于外框自由转动，外框绕外框轴相对于支架自由转动，两个旋转的角速度称为牵连角速度。旋转轴、内框架轴和外框架轴的轴线相交于一点，称为陀螺支点，整个陀螺可以围绕支点任意旋转。附件是指力矩马达、信号传感器等。

（4）陀螺仪原理。陀螺仪是用高速回转体的动量矩敏感壳体相对惯性空间绕正交于自转轴的一个或两个轴的角运动检测装置。其工作原理：基于科里奥利力原理，当一个物体在坐标系中直线移动时，假设坐标系旋转，则在旋转的过程中，物体会感受到一个垂直的力和垂直方向的加速度。它的两个基本特性——定轴性和进动性，都是建立在角动量守恒原则下。

（5）陀螺仪特性。

①陀螺仪的进动性。陀螺仪的进动性（见图3-46）是指当陀螺转子高速旋转时，如果施加的外力矩是沿着除自转轴以外的其他轴向，陀螺并不顺着外力矩的方向运动，其转动角速度方向与外力矩作用方向互相垂直，这种特性称为陀螺仪的进动性。

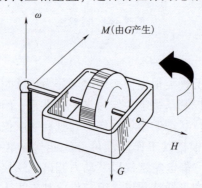

图3-46　陀螺仪的进动性

②陀螺仪的定轴性。陀螺仪的定轴性是三自由度陀螺仪旋转时产生的一种特性，是当陀螺转子高速旋转时，在没有任何外力矩作用在陀螺仪上时，陀螺仪的自转轴在惯性空间中的指向保持稳定不变的特性，也称稳定性。其稳定性随如下物理量而改变：转子的转动惯量越大，稳定性越好；转子角速度越大，稳定性越好。

利用陀螺仪的定轴性，可以测量运动物体的姿态、稳定运动物体的运动方向以及其方位等。因此，在姿态仪表、航向仪表、导航系统、飞行控制系统中都有三自由度陀螺仪，它广泛应用于航空、航天、航海等领域。

> **交流与思考**
>
> 风靡全世界的陀螺是青少年们十分熟悉的玩具。中国是陀螺的老家。从中国山西夏县新石器时代的遗址中，就发掘了石制的陀螺，可见陀螺在我国最少有四五千年的历史。晋代中国还出现了竹片蜻蜓，这种玩具在 18 世纪传到欧洲后，被西方人称为"中国陀螺"。党的二十大报告提出"增进文化自信自强，铸就社会主义文化新辉煌"，我们在树立文化自信的同时，也要勇攀科技高峰，在陀螺仪领域发挥聪明才智。

3. 加速度传感器

惯性传感器中另外一种常见的测量装置称为加速度传感器（又称加速度计）。加速度传感器主要分为以下几种。

微课 惯性导航系统——加速度计

1）压电式加速度传感器

（1）概念。压电式加速度传感器又称压电加速度计，是一种惯性传感器，如图 3 - 47 所示，应用于许多方面。例如，其应用于笔记本式计算机的硬盘抗摔保护，在数码相机和摄像机里用来检测拍摄时候的手部振动，从而自动调节相机的聚焦，还应用于汽车安全气囊、防抱死系统、牵引控制系统等安全性能方面。

图 3 - 47　压电加速度计

（2）压电式加速度传感器原理。压电式加速度传感器是基于压电陶瓷或石英晶体的压电效应工作的。某些晶体在一定方向上受力变形时，其内部会产生极化现象，同时在它的两个表面上产生符号相反的电荷，当外力去除后，又重新恢复到不带电状态，这种现象称为压电效应。具有压电效应的晶体称为压电晶体。常用的压电晶体有石英、压电陶瓷等。当加速度计振动时，质量施加到压电元件的力也会改变。当测得的振动频率远低于加速度

计的固有频率时，力的变化与测得的加速度成正比。使用时，传感器基座与试件刚性固定在一起，质量块感受到与传感器基座相同的振动，并受到与加速度方向相反的惯性力作用，这样，质量块就有一个正比于加速度的力作用在压电片上。通过压电片的压电效应，压电片的表面上就会产生随振动加速度变化的电压，当振动频率远低于传感器的固有频率时，传感器输出的电压与作用力成正比，即与传感器感受到的加速度成正比。将此电压输入前置放大器后就可以用普通的测量仪器测出加速度，例如，在放大器中加适当的积分电路，就可以测出振动速度和位移。

（3）压电式加速度传感器结构。如图 3 - 48 所示，压电式加速度传感器一般由壳体及装在壳体内的弹簧、质量块、压电元件和固定安装的基座组成。压电元件一般由两片压电片组成，并在压电片的两个表面镀银，输出端从银层或两片银层之间夹的金属块上引出，输出端的另一根引线直接和传感器的基座相连。在压电片上放置一个质量块，用硬弹簧对质量块预加载荷，将整个组件装在一个基座的金属壳体内。为了隔离基座的应变传递到压电元件上，避免假信号产生，增加传感器的抗干扰能力，基座一般要加厚或者采用刚度较大的材料制造。

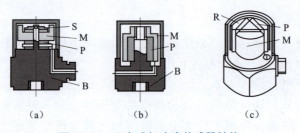

图 3 - 48　压电式加速度传感器结构
(a) 中心安装压缩型；(b) 环形剪切型；(c) 三角剪切型
S—弹簧；M—质量块；B—基座；P—压电元件；R—夹持环

（4）压电式加速度传感器特点。

①优点。安装较为方便，使用寿命比较长，组成结构简单，取材方便。

②缺点。谐振频率高，非常容易受到声音的干扰；输出阻抗高，输出信号弱，传感器输出信号的时候需要经放大电路放大后才能传输至检测电路。

2）压阻式加速度传感器

基于世界领先微机电系统（MEMS）硅微机械加工技术，压阻式加速度传感器体积小、功耗低，易于集成在各种模拟和数字电路中，并广泛应用于汽车碰撞实验、测试仪器、设备振动监测等领域。

3）电容式加速度传感器

电容式加速度传感器感应与加速度相关的电容变化。其传感元件由两个以差模工作的平行板电容器组成。两个固定电容器在桥式电路中运行，可在传感器处于加速状态时改变振荡器产生的峰值电压。该峰值电压输入到加法放大器以处理输出信号。该型加速度传感器准确度高、环境适应性好，但实用性不如压电式加速度传感器且成本较高。

4）伺服型加速度传感器

伺服型加速度传感器采用负反馈工作原理，线性度极好，灵敏度很高，常用于测量较低的加速度值以及频率极低的加速度，在高端设备和高精度的测量和标定中应用。接下来以适合智能网联汽车技术的微机电系统为例进行介绍。

5）微机电系统

微机电系统（MEMS）也称微电子机械系统、微机械等，是在微电子技术（半导体制造技术）基础上发展起来，融合了光刻、腐蚀、薄膜、LIGA、硅微加工、非硅微加工和精密机械加工等技术的高科技电子机械器件，如图 3-49 所示。

图 3-49 MEMS 示意图

MEMS 是集微传感器、微执行器、微机械结构、微电源和微能源、信号处理和控制电路、高性能电子集成器件、接口、通信等于一体的微型器件或系统。作为一个独立的智能系统，可大批量生产，其系统尺寸为几毫米乃至更小，其内部结构一般在微米甚至纳米量级。MEMS 技术的应用，使惯性导航系统的成本下降。

交流与思考

　　目前 MEMS 应用相当广泛，小到智能手机、可穿戴设备，大到汽车、无人机、飞机、导弹。常见的产品包括 MEMS 加速度计、MEMS 麦克风、微马达、微泵、微振子、MEMS 光学传感器、MEMS 压力传感器、MEMS 陀螺仪、MEMS 湿度传感器、MEMS 气体传感器以及它们的集成产品等。生活中所用的科技设备中，哪些用到了MEMS 呢？

4. 惯性导航技术特点

1）惯性导航技术的优点

（1）由于惯性导航系统是一种不依赖于任何外部信息也不向外部辐射能量的自主式系统，因此其隐蔽性好且不受外界电磁干扰。

（2）惯性导航系统可全天候、全时间地工作于空中、地球表面乃至水下。

（3）惯性导航系统能提供位置、速度、航向和姿态角数据，所产生的导航信息连续性好而且噪声低。

（4）数据更新率高，短期精度和稳定性好。

2）惯性导航技术的缺点

（1）由于导航信息经过积分产生，因此定位误差随时间而增大，长期精度差。

（2）每次使用惯性导航系统之前需要较长的初始对准时间。

（3）设备的价格较昂贵。

（4）惯性导航系统不能给出时间信息。

5. 惯性导航系统的应用

惯性导航及控制系统最初主要为航空航天、地面及海上军事用户所应用，是现代国防系统的核心技术产品，广泛应用于飞机、导弹、舰船、潜艇、坦克等国防领域。随着成本的降低和需求的增长，惯性导航技术已扩展到大地测量、资源勘测、地球物理测量、海洋探测、铁路、隧道等商用领域，甚至在机器人、摄像机、儿童玩具中也广泛应用。

（1）惯性导航技术在军事上的应用。

在第二次世界大战期间，惯性导航系统就已经应用在导弹的制导上。目前，惯性导航技术已经在军事上得到了有效应用。随着我国科学技术的发展，惯性导航技术的性能也得到了提升，所以惯性导航系统也越来越成熟，当前已经应用于军事上的战斗机、飞行器以及激光瞄准设备中，大大促进了我国军事领域的发展。

（2）全球导航卫星系统和惯性导航系统的组合应用。

我国独立建设并运行的北斗系统，也可与惯性导航系统采用深组合方式组成组合导航系统，更加充分地发挥了我国自主研发北斗系统的作用，有效提高定位精度和系统可靠性。

（3）惯性导航系统的车载导航应用。

惯性导航系统的另一功能是辅助激光雷达、摄像头等车载局部环境感知系统，获取车辆与环境的高精度位置关系。在车辆行驶过程的侧倾、俯仰、横摆等运动情况下，惯性导航系统为车载传感器提供车辆的空间位置和姿态，用于修正传感器对环境的检测，建立更加准确的环境感知。

6. 惯性导航系统发展趋势

惯性导航技术已经逐步推广到航天、航空、航海、石油开发、大地测量、海洋调查、地质钻探、机器人技术和铁路等领域，随着新型惯性敏感器件的出现，惯性导航技术在汽车工业、医疗电子设备中都得到了应用。因此惯性导航技术不仅在国防现代化中占有十分重要的地位，在国民经济各个领域中也日益显示出它的巨大作用。未来，惯性导航系统将进一步发展，主要特点是满足用户需求，体现自身优势，具体体现在以下几个方面。

（1）继续为 GNSS 信号盲区或复杂环境（战场等具有电子干扰因素的地方）提供持续、可靠、连续的导航定位服务。

（2）民用市场的巨大潜力，将使惯性导航系统向小型化、低成本、多模式方向发展，如车载惯性导航系统、移动端惯性导航系统。

（3）组合导航系统的进一步发展，增加了导航系统自身的集成度，能够与 GNSS 更好地协调组合，提供稳定可靠、高精度的导航服务，发挥各自优势。

（4）采用新工艺、新材料的陀螺仪和加速度计将推动惯性导航系统性能进一步提高。

五、组合导航系统

在实际应用中有多种不同原理和不同特点的导航系统，例如，多普勒导航系统，误差与工作时间长短无关，但保密性不好；天文导航系统，位置精度高，但受观测星体可见度影响；卫星导航系统，精度高，容易做到全球、全天候导航，但它需要一套复杂的定位设备，当载体做机动飞行时，导航性能下降，尤其是卫星导航系统在战时将受到其发射国家的制约。于是，人们设想把具有不同特点的导航系统组合在一起，取长补短，用以提高导航系统的精度。实践证明，这是一种很有效的方法。现在可以利用的各种现代辅助导航手段结合估算处理技术和高速计算机的进展，使组合导航系统在近年来获得广泛应用并成为导航技术发展的重要方向。

> **交流与思考**
>
> 组合导航的指导思想是利用运动载体上两种或者两种以上导航设备提供的多重数据，求解位置、速度和姿态等多种导航信息，从而使多种导航设备能达到优势互补、提高精度的目的。只有取长补短、兼容并蓄才能实现更好的发展和提高。

1. 定义

组合导航技术是指用两种或两种以上的非相似导航系统对同一导航信息作测量，并从这些测量中计算出各导航系统的误差并校正之。采用组合导航技术的系统称为组合导航系统。

2. 基本原理

在辅助的惯性导航系统中，一个或多个惯性导航系统的输出信号与独立测量的由外部源导出的相同量进行比较，然后根据这些测量值的差异导出对惯性导航系统的修正。适当组合这些信息，就有可能获得比独立使用惯性系统更高的导航精度。

这种类型的组合系统通常借助于两个独立的、具有互补特性的信息源。例如，无线电信标可按离散的时间间隔提供精确的位置坐标，因此限制了惯性导航系统的长期漂移。同时，惯性导航系统在坐标之间可提供连续的低噪声导航数据，它们在短时间内是精确的，并且不受外部干扰。

3. 组合导航方法

从导航技术的发展来看，最初考虑的是以惯性导航为主的组合导航系统，它的工作方式有以下两种。

1）重调方式

该方式是指在惯性导航工作过程中，利用其他装置得到的位置测量信息对惯性导航位置进行校正。这是一种利用回路之外的导航信息来校正的工作方式，因此，回路的响应特性没有任何变化。

2）阻尼方式

该方式是指采用惯性导航与多普勒雷达（或天文导航）组合，利用惯性导航与多普勒雷达提供的速度（或位置信息）形成速度（或位置）差，使用这个速度（或位置）差通过反馈去修正惯性导航系统，使导航误差减小。

3）应用卡尔曼滤波器的组合导航系统

自20世纪60年代现代控制理论出现以后，人们开始研究将根据最优控制理论和卡尔曼滤波方法设计的滤波器作为组合导航系统的重要部分，它是把各类传感器提供的各种导航信息提供给滤波器，应用卡尔曼滤波方法进行信息处理，得出惯性导航系统的误差最优估计值，再由控制器对惯性导航系统进行校正，使系统误差最小。为了与一般的重调方式和阻尼方式的组合导航系统相区别，通常也将应用卡尔曼滤波器的组合导航系统称为最优组合导航系统。根据对系统校正方式的不同，卡尔曼滤波器有开环校正（即输出校正）和闭环校正（即反馈校正）之分。

卡尔曼滤波器是一个最优化自回归数据处理算法，应用广泛。如图3-50所示，它具有很强的鲁棒性，即使观察到物体的位置有误差，也可以根据物体的运动规律预测一个位置，再结合当前获取的位置信息，减少传感器误差，增强位置测量的连续性和稳定性，更加准确地输出载体的位置。

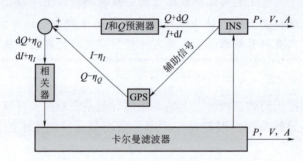

图3-50　卡尔曼滤波器原理示意图

卡尔曼滤波器主要分为两个阶段，如图3-51所示。

（1）预测阶段：根据最后一个时间点的位置信息预测当前的位置信息。

（2）更新阶段：通过对目标位置的当前观测修正位置预测，从而更新目标的位置。

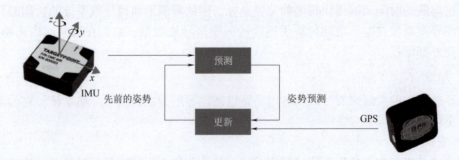

图3-51　卡尔曼滤波器阶段示意图

4. 组合导航系统特点

由GNSS和惯性导航系统的各自优缺点可知，两者具有很强的互补性。GPS与惯性导航系统的组合克服了各自缺点，取长补短，使组合后的导航精度高于两个系统单独工作的精度。其优点表现为对于惯性导航系统，可

微课　GNSS和INS的组合应用

以实现惯性传感器的校准、惯性导航系统的空中对准和高度通道的稳定等，从而有效提高惯性导航系统的性能和精度。而对于 GPS，惯性导航系统的辅助可以提高其跟踪卫星的能力，提高接收机的动态特性和抗干扰性。另外，GPS 与惯性导航系统的组合还可以实现 GPS 完整性的检测，从而提高了可靠性。把 GPS 接收机放入惯性导航系统中，实现一体化，使系统的体积、质量和成本都得以减小，便于实现惯性导航和 GPS 的同步，减小非同步误差。

总之，GPS 与惯性导航系统的组合可以构成一种比较理想的导航系统，是目前组合导航技术的主要形式。图 3－52 所示为其原理图。

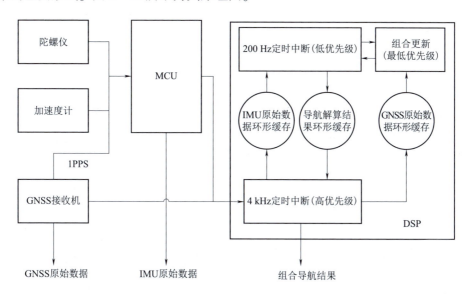

图 3－52　组合导航原理图

5. 组合导航技术发展

通常采用的组合导航有卫星导航与惯性导航的组合，卫星导航与无线电导航的组合，多种卫星导航系统之间的组合，卫星导航、惯性导航与地理信息系统的组合等。也就是说，在卫星信号微弱或者丢失的情况下，车辆可利用惯性导航使导航系统继续正常工作，从而提高了自动驾驶系统的稳定性和可靠性。惯性导航通过惯性测量组件测量载体的角速率和加速度信息，利用牛顿运动定律自动推算载体的瞬时速度和位置信息，具有不依赖外界信息、不向外界辐射能量、不受干扰、隐蔽性好的特点。卫星导航可覆盖绝大多数应用场景，而惯性导航主要作为卫星导航的补充，两者组合使用，将增强导航系统在各类环境中的稳定性。习惯组合导航凭借其精度高、稳定性强、成本友好等优势有望成为智能汽车导航领域的主要定位技术，但视觉定位和路测定位亦有其优势和适用场景。随着自动驾驶产业的发展，5G 通信、北斗导航应用日渐成熟，高精度地位市场迎来发展机遇。2022—2025 年，自动驾驶等级将由 2 级/2＋级逐步向 3 级/3＋级发展，高等级自动驾驶对定位精度的要求更高，需要达厘米级，推动高精度组合定位技术持续发展。未来也必将会有新的导航手段和组合方式出现，推动组合导航技术不断发展。

项目实施

考查计划组织、团队协作、安全防护、操作规范、诚实守信、绿色环保等职业素养。

一、实施准备

智能网联汽车实车、车型相关技术资料等。

二、实施步骤

1. 任务分组

按照班级学生数量分为若干小组，并明确每人任务。

2. 自主学习

（1）查阅车型相关技术资料，明确车辆基本参数，完成项目工单相关信息的填写。

（2）查阅传感器及车型相关技术资料，观察车辆，明确高精度地图的应用及精度、定位技术的类型及组成，完成项目工单相关信息的填写。

3. 小组讨论

各小组结合车辆进行讨论，形成汇报成果。

4. 小组汇报

各小组通过角色扮演的方式在车辆上向客户介绍高精度地图与定位技术。

5. 5S 工作

三、项目工单

任务名称		智能网联汽车高精度地图与定位技术的认知			
姓名		班级		学号	
填写任务记录					
车型					
等级		□0 级　□1 级　□2 级　□3 级　□4 级　□5 级			
高精度地图	应用	□不需要　□需要（□可选项　□必选项）			
	若需要，说明具体应用				
	精度				
	适用对象	□车机设备　□驾驶员			

续表

定位技术	是否有全球导航定位系统	□有　□无
	是否有北斗卫星导航系统	□有　□无
	是否有惯性导航系统	□有　□无
	是否有其他导航定位系统	□有　□无
	导航定位系统的组成部件	
说明各导航定位系统的特点，并对比不同导航定位系统的优缺点		

项目评价

各小组汇报完成后，完成小组自评、小组互评、教师评价，并将结果填入表中。

评价项目	评价标准	小组评价（占50%）	教师评价（占50%）
知识准备（20分）	熟悉高精度地图的定义、特点、作用及应用		
	熟悉高精度定位技术的定义、原理、技术分类及关键技术		
知识拓展（10分）	会结合生活实际举例说明高精度地图及定位技术的应用，养成自主学习的习惯，具备资料收集和处理的能力		
项目实施（40分）	能够明确高精度地图的应用、精度及适用对象		
	能够明确定位技术的类型		
	能够明确导航定位系统的组成部件		
	能够明确各导航定位系统的特点及优缺点		
综合表现（30分）	任务汇报：能正确填写工单且汇报思路清晰，能准确表达，总结到位，具有创新意识		
	工作态度：能与小组成员和同学合作交流、协调工作，认真严谨、积极主动、安全生产、绿色环保		
	5S管理：操作规范，完成竣工检验、现场恢复		
合计			
总评分			
教师评语			
		日期：　　年　　月　　日	

项目小结

本项目主要学习了高精度地图的定义、组成、采集方式和生成过程，理解 GPS、BDS 及组合惯性导航系统等，使学生能正确描述高精度地图的采集与生成过程，能说出智能网联汽车中高精度定位的实现方式，了解我国在高精度地图与定位技术方面的发展概况，认识高精度地图和定位技术在智能网联汽车中的重要作用。

拓展阅读

华测导航——卫星导航领先企业

上海华测导航是国内高精度北斗卫星导航定位产业的领先企业之一，多年来一直保持对研发领域的高投入，重视硬核技术的研究与开发，坚持核心技术自主可控。习近平总书记强调，创新是引领发展的第一动力。加强科技创新、与"北斗"共成长，已成为华测导航的企业文化之一，融入华测人的血脉里。

华测导航是国内高精度定位导航领先企业，深耕行业二十载。华测导航成立于 2003 年，2017 年在深交所上市，是专注于高精度北斗卫星导航的高新技术企业。2003—2010 年，公司致力于核心技术研究，相继研发出具有自主产权的测量型 GNSS OEM 主板和测量型 GNSS 接收机，打破国外垄断。2010—2020 年，公司将重心由终端产品移至以终端产品为载体的各类应用场景，不断拓宽应用场景，进入精准农业和三维激光领域，强化无人机领域能力。2020 年至今是解决方案的爆发期，公司自研的璇玑芯片成功实现量产，此后于 2022 年 8 月成功取得大地测量甲级测绘资质证书，正式向行业用户提供差分服务，公司在原有应用领域基础上积极寻求突破，持续加码自动驾驶和激光雷达领域，攻坚地基增强系统，描绘新发展曲线。

公司掌握高精度导航定位技术，借助两大基础平台，布局四大行业应用领域。公司以高精度导航定位技术为核心，高精度定位芯片技术平台和全球星地一体增强网络服务平台为基础，为客户提供高精度定位终端接收机设备和系统解决方案，主要应用于建筑与基建、地理空间信息、资源与公共事业、机器人与无人驾驶四大领域。

公司深耕高精度导航技术，形成有技术壁垒的核心算法能力。公司拥有自主可控毫米级/厘米级高精度算法，具备高精度 RTK、PPP、静态解算、网络 RTK 等完整算法技术能力。2021 年推出"5 星 16 频 RTK"高精度 GNSS 接收机产品，突破在复杂测量场景下的信号问题，实现惯性导航与卫星定位融合解算，提升用户作业效率 20% 以上。随后推出口袋版 RTK 产品，整机设计小巧轻便，比市面上主流 RTK 产品质量减小 50%，大量减少外业携带的设备质量，满足客户需求。

巩固提高

一、选择题（共 25 分，每题 5 分）

1. 高精度地图的数据主要是实时的动态交通运行数据，其更新的频次需要达到（　　）级别。

A. 10 ms   B. 1 s   C. 10 s   D. 1 min

2. 北斗系统由三部分组成，不包含（　　）。

A. 空间段   B. 地面段   C. 用户段   D. 信号传输段

3. GPS 使用的是（　　）信号，北斗系统使用的是三频信号。

A. 双频   B. 三频   C. 单频   D. 多频

4. （　　）是指用户终端与卫星之间能够通过卫星信号进行双向的信息传递，比较适用于紧急情况下的通信。

A. 紧急通信   B. 无源通信   C. 电磁波通信   D. 短报文

5. 惯性测量单元只用（　　）就可以得到测量数据，而不需要任何外界帮助。

A. 内部传感器   B. 车速传感器   C. 轮速传感器   D. 卫星定位信号

二、判断题（共 25 分，每题 5 分）

1. GPS 是由美国国防部研制建立的一种具有全方位、全天候、全时段、高精度的卫星导航系统。（　　）

2. 北斗系统于 2000 年年底建成北斗一号系统，向中国提供服务。（　　）

3. 北斗系统使用了有源定位及无源定位相结合的技术，可以保证在不同的环境中进行准确定位。（　　）

4. 惯性测量单元是测量物体三轴姿态角或角速率以及加速度的装置。（　　）

5. GPS/IMU 组合定位系统通过高达 100 Hz 频率的全球定位和惯性更新数据，可以帮助智能网联汽车自动驾驶完成定位。（　　）

三、分析题（共 50 分，每题 10 分）

1. 北斗系统与 GPS 有哪些区别？

2. 无人驾驶系统的定位方法有哪些？各有什么特点？

3. 智能网联汽车对导航系统提出了哪些发展需求？

4. 惯性导航系统的原理是什么？

5. 高精度地图与普通的导航地图有哪些区别？

项目四

智能决策与控制执行系统

项目引入

有数据表明，超过90%的交通事故是由于驾驶员失误造成的。智能网联汽车相较于传统车辆具备的很大的一个优势，便是它能辅助驾驶员做出更准确、更合理的驾驶操作，在智能网联汽车的辅助驾驶系统中，如果将感知模块比作人的眼睛和耳朵，那么智能决策系统就是辅助驾驶系统的大脑，大脑在接收到传感器的各种环境感知信息之后，对当前环境进行分析，快速作出最合理的决策，然后再对控制模块下达指令。

然而，要实现车辆灵活、安全和高效地行驶，就需要智能决策系统与控制执行系统之间高效协作。智能决策系统通过对感知模块所提供的环境信息进行精确分析和处理，迅速作出合理的驾驶决策，如规避障碍物、调整车速和转向操作等。控制执行系统则负责将这些决策有效转化为实际的汽车行为，包括制动、转向和变速等。此外，为确保系统的可靠性和安全性，必须进行严格的测试和验证，并持续更新和改进系统，以适应不断变化的道路和交通环境。本项目将学习智能决策系统、控制执行系统以及车辆线控技术的原理及应用。

项目描述

智能决策系统接收并融合来自环境感知层的信息，进行决策分析和判断，确定车辆的驾驶模式和将要执行的操作，控制执行系统则按照智能决策系统的指令，对车辆进行精确的操作和协同控制，从而提升驾驶的安全性、舒适性和智能化水平。作为一名智能网联汽车开发助理，请你针对某一款智能网联汽车，整理其线控系统的相关资料，并向小组成员进行成果汇报。

项目目标

知识目标

1. 理解智能决策系统的基本概念和运行机理；
2. 掌握路径规划与跟踪技术的原理和应用；
3. 了解云端共享与决策在智能网联汽车中的作用和实现方式；
4. 掌握控制系统的基本概念和车辆控制的一般结构；
5. 熟悉智能控制方法的种类和应用场景；
6. 掌握车辆线控技术的基本原理和应用分类。

能力目标

1. 能分析智能决策系统中所涉及的算法，并理解它们在实际情境中的应用；
2. 具备理解和解释控制系统的能力，能够分析车辆控制的分层结构；
3. 能从原理和结构上对车辆线控技术进行分析；
4. 能判断线控转向系统、线控制动系统、线控悬架系统的类型；
5. 能检测线控转向系统、线控制动系统、线控悬架系统并进行记录；
6. 能够从原理和结构上对车辆线控技术进行分析。

素质目标

1. 培养责任心和使命感，认识智能网联汽车技术对社会发展和人类生活的重要性，为推动技术进步和社会发展作出贡献；
2. 提高团队合作和沟通能力，能够与他人共同解决复杂的智能网联汽车技术问题；
3. 培养从整体角度理解车辆控制系统的能力，能够综合考虑各个层面的因素，提高问题解决的综合能力；
4. 积极探索车辆控制领域的创新思路和方法，培养独立思考和创新能力，并能够将所学知识应用于实践中，解决实际问题；
5. 培养批判性思维和问题解决能力，能够在面对未知挑战时快速适应和解决问题。

知识链接

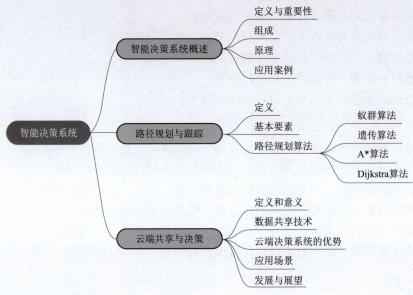

单元一　智能决策系统

```
                                          定义与重要性
                        智能决策系统概述      组成
                                          原理
                                          应用案例
                                          定义                    蚁群算法
智能决策系统              路径规划与跟踪        基本要素                遗传算法
                                          路径规划算法              A*算法
                                                                Dijkstra算法
                                          定义和意义
                                          数据共享技术
                        云端共享与决策        云端决策系统的优势
                                          应用场景
                                          发展与展望
```

一、智能决策系统概述

1. 定义与重要性

智能决策系统是一种利用传感器、数据分析技术和算法模型，对汽车行驶环境中实时获取的信息进行分析和决策的系统。其核心功能是根据感知的环境信息，通过数据处理和算法计算，制定最优的行车策略，以实现自主驾驶或辅助驾驶的功能。智能决策系统是连接环境感知系统和车辆控制系统的核心中间环节，如图 4 – 1 所示。

微课　智能决策
系统的认知

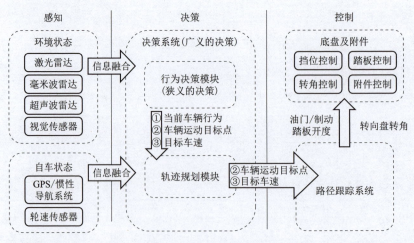

图 4 – 1　行车时周边环境

智能决策系统在智能网联汽车技术中的角色非常重要，主要体现在以下几个方面。

1）自主驾驶实现的关键技术

通过智能决策系统，汽车能够根据环境信息自主进行行车决策和控制，而不再完全依赖于人工驾驶。这种自主驾驶技术不仅能提高驾驶的安全性，还能提升行车的效率和舒适性，是未来智能交通系统的重要发展方向。

2）提升驾驶安全性

智能决策系统能够实时感知并分析道路、车辆、行人等各种动态信息，识别潜在的危险和障碍物，并基于此制定相应的驾驶策略，以避免碰撞和事故的发生。通过实时监测和智能决策，智能网联汽车能够及时应对各种复杂的交通情况，从而提升驾驶的安全性。

3）优化行车效率

智能决策系统能够根据交通状况和路况信息，制定最优的行车路线和速度控制策略，以减少行车时间和能耗。此外，智能决策系统还能够根据车辆之间的通信和协同，实现车辆之间的合作行驶，进一步优化交通流量，提高道路的通行效率。

4）提升驾驶舒适性

智能决策系统能够根据驾驶者的偏好和需求，自动调整车辆的驾驶方式和车内环境，以提升驾驶的舒适性和便利性。通过智能决策系统，驾驶者可以更加轻松地驾驶车辆，享受更加舒适的驾驶体验。

智能决策系统作为智能网联汽车技术的核心组成部分，不仅能提高驾驶的安全性和效率，而且对于推动智能交通系统的发展和实现智慧城市的建设具有重要意义。

2. 组成

智能决策系统是智能网联汽车中的关键部件，它由多个模块组成，包括数据采集与预处理模块、数据处理与分析模块以及决策制定模块。智能决策系统任务规则结构如图 4-2 所示。

微课 智能决策
系统的组成

道路级——任务规划 ➡ 车道级——轨迹规划 ➡ 行驶级——运动控制

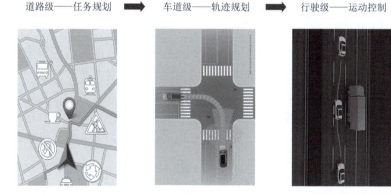

图 4-2 智能决策系统任务规划结构

1）数据采集与预处理模块

（1）数据采集。

数据采集是指从各种传感器中获取原始数据的过程。智能网联汽车通常装配了多种传感器，包括摄像头、雷达、激光雷达、超声波传感器等。这些传感器能够实时获取车辆周

围环境的信息，包括道路状况、障碍物位置、车辆速度、行人行为等。传感器的种类和数量根据车辆的具体配置而定，不同的传感器可以提供不同类型的信息，相互协作可以提高环境感知的准确性和可靠性。数据采集的主要任务包括以下几方面。

①传感器选择与配置。

根据智能网联车辆的需求和预期功能，选择合适的传感器类型和数量。传感器的位置和安装方式也需要仔细考虑，以最大程度覆盖车辆周围的环境。

②数据同步与时间戳。

对于多传感器系统，确保传感器数据的同步性是至关重要的。在数据采集过程中，需要为每个传感器的数据赋予准确的时间戳，以便在后续的数据处理过程中对数据进行同步处理。

③确定数据采集频率与精度。

根据车辆应用场景和实时性要求，确定数据采集频率与精度。有些场景可能需要高频率的数据采集，有些则可以采用低频率，以节省计算资源和能源消耗。

（2）数据预处理。

数据预处理的主要任务包括以下几方面。

①数据清洗与去噪。

在数据采集过程中，由于传感器本身的误差以及外部环境的干扰，数据可能会包含噪声或异常值。数据预处理阶段需要对这些数据进行清洗和去噪处理，以确保数据的准确性和可靠性。

②数据校准与校验。

对传感器进行校准是数据预处理的重要步骤之一。通过校准，可以消除传感器的系统误差和偏差，使其输出的数据更加准确和可靠。此外，还需要对采集的数据进行校验，确保数据的有效性和完整性。

③数据格式化与转换。

将原始数据转换为适合后续处理的格式是数据预处理的关键步骤之一。例如，将图像数据转换为数字矩阵，将激光雷达数据转换为点云数据等，以便后续的特征提取和分析。

④数据缓存与存储。

为了提高数据的访问速度和效率，通常会将预处理后的数据进行缓存和存储。这个过程可以通过内存缓存、数据库等技术来实现，以便后续的数据查询和使用。

2）数据处理与分析模块

数据处理与分析模块是智能决策系统的核心组成部分，它负责对从数据采集与预处理模块获取的原始数据进行处理和分析，以提取有用的信息并为决策制定作准备。

（1）数据处理。

数据处理的主要内容包含以下几方面。

①特征提取与选择。

在数据处理阶段，首先需要对原始数据进行特征提取，以识别出数据中的关键信息和模式。这可能涉及图像、点云、声音等不同类型的数据，因此需要采用不同的特征提取技术，如卷积神经网络（CNN）、特征描述子等。

②数据融合与整合。

如果系统使用了多种不同类型的传感器，在数据处理阶段需要对这些数据进行融合和整合，以综合利用各种信息，提高环境感知的准确性和稳定性。数据融合可能涉及传感器级别的融合、信息级别的融合等不同层次。

③数据降维与压缩。

在处理大规模数据时，为了减少计算量和存储空间的需求，可能需要对数据进行降维和压缩。降维技术有主成分分析（PCA）、线性判别分析（LDA）等，压缩技术有哈希编码、矩阵分解等。

（2）数据分析。

数据分析的主要内容包含以下几方面。

①目标检测与跟踪。

数据分析阶段的主要任务是对环境中的目标进行检测和跟踪。这可能涉及车辆、行人、交通标志等不同类型的目标。目标检测和跟踪是智能决策系统的关键任务之一，它为后续的决策制定提供了重要的信息支持。

②环境建模与预测。

基于已经提取的特征和目标检测结果，可以对车辆周围的环境进行建模和预测。这包括对道路形状、障碍物位置、交通流量等信息的预测，以便于制定合适的驾驶策略和规划行车路径。

③情景分析与决策制定。

数据分析阶段还需要对整个环境场景进行综合分析，并基于分析结果制订相应的决策方案。这可能涉及规划车辆的行驶路径、控制车辆的速度、规避障碍物等操作，以保证车辆的安全和高效行驶。

数据处理与分析模块的质量和效率直接影响智能决策系统的性能和稳定性。通过对原始数据进行有效的处理和分析，可以提取出有用的信息并进行准确的决策制定，为智能车辆的自主驾驶功能提供强有力的支持。

3）决策制定模块

决策制定模块是智能决策系统的最终输出部分，它根据数据处理与分析模块提供的信息，制订车辆的行驶策略和决策方案，并将其转化为具体的行动指令，以控制车辆的运动和行为。这个模块通常包括路径规划、速度控制、车道保持、避障等功能，通过与车辆的控制系统进行交互，实现对车辆的实时控制和调整，保证车辆在复杂环境中安全、高效地行驶。

数据采集与预处理模块、数据处理与分析模块以及决策制定模块共同协作，实现对车辆行驶环境的感知、理解和决策，为实现智能网联汽车的自主驾驶功能提供了基础和保障。

> **交流与思考**
>
> 智能网联汽车决策系统的发展不仅仅是科技领域的进步，更对人类生活方式和社会运行方式产生了深刻影响。随着智能网联汽车技术的不断成熟和应用，我们将面临诸多问题和挑战，如道德难题、安全性问题、隐私保护等。因此，我们需要在科技发展的同时，积极探讨并制定相应的法律法规和伦理准则，保障人类社会的安全、稳定和可持续发展。你会将自己的安全完全交由一辆车吗，谈谈你的看法。

3. 原理

智能决策系统的实现原理涉及多个方面，包括环境感知、数据处理与分析、决策制定

等，智能决策系统首先需要通过各类传感器感知车辆周围的环境。它们可以获取道路信息、障碍物位置、交通标志、行人等数据。环境感知的步骤包括数据采集、数据处理和特征提取等，其目的是将感知到的原始数据转化为对环境的理解和描述，为后续的决策制定提供基础。根据决策过程的不同，智能决策系统可分为反应式决策体系结构、分层递进式决策体系结构以及基于功能和行为分解的混合决策体系结构等，如图4-3所示。

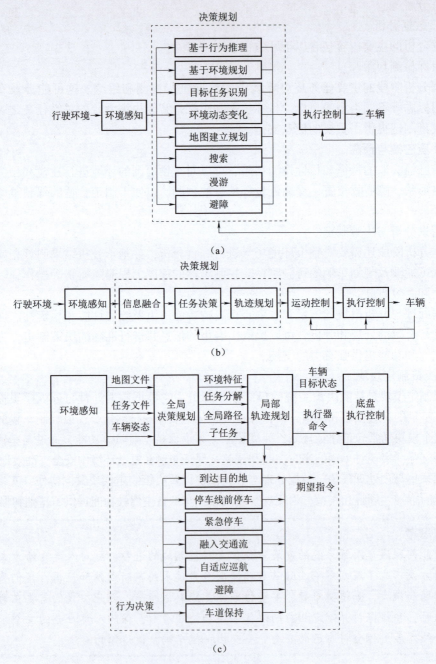

图4-3 智能决策系统类型
(a) 反应式决策体系结构；(b) 分层递进式决策体系结构；
(c) 基于功能和行为分解的混合决策体系结构

感知到的环境数据需要经过数据处理与分析模块进行处理提取有效信息和特征。这包括图像处理、点云处理、声音处理等多个方面。数据处理与分析模块采用各种算法和技术，如机信号处理技术等，从原始数据中提取出有用的特征，并对环境进行建模和预测。在数据处理与分析的基础上，智能决策系统会根据车辆状态、道路条件、交通规则等因素制定合理的决策。这些决策涉及路径规划、速度控制、车道保持、障碍物避让等方面。决策制定过程中，智能决策系统需要考虑安全性、效率性、舒适性等多个因素，并综合考虑各种限制条件和约束条件，以达到最佳的决策结果。决策执行过程中需要考虑到实时性和精确性，确保车辆能够安全、高效地执行制定好的决策。此外，智能决策系统会不断收集环境数据和车辆状态信息，并根据反馈结果对决策进行调整和优化，以适应不同的交通情况和环境变化。其底层算法涉及机器学习算法、规则引擎、逻辑推理、模型预测与优化算法等多个方面。

在智能网联汽车中，机器学习算法常用于目标检测与跟踪、环境建模与预测、驾驶行为识别等方面。例如，使用卷积神经网络进行图像识别，识别道路标志和行人；使用循环神经网络（RNN）进行时序数据预测，预测交通流量和障碍物运动轨迹等。

神经网络是一组受人类大脑功能启发的算法。当睁开眼时，人类所看到的内容其实就是一种视觉数据，再由大脑中的 Nuerons（数据处理的细胞）处理，并识别出周围的物体，神经网络智能控制方法的运转过程就参照了此工作原理。神经网络又称人工神经网络（Artificial Neural Network，ANN），它们不像大脑中的神经元是自然的，而是根据大脑神经元人工模拟出的一种模仿生物神经网络结构和功能的数学模型或计算模型，如图 4－4 所示。

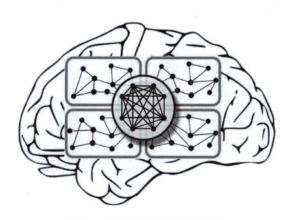

图 4－4 模拟人脑神经元模型

神经网络由大量人工神经元联结进行计算。大多数情况下，人工神经网络能在外界信息的基础上改变内部结构，是一种自适应系统。现代神经网络是一种非线性统计性数据建模工具，常用来对输入和输出间复杂的关系进行建模，或者用来探索数据模式。神经网络的主要结构，如图 4－5 所示。

规则引擎是一种基于规则的决策模型，它通过定义一系列的规则和条件来进行决策。逻辑推理则是基于逻辑推断进行决策的方法，它通过逻辑关系和前提条件来推导出结论。在智能决策系统中，规则引擎和逻辑推理常用于制定一些基于规则的决策，如交通规则遵

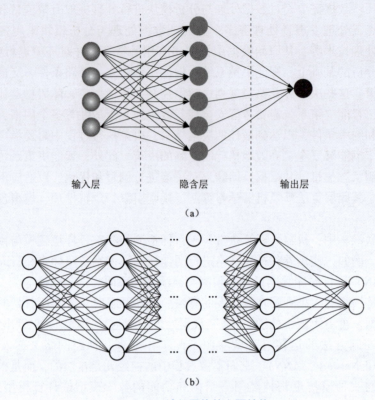

输入层   隐含层   输出层

（a）

（b）

图 4 - 5   神经网络的主要结构

（a）单层人工神经网络架构；（b）多层人工神经网络架构

守、优先权判断等。例如，如果检测到红灯，则停车；如果前方有行人横穿马路，则减速让行。

    模型预测与优化算法是智能决策系统中的另一个重要组成部分，它通过建立数学模型和优化算法来进行决策制定。在智能网联汽车中，模型预测与优化算法常用于路径规划、速度控制和车辆行为预测等方面。例如，使用最优化算法求解最短路径或最优速度，最小化行驶时间或能源消耗；使用马尔科夫决策过程进行车辆行为预测，预测其他车辆可能的行驶轨迹和行为。

4. 应用案例

1）交通优化与安全应用

    基于对历史数据的分析结果，系统可以建立预测模型来预测未来的交通态势和可能发生的危险情况。系统综合历史信息和实时数据进行态势判断，即对当前交通态势和道路环境进行分析和评估，判断是否存在潜在的危险或异常情况。当检测到潜在的危险情况时，系统会立即发出预警信号，提醒驾驶员或自动采取相应的措施来避免事故的发生。预警系统可以通过声音、视觉、震动等方式向驾驶员发出警告，提醒其注意并采取行动。如果是自动驾驶模式，则系统可以直接对车辆进行控制，如启动紧急制动、调整车速、变道避让等。

这种基于历史信息与实时数据的态势判断与预警系统具有灵活性和实时性，能够根据不同的交通场景和道路条件进行动态调整，及时更新预警策略，关联并融合多传感器的数据，建立周边环境模型。

如此建立的环境模型，不仅是结合物理规律对物体作出预测，更是结合物体和周边环境以及积累的历史数据信息，对感知到的物体作出更为宏观的行为预测。例如，在图 4-6 中，通过识别行人在人行道的历史行进动作，可以预测行人可能会在人行道上穿越路口，而通过车辆的历史行进轨迹，可判断其会在路口右转。

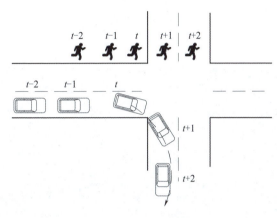

图 4-6　环境预测示意图

尽管驾驶员也可以根据历史驾驶习惯与先前的经验积累作出判断，但智能决策系统可以对车身进行实时的监测与检测，并对车辆的状态进行深度的探测与分析，比人眼感知的范围更广，可以比驾驶员更快作出反应，更早作出决策。

2）紧急情况处理与避险策略

主要应用场景包括以下几方面。

行人突然横穿马路：汽车在城市道路行驶时，突然一名行人从路边横穿马路。系统通过前置摄像头和激光雷达检测到行人，立即进行决策是否需要主动介入接管车辆，尽可能减速并避免与行人碰撞。同时，决策是否发出警报提醒周围车辆和行人注意，并采取避让动作。

前方交通堵塞：在高速公路行驶中，突然前方发生交通事故导致交通堵塞。车辆通过摄像头和雷达检测到前方交通堵塞，立即进行智能决策以避免碰撞，并尝试寻找最短的绕行路径或选择合适的车道变换策略，以尽快恢复正常行车。

侧面撞击风险：在城市交叉路口行驶时，一辆忽然闯红灯的车辆可能会从侧面撞击自动驾驶汽车。智能决策系统通过对比历史数据并结合实时传感器信息检测到违规车辆动态，给出车辆躲避策略（启动紧急制动系统或进一步加速躲避），以减少碰撞风险。

动物穿越道路：在郊区道路行驶时，突然有动物（如鹿或兔子）从路边穿越马路。车辆在检测到动物后，智能决策系统需要根据各类信息衡量事故后果及损失，给出下一步车辆控制策略。

这些案例展示智能决策系统在不同紧急情况下的应对策略，包括紧急制动、避让动作

以及警示系统的运用。这些策略的目标是最大限度地保护车辆乘客和周围的行人，并尽可能减少交通事故发生。

二、路径规划与跟踪

1. 定义

路径规划是在给定的地图环境中，为自动驾驶车辆确定最佳行驶路线的过程。其目标是在满足车辆行驶约束条件的前提下，选择一条路径，使车辆能够安全、高效地到达目的地，从而提高驾驶的安全性和效率，如图4-7所示。

微课 路径规划
与跟踪（局部）

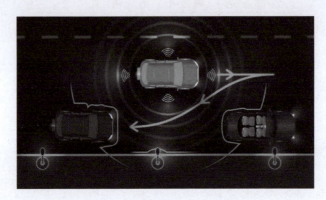

微课 路径规划与
跟踪（全局）

图4-7 路径规划示意图

2. 基本要素

路径规划的实现过程主要包含以下几个要素。

1）地图数据

路径规划首先需要准确的地图数据，包括道路网络、交通标识、交叉口信息、道路限速等。这些地图数据可以来自卫星地图、高精度地图、车载摄像头获取的实时地图等。

2）起点和目标点

路径规划需要明确起点和目标点的位置信息。起点通常是车辆当前的位置，而目标点可以是用户输入的目的地或者系统预设的任务点。

3）车辆状态和约束条件

路径规划还需要考虑车辆当前的状态，包括位置、速度、方向等信息，以及车辆的物理约束条件，如最大速度、最小转弯半径等。

4）路径搜索算法

路径规划还需要选择合适的路径搜索算法，以在地图上搜索出一条最优路径。常用的路径搜索算法包括 A*算法、Dijkstra 算法、最小生成树算法等。

5）路径优化策略

除了搜索出最短路径外，路径规划还需要考虑其他因素进行路径优化，如最小化转弯次数、最小化避障距离、最小化行车时间等。这需要根据具体的场景和需求设计相应的优化策略。

交流与思考

党的二十大报告中提出了坚持和谐共生、绿色发展的理念，秉持保护生态环境、提高生态环境质量的核心目标。智能网联汽车路径规划技术的应用不仅可以提高交通效率，还有望减少交通拥堵和碳排放。在智能网联汽车路径规划中，如何平衡个体出行需求和整体交通效率，谈谈你的看法。

3. 路径规划算法

1）蚁群算法

蚂蚁在寻找食物源时，会在其经过的路径上释放一种信息素，并能够感知其他蚂蚁释放的信息素。信息素浓度的大小表征路径的远近，信息素浓度越高，表示对应的路径距离越短。

通常，蚂蚁会以较大的概率优先选择信息素浓度较高的路径，并释放一定量的信息素，以增强该条路径上的信息素浓度，这样会形成一个正反馈。最终，蚂蚁能够找到一条从巢穴到食物源的最佳路径，即最短距离。

将蚁群算法应用于解决路径规划问题，基本思路为用蚂蚁的行走路径表示规划路径的可行解，整个蚂蚁群体的所有路径构成待优化问题的解空间。路径较短的蚂蚁释放的信息素量较多，随着时间的推进，较短的路径上累积的信息素浓度逐渐增高，选择该路径的蚂蚁个数也愈来愈多。最终整个蚂蚁会在正反馈的作用下集中到最佳路径上，此时对应的便是待优化问题的最优解。蚁群算法实现过程如图4-8所示。

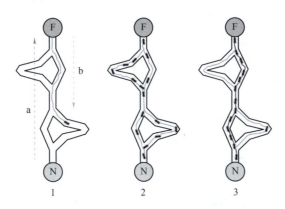

图 4-8　蚁群算法实现过程

2）遗传算法

遗传算法是一种启发式搜索算法，灵感来自自然界的进化过程，通过模拟生物进化的过程来寻找问题的最优解或较好解。其在路径规划中的应用十分广泛。其实现过程如下。

首先，随机生成一组初始解作为种群，每个解表示一种可能的路径规划方案。其次，计算每个解的适应度，通常用来衡量路径的优劣程度。再次，根据适应度选择父代个体进行交叉和变异操作，以生成子代个体。交叉模拟了生物的基因重组过程，而变异则增加了种群的多样性。最后，用子代个体替换部分父代个体，形成新的种群。这一过程反复迭代，直到满足停止条件，例如，达到最大迭代次数或找到满意的解。遗传算法实现过程如图4-9所示。通过这种进化过程，遗传算法能够逐步优化路径规划解，找到较好的解决

方案。在实际应用中，遗传算法可以结合其他优化方法，如模拟退火、粒子群算法等，以提高搜索效率和解的质量。

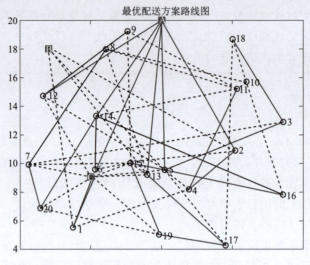

图 4-9　遗传算法实现过程

3）A*算法

A*算法是一种常用的图搜索算法，通常用于在图形表示的问题中找到最短路径。它是一种启发式搜索算法，结合了广度优先搜索和启发式评估函数的优点，能够有效地在图中找到最优解，同时也具有较高的效率。

A*算法的基本思想是通过在搜索过程中对每个节点进行估价，并根据估价的优先级来选择下一个要探索的节点，如图 4-10 所示。具体来说，A*算法维护两个列表：开放

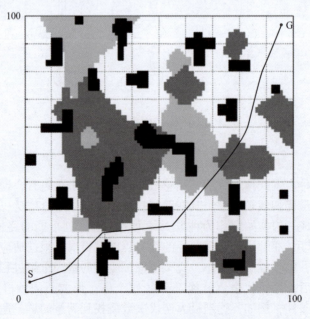

图 4-10　A*算法实现过程

列表和关闭列表。开放列表存储待探索的节点，而关闭列表存储已经探索过的节点。在每一步中，A*算法选择开放列表中具有最小总代价（启发式评估函数值加上实际代价）的节点进行探索，直到找到目标节点或者开放列表为空为止。

4）Dijkstra 算法

Dijkstra 算法是 Edsger Wybe Dijkstra 在 1956 年提出的一种用来寻找图形中节点之间最短路径的算法。Dijkstra 算法的基本思想是以起始点为中心向外层层扩展，直到扩展到目标点为止。Dijkstra 算法在扩展的过程中，都是取出未访问节点中距离该点距离最小的节点，然后利用该节点更新其他节点的距离值。

其基本原理：每次新扩展一个距离最短的点，更新与其相邻点的距离。

Dijkstra 算法实现过程以图 4 – 11 为例，计算左上角节点到右下角节点的最短路径，箭头上的数值表示两个节点间的距离。

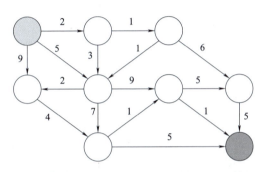

图 4 – 11　Dijkstra 算法实现过程（一）

首先扩展第一个节点，计算其余节点与第一个节点的距离，如图 4 – 12 所示，用橙色标出已经扩展的节点，未扩展的节点仍用绿色标出，其中圆中的数值表示与第一个节点的距离，∞ 表示此时该节点没有能直接到达已扩展节点的路径。

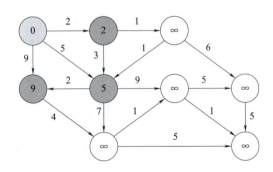

图 4 – 12　Dijkstra 算法实现过程（二）（附彩插）

从未扩展的节点（绿色部分）中选择距离最小的节点进行拓展，并更新其余节点到第一个节点的距离，如图 4 – 13 所示。

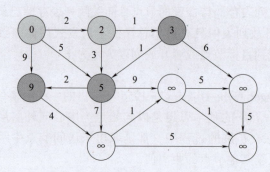

图 4 - 13   **Dijkstra** 算法实现过程（三）（附彩插）

重复进行上面的步骤，直到所有节点都已扩展，如图 4 - 14 所示。

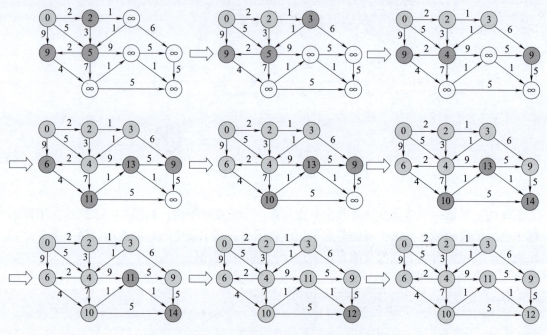

图 4 - 14   **Dijkstra** 算法实现过程（四）（附彩插）

最后标出左上角节点到右下角节点的最短路径，如图 4 - 15 所示。

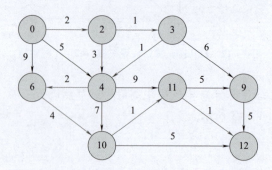

图 4 - 15   **Dijkstra** 算法实现过程（五）（附彩插）

Dijkstra 算法的路径规划效果，如图 4 – 16 所示。

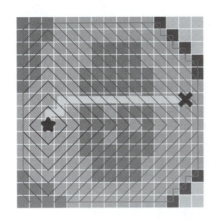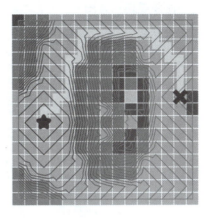

图 4 – 16　Dijkstra 算法的路径规划效果

三、云端共享与决策

1. 定义和意义

云（Cloud）是指云计算（Cloud Computing）技术所构建的虚拟化计算资源和服务，如图 4 – 17 所示。云计算是一种通过互联网提供计算资源和服务的模式，用户可以根据需要按需获取和使用计算资源，不需要关注具体的硬件和软件配置，具有按需自助服务、广泛网络访问、资源池化、快速弹性扩展等特点，适用于公有云、私有云和混合云等不同部署方式。

图 4 – 17　云计算技术

云端数据共享是指将数据存储在云端服务器上，并通过网络技术将这些数据分享给需要的用户或系统的过程。在智能网联汽车领域，云端数据共享具有重要意义。它使车辆能够与云端服务器进行实时通信，共享车载传感器、车辆状态、交通信息等数据，从而实现车辆之间的信息交流和智能决策。

在智能网联汽车中，每辆车都配备了各种传感器和通信设备，能够实时感知周围环境的状态，并将这些数据传输到云端服务器。同时，云端服务器也可以将实时的路况、交通

信息、地图数据等反馈给车辆，以帮助车辆进行智能决策和路径规划。图4-18 所示为云中枢区域统一任务规划示意图。

图4-18　云中枢区域统一任务规划示意图

云端数据共享为智能网联汽车提供了以下几方面的优势。

（1）实时更新。云端数据可以及时更新，使车辆能够获取最新的交通信息和路况，以作出及时的驾驶决策。

（2）资源共享。通过云端数据共享，车辆可以共享其他车辆或基础设施的数据资源，提高整体行车效率。

（3）数据分析。云端服务器可以对收集到的大量数据进行分析和挖掘，从中提取有用的信息，为车辆提供智能化的服务和支持。

（4）交互通信。云端数据共享还可以促进车辆之间的交流和协作，例如，实现车辆之间的协同驾驶、车辆间的数据分享等，提高整体交通系统的效率和安全性。

云端数据共享是智能网联汽车发展中不可或缺的一部分，它为车辆提供了更多的信息资源和智能化服务支持，有助于提升驾驶安全性、舒适性和效率。

2. 数据共享技术

1）数据传输与通信协议

智能网联汽车通常配备了多种无线通信设备，如4G/5G 模块、WiFi 模块等，利用这些通信设备可以与云端服务器进行实时通信。通过4G/5G 网络，车辆可以将实时采集的数据（如车辆状态、传感器数据、位置信息等）上传到云端，同时接收来自云端的指令和数据，实现与云端的数据交换和共享。数据传输与通信协议在云端数据共享中扮演着至关重要的角色，常见的协议包括以下几种。

（1）超文本传输安全协议（Hypertext Transfer Protocol Secure，HTTPS）。HTTPS 是一种安全的 HTTP 协议，通过使用 SSL/TLS 加密通信内容，确保数据在传输过程中的安全性。它广泛应用于网页浏览、电子商务等场景中，为用户和网站提供了安全的通信环境。

（2）消息队列遥测传输（Message Queuing Telemetry Transport，MQTT）。MQTT 是一种轻量级的消息发布和订阅协议，常用于物联网设备之间的通信。它具有低带宽、低功耗的特点，适用于资源受限的设备和移动环境下的数据传输。例如，智能网联汽车中的各个传感器和控制单元可以通过 MQTT 协议实现实时的数据交换和通信。

（3）文件传输协议（File Transfer Protocol，FTP）：FTP 是一种用于在网络上进行文件传输的标准协议，常用于大文件或批量文件的传输。虽然 FTP 在安全性方面相对较弱，但它仍然广泛应用于各种场景，如网站维护、文件备份等。

除了常见的 HTTP、HTTPS 等通用协议外，智能网联汽车还可能使用专门的通信协议，如车联网通信协议 V2X，V2V，V2I 等。这些专用协议通常针对汽车行业的特定需求进行了优化和定制，能够更好地满足智能网联汽车的数据传输和通信要求。

2）数据安全与隐私保护

数据安全与隐私保护是云端数据共享中需要特别关注的问题。数据安全涉及数据的机密性、完整性和可用性，需要采取一系列技术措施来保护数据免受未经授权的访问、修改和破坏，如图 4-19 所示。其中，数据加密是一种常用的保护数据安全的方法，通过对数据进行加密处理，使未经授权的用户无法获取其明文内容。身份认证和访问控制则用于确保只有授权用户才能访问数据资源，防止非法访问。隐私保护方面，可以采用匿名化和脱敏技术，对个人身份信息和敏感数据进行处理，确保用户隐私不会泄露。此外，还可以通过数据审计和监控技术，及时发现并应对潜在的安全威胁和漏洞，保障数据在云端共享过程中的安全性和隐私性。数字签名密钥系统内含经第三方安全评估和认证的 SXF1800 专用硬件安全元件以及 SAF5400 调制解调器，并且 SXF1800 具有很强的防探测和防篡改特性。

图 4-19 数据安全加密与解密过程

数据加密和安全通道：为保障数据传输的安全性，智能网联汽车通常会采用数据加密和安全通道技术，对传输的数据进行加密处理，并通过安全通道（如 SSL/TLS 协议）确保数据在传输过程中的安全性。这样可以有效防止数据被窃取、篡改或伪造，保障用户隐私和数据的完整性。通过采用适当的数据传输与通信协议以及数据安全与隐私保护技术，可以有效保障云端数据共享过程中数据的安全性和隐私性，为智能网联汽车的发展和应用提供坚实的技术保障。

3. 云端决策系统的优势

1）云端决策

云端决策系统利用云计算技术和大数据分析，能够处理大规模的数据，并进行复杂的决策制定。由于云端服务器拥有更强大的计算和存储能力，能够实时监测和分析全局性的交通情况，制定更加综合和高效的决策策略。例如，在交通拥堵情况下，云端决策系统可以实时调整交通信号灯的配时，优化整体交通流畅度。

云端决策系统能够通过全局数据分析和预测，更好地应对复杂的交通环境和突发事件。它可以利用历史数据和实时信息，进行长期趋势分析和预测，制订更加智能化和前瞻

性的决策方案，提高系统的适应性和灵活性。

2）本地决策

本地决策系统位于智能网联汽车内部，主要负责实时的车辆控制和行为决策。本地决策系统能够根据车辆周围的环境和传感器数据，快速作出反应性的决策，如避障、变道、减速等。

本地决策系统具有更低的延迟和更高的实时性，能够快速响应车辆周围的变化情况，确保驾驶安全。此外，本地决策系统还可以利用车辆内部的传感器数据和局部信息，作出更加精准的决策，例如，根据车辆自身状态和速度，进行动态的行驶控制。

综合来看，云端决策和本地决策相辅相成，共同构成了智能网联汽车系统的决策层。云端决策系统通过全局数据分析和综合决策，为整个系统提供了更高层次的指导和优化；本地决策系统则负责实时控制车辆和应对局部环境变化，确保车辆在各种情况下能够安全、高效地行驶。这种云端决策与本地决策的结合，实现了智能网联汽车系统的整体智能化和协同性。

4. 应用场景

1）交通优化

云端决策系统可以实时监测道路交通状况和车流密度，基于大数据分析和预测算法，优化交通信号灯配时、路线规划等，减少交通拥堵和行车时间。

2）自主驾驶

在自动驾驶场景下，云端决策系统可以根据实时道路情况和车辆位置信息，制定最佳的行驶路线和行为策略，确保车辆安全、高效的行驶。

3）紧急情况处理

当出现交通事故、道路阻塞等紧急情况时，云端决策系统可以快速响应，并制订相应的应急处理方案，包括调整路线、减速慢行等，保障车辆和乘客的安全。

4）道路管理与规划

云端决策系统可以通过分析大数据，为城市道路管理部门提供交通状况评估、道路规划建议等决策支持，优化城市交通管理和道路规划。

综上所述，云端决策系统利用云计算技术和大数据分析，实现了智能网联汽车的智能化决策和控制，广泛应用于交通优化、自主驾驶、紧急情况处理等场景，为智能交通和城市管理提供了重要的技术支持。

5. 发展与展望

1）智能网联汽车的云端共享决策实际案例（长安汽车 Lakehouse 一体化数据平台）

为了支撑海量车联网数据的写入和处理，并在数据处理的时效性、性能、成本和易用性等方面获得显著优化，长安汽车智能化研究院发现如果继续基于开源路线，采取对原有数据平台打补丁的方式，无法从根本上解决上述问题，因此，迫切需要引入一套针对物联网数据处理的全新数据平台架构和技术体系。最终，长安汽车智能化研究院基于云器科技自研的 Lakehouse 一体化数据平台，为其迫切需求找到了最佳解决方案。

2）未来发展趋势

随着人工智能、大数据和云计算技术的不断发展，智能网联汽车的云端共享与决策应用将迎来更加广阔的发展前景。未来可能出现以下趋势。

（1）智能化水平提升。云端系统将会不断优化智能算法和数据处理能力，实现更精准、高效的决策应用，为智能网联汽车提供更加智能化的服务和支持。

（2）数据共享与合作。未来可能出现车辆之间和车辆与基础设施之间的数据共享和合作模式，实现交通系统的整体优化和协同决策，进一步提升交通效率和安全性。

（3）多方合作与生态建设。智能网联汽车生态系统将会更加完善，各个参与方（车辆厂商、云服务提供商、城市交通管理部门等）将加强合作，共同推动智能交通和智慧城市的建设。

综上所述，智能网联汽车的云端共享与决策应用具有巨大的发展潜力和广阔的应用前景，将为未来智能交通和城市发展带来重要的技术支持和创新动力。

> **小知识**
>
> 　　在云端共享与决策技术中，智能家居系统是一个常见的应用场景。通过将家庭设备连接到云端，可以实现远程控制、智能调度和数据分析等功能，使家居生活更加便捷、舒适和智能化。例如，可以通过手机APP在外部控制家中的照明、空调、安防系统等设备，实现能源的节约和家庭安全的监控。

单元二　控制执行系统

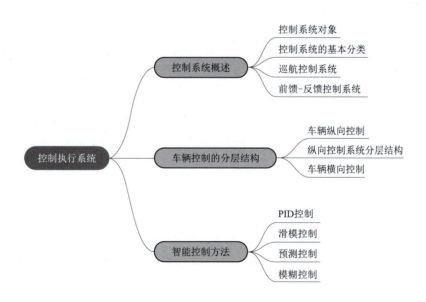

控制执行系统
- 控制系统概述
  - 控制系统对象
  - 控制系统的基本分类
  - 巡航控制系统
  - 前馈-反馈控制系统
- 车辆控制的分层结构
  - 车辆纵向控制
  - 纵向控制系统分层结构
  - 车辆横向控制
- 智能控制方法
  - PID控制
  - 滑模控制
  - 预测控制
  - 模糊控制

一、控制系统概述

1. 控制系统对象

控制执行系统是智能网联汽车的核心技术之一，它负责将智能算法的决策转化为具体的车辆操作，实现对车辆的精准控制和行动执行。控制执行系统直接影响着车辆的安全性、稳定性和性能表现，是智能网联汽车功能的核心之一，扮演着决定车辆行驶状态和行为的关键角色。

微课 控制
系统的认知

智能网联汽车的车辆控制技术，是在环境感知技术的基础上，根据决策规划出目标轨迹，通过电机或发动机与传动系统、汽车运动学系统、汽车动力学系统、轮胎等模型与不同的控制器算法结合，使车辆纵向和横向控制系统配合，控制车辆使其能够跟踪目标轨迹准确、稳定地行驶，同时使车辆在行驶过程中实现车速调节、车距保持、换道、超车等基本操作。

在车辆控制执行系统中，最基本的控制系统是由一系列组件组成的系统，旨在使一个或多个输出变量的行为受到一个或多个输入变量的影响，以满足特定的性能要求。其目标是通过调节输入变量，使输出变量达到期望的目标值或轨迹，并且在面对外部干扰和系统变化时能够保持稳定性。控制系统通常由传感器、执行器、控制算法和反馈环路等组件构成，可以应用于各种领域，如车辆控制。

2. 控制系统的基本分类

控制系统可以基于不同的标准进行分类，其中最常见的分类是基于控制器对系统输出的影响方式。基于这一标准，控制系统通常可以分为两大类。

1）开环控制系统（Open - Loop Control System）

在开环控制系统中，控制器的输出不受系统输出的影响。控制器产生的控制信号直接作用于系统，而系统的实际输出不会反馈回控制器进行调节，如图4-20所示。因此，开环控制系统的控制过程是固定的，不会根据系统当前状态进行调整。开环控制系统通常用于对系统的输出变化不敏感或者对系统的准确性要求不高的情况，如不包含氧传感器的发动机喷油控制系统。

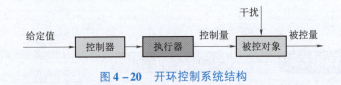

图4-20 开环控制系统结构

2）闭环控制系统（Closed - Loop Control System）

在闭环控制系统中，系统的输出被测量并与期望输出进行比较，生成误差信号，然后通过控制器进行反馈调节，使系统的输出趋近于期望值，如图4-21所示。闭环控制系统具有反馈环路，能够根据系统的实际状态进行动态调整，以实现对系统的精确控制。闭环控制系统通常用于对系统的稳定性、准确性和鲁棒性要求较高的情况。

3. 巡航控制系统

车辆巡航控制系统会安装车速传感器来实时测量车辆的实际速度，然后将实际车速与

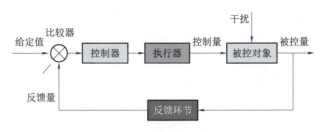

图 4 – 21 闭环控制系统结构

预设的目标车速进行比较，得到误差信号，如图 4 – 22 所示。这个误差信号会送回控制器中，控制器会根据误差信号来调整油门开度，使实际车速逐渐接近目标车速。因此，采用闭环控制的车辆巡航控制系统能够根据实际车速的变化来调整控制器输出，使汽车在不同的驾驶条件下能够保持稳定的巡航速度。

图 4 – 22 采用闭环控制的车辆巡航控制系统

在实际应用中，控制系统还可以根据控制器类型、系统结构、控制信号的类型等进行进一步的分类。例如，根据控制器类型，可以将控制系统分为比例 – 积分 – 微分（PID）控制系统、模糊控制系统、神经网络控制系统等；根据系统结构，可以将控制系统分为单变量系统和多变量系统等；根据回路形式不同，可以将控制系统分为前馈和反馈等。

交流与思考

在现代社会，自我认知是个人成长和发展的重要基石，也是建设社会主义核心价值观的重要一环。你认为我们自身是一个开环系统还是闭环系统，谈谈你的看法。

4. 前馈 – 反馈控制系统

将 V2V 通信技术加入图 4 – 22 所示采用闭环控制的车辆巡航控制系统后，整个控制系统可以看作是一个前馈 – 反馈控制系统，加入的前馈（通信）部分使车辆巡航系统能够更早地发挥控制作用。V2V 通信充当前馈部分，传感器为负反馈部分，如图 4 – 23 所示。前馈 – 反馈控制系统综合了前馈控制对扰动的补偿作用和反馈控制对偏差的控制作用，同时包含了两者的优点，其控制作用在一般情况下优于基于传感器的负反馈控制系统。

在车辆巡航系统中加入了 V2V 通信之后，在理想的情况下，前车状态发生变化的同

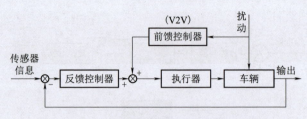

图 4 – 23　具有 V2V 通信的跟随系统结构

时，车间通信系统将会把前车的状态变化信息或执行机构的变化信息同步传送到后车，在依靠传感器的反馈系统还未监测到前车的状态变化时，后车的下位控制器就已经执行了与前车下位控制器相同的变化信息（相较于只依赖传感器的反馈调节，更加迅速）。在这样的情况下，车辆在巡航过程中并不会产生较大的状态偏差，反馈系统所需要调整的主要是不同车辆的动力及制动系统的差异在同步过程中所产生的偏差或路面摩擦系数及风速等随机因素所造成的随机误差，这样就能在一定程度上提高后车响应速度并减少调节时间，并且在调节过程中车辆的跟随间距也不会产生较大的变化，整个巡航过程更加平顺。

二、车辆控制的分层结构

车辆控制系统是借助于车辆线控设备、基础设施、感知设备来监测周围环境中会对车辆产生影响的各种因素，进行驾驶控制，以达到行车安全、高效，并且增加道路通行能力的目的。依据车辆结构特性和执行器饱和约束，车辆的运动控制问题通常分为纵向和横向的渐进跟踪问题，使车辆接近决策规划层的期望车速和道路曲率为控制目标。

纵向控制，即车辆的驱动与制动控制。横向控制，即转向盘角度的调整以及转向比的控制。实现了纵向和横向自动控制，就可以按给定目标和约束条件来自动控制车辆运动。所以，从车辆本身来说，自动驾驶技术就是综合了纵向和横向控制的全自动控制技术，如图 4 – 24 所示。

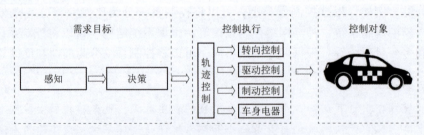

图 4 – 24　车辆运动控制任务示意图

1. 车辆纵向控制

车辆纵向控制是指在行车速度方向上的控制，即车速以及本车与前后车或障碍物之间距离的自动控制，如图 4 – 25 所示。巡航控制和紧急制动控制都是典型的自动驾驶纵向控制案例。这类控制可归结为对电机、发动机、传动和制动系统的控制，控制结构如图 4 – 26 所示。各种电机 – 发动机 – 传动模型、汽车运行模型和刹车过程模型与不同的控制器算法结合，构成了各种各样的纵向控制模式。

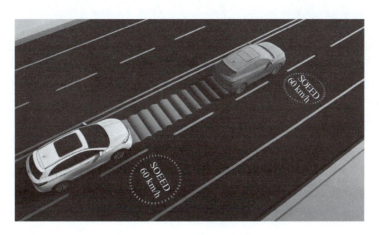

图 4-25　车辆纵向控制

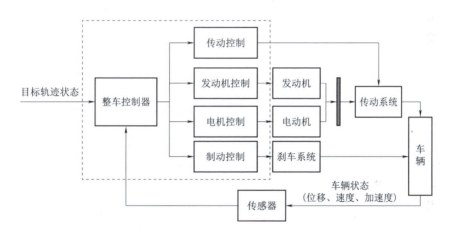

图 4-26　车辆纵向控制结构示意图

　　此外，轮胎作用力的滑移率控制是纵向稳定控制中的关键部分。滑移率控制系统通过控制车轮滑移率来调节车辆的纵向动力学特性，防止车辆发生过度驱动滑移或者制动抱死，从而提高车辆的稳定性和操纵性能。防抱死制动系统（Antilock Brake System，ABS），在汽车制动时，自动控制制动器制动力的大小，使车轮不发生抱死，处于边滚边滑（滑移率在20%左右）的状态，以保证地面能够给车轮提供最大的制动作用力值。一些智能滑移率控制策略利用充足的环境感知信息设计了随道路环境变化的车轮最优滑移率调节器，从而提升轮胎力作用效果。

　　目前应用的系统，如巡航控制系统、防碰撞控制系统，都是自主系统，即由车载传感器获取控制所需信息，但往往缺乏对 V2X 车联网信息的利用。在智能交通环境下，单车可以通过 V2X 通信系统获得更多周边交通流信息以用于控制。在纵向控制方面，可利用本车及周边车辆位置、当前及前方道路情况、前车操纵状态等信息实现预测控制，达到提高速度、减小车间距的同时保证安全，即达到安全、高效和节能的目的。

2. 纵向控制系统分层结构

为了使控制过程中的逻辑更为清晰，车辆的纵向控制系统在结构上进行了上下分层。上层控制器的主要作用是结合相应的间距控制策略的决策结果，输出当前车辆行驶过程中的速度及加速度的期望值。下层控制器的作用是通过对节气门开度、刹车泵压力、电机及变速器逻辑的控制来实现上层控制器所输出的具体期望值，是车辆速度调整的直接执行机构。车辆纵向控制系统分层结构如图 4 - 27 所示。

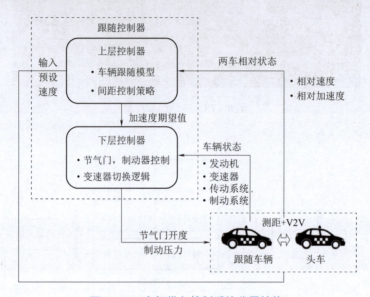

图 4 - 27　车辆纵向控制系统分层结构

3. 车辆横向控制

车辆横向控制是指垂直于运动方向上的控制，对于汽车也就是转向控制，如图 4 - 28 所示。其目标是控制汽车自动保持期望的行车路线，并在不同的车速、载荷、风阻、路况下有较好的乘坐舒适性和稳定性，其结构如图 4 - 29 所示。

车辆横向控制主要有两种基本设计方法，一种是基于驾驶人模拟的方法，另一种是基于车辆横向动力学模型的方法。

图 4 - 28　车辆横向控制

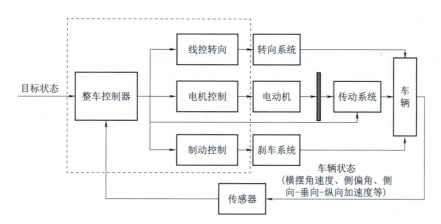

图 4-29 车辆横向控制结构示意图

基于驾驶员模拟的方法是指使用较简单的动力学模型和驾驶员操纵规则设计控制器或使用驾驶员操纵过程的数据训练控制器，从而获取控制算法。而基于动力学模型的方法要建立较精确的汽车横向运动模型，典型模型是单轨模型，又称自行车模型，也就是认为汽车左右两侧特性相同，如图 4-30 所示。

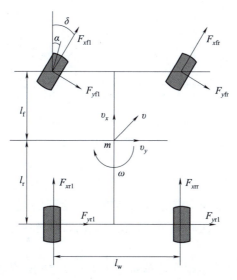

图 4-30 整车动力学模型

低附着路面的极限工况中的车辆横摆稳定控制是车辆横向控制中的关键部分。传统的稳定性控制思路，如电子稳定性控制系统（ESP）和前轮主动转向系统（AFS）等，通过控制分布的轮胎作用力和前轮转向从而利用轮胎附着力和降低轮胎利用率来提高车辆稳定性。大多数研究沿袭冗余驱动的控制分配框架，通过改变内外侧轮胎驱动、制动力差异的方法，增加单侧驱动、制动转矩，并相应减小另一侧驱动、制动转矩，为整车产生一个附加的横摆转矩来改善车辆转向动态特性，以保证车辆的横摆稳定性和行驶安全性。

三、智能控制方法

在第二节内容中，学习了智能网联汽车的基本控制结构。在这一基础上，针对车辆的控制过程，可以应用多种不同的控制方法，以适应不同的情况和需求。这些方法包括传统的 PID 控制、模糊控制、滑模控制等，以及更为先进的智能控制方法，如神经网络控制和深度学习方法。目前，这些算法已经在智能网联汽车的控制执行系统中得到广泛应用，并取得了显著效果。

微课 控制方法

1. PID 控制

1）PID 控制的实现过程

在工程实际中，应用最为广泛的控制调节器为比例 – 积分 – 微分控制，简称 PID 控制。当被控对象的结构和参数不能完全掌握或得不到精确的数学模型，而且控制理论的其他技术难以采用时，系统控制器的结构和参数必须依靠经验和现场调试来确定，这时应用 PID 控制技术最为方便。本质上，PID 控制器就是根据系统的误差，利用比例、积分、微分模块，通过人为调节 PID 三个不同参数的设定来达到不同的控制效果，如图 4 – 31 所示。PID 控制方法在整个工业控制领域内的应用都极为广泛。

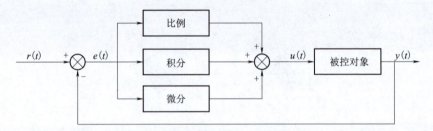

图 4 – 31　PID 控制原理图

在车辆的巡航速度控制中，PID 控制器是一种常用的控制器，用于实现对车辆速度的精确调节。PID 控制器基于车辆当前速度与期望速度之间的误差（偏差），通过比例、积分和微分三个环节对控制信号进行调节，以使车辆的实际速度稳定在期望值附近。

（1）比例环节。

在速度控制中，比例环节根据当前车速与期望速度之间的偏差来生成控制信号。如果车速低于期望速度，偏差就会为负，比例环节将产生一个相应的正控制信号，以加大加速度，使车辆逐渐接近期望速度。如果车速高于期望速度，则偏差为正，比例环节将产生一个负控制信号，以减小加速度或施加制动力，使车辆逐渐减速至期望速度。比例环节的作用是使系统能够快速响应速度变化，但可能会导致系统的超调现象。

（2）积分环节。

积分环节根据车速偏差随时间的累积产生控制信号。在速度控制中，积分环节的作用是消除系统的静态误差。例如，如果车辆存在长时间的速度偏差，积分环节会根据这个累积的偏差来调节控制信号，使车辆逐渐消除偏差，稳定在期望速度附近。积分坏节的引入提高了系统的稳定性，但可能会导致系统的过度调节。

（3）微分环节。

微分环节根据速度偏差变化的速率产生控制信号。在速度控制中，微分环节的作用是预测车速偏差的变化趋势，提前调整控制信号，以减少超调和振荡，改善系统的动态性能。例如，如果车速快速接近期望速度，微分环节会提前减小控制信号，以避免过度调节导致的超调现象。然而，微分环节对噪声和干扰敏感，可能会引入系统的不稳定性。

综上所述，PID 控制器通过比例、积分和微分三个环节的协同作用，实现了对车辆速度的精确控制。比例环节保证了系统的快速响应，积分环节消除了静态误差，微分环节改善了系统的动态性能，三者共同工作使 PID 控制器具有良好的控制性能和稳定性。

2）PID 控制的参数整定

PID 控制器的参数整定是控制系统设计的核心内容。它是根据控制过程的特性确定 PID 控制器的比例系数、积分时间和微分时间的大小。PID 控制器参数整定的方法很多，概括起来有两大类。

（1）理论计算整定法。

它主要依据系统的数学模型，经过理论计算确定控制器参数。下面介绍一种常用的理论计算整定法，即经典的齐格勒 – 尼科尔斯方法（Ziegler – Nichols method）。

①稳态增益法（Steady State Gain Method）。

关闭积分和微分环节（将 I 和 D 设为 0），只保留比例环节，使系统处于纯比例控制状态。然后逐步增加比例增益（K_p），直到系统出现持续的振荡。

记录此时的比例增益，即临界比例增益（K_u），以及振荡周期（T_u）。

②根据临界比例增益和振荡周期确定 PID 参数，可计算出比例、积分和微分参数的值。

比例参数（K_p）：取临界比例增益的约 70%。

积分参数（K_i）：取临界比例增益时的振荡周期的 0.5 倍。

微分参数（K_d）：取临界比例增益时的振荡周期的 0.125 倍。

③参数微调，根据实际系统的特性，对参数进行微调以达到更好的控制效果。这可以通过实验或模拟来完成，调整参数以满足系统的性能要求和稳定性。

这种方法是一种常用的理论计算整定法，能够较快地获得 PID 控制器的初步参数。然而，由于系统的复杂性和非线性特性，可能需要多次试验和调整才能获得最佳的参数配置。因此，在实际应用中，通常需要结合经验法和试错法进行参数的细致调整和优化，即工程整定法。

（2）工程整定法。

工程整定方法主要依赖工程经验，直接在控制系统的试验中进行，且方法简单、易于掌握，在工程实际中广泛采用。PID 控制器参数的工程整定方法，主要有临界比例法、反应曲线法和衰减法。三种方法各有其特点，其共同点都是通过试验，然后按照工程经验公式对控制器参数进行整定。但无论采用哪一种方法所得到的控制器参数，都需要在实际运行中进行最后调整与完善。现在一般采用的是临界比例法。

利用该方法进行 PID 控制器参数的整定步骤如下。

首先预选择一个足够短的采样周期让系统工作；其次仅加入比例控制环节，直到系统对输入的阶跃响应出现临界振荡时记下此时的比例放大系数和临界振荡周期；最后在一定

的控制度下通过公式计算，得到 PID 控制器的参数。

PID 控制是一个经典控制方法，它适用于几乎所有工程应用场景。不同的应用场景对应不同的 PID 参数设置，只要参数设置得当，均可达到很好的控制效果。

> **小知识**
>
> PID 控制作为经典的控制方法，虽然诞生于 20 世纪，但其简单有效的特点使其在现代问题中仍然有着广泛的应用。我们不仅要了解技术的基础原理，更要能体会技术的不断创新与发展如何与时俱进，服务于国家发展和人民生活。
>
> 我们党从诞生之日起，就把马克思列宁主义确立为自己的指导思想，并根据中国的具体实际和时代条件的变化，使之同中国革命、建设和改革的任务紧密结合起来。历史经验表明，党的指导思想的每一次与时俱进，都极大地推进了党的事业。

2. 滑模控制

滑模控制（Sliding Mode Control，SMC）是一种基于滑模面的控制方法，旨在实现对系统的鲁棒控制。其核心概念是通过引入一个滑模面，使系统状态迅速地滑动到这个面上，并在此面上保持稳定，从而实现对系统的精确控制。滑模控制具有较强的鲁棒性，能够抵抗外部干扰和模型不确定性的影响，因此在工程领域得到了广泛应用。与 PID 控制的固定控制模型策略相比，滑模控制在系统控制过程中，控制器根据系统当时状态，以跃变方式有目的的不断变换，迫使系统按预定的"滑动模态"的状态轨迹运动，通过切换函数实现变结构控制。

1）滑模控制的基本原理

（1）滑模面设计。设计一个合适的滑模面，该面通常由系统状态空间中的一个超平面定义。滑模面的选择应能使系统状态在该面上的动态行为稳定，同时具有较快的收敛速度。

（2）控制律设计。设计一个控制律，使系统状态能够快速地滑动到滑模面上，并在该面上保持稳定。控制律通常由两部分组成：滑模面上的控制律和滑模面之外的控制律。滑模面上的控制律负责使系统状态沿着滑模面滑动，而滑模面之外的控制律负责在滑模面上保持系统稳定。

（3）系统稳定性分析。分析系统在滑模面上的稳定性，确保系统状态在该面上保持稳定，并能够抵抗外部扰动和不确定性的影响。通常采用李雅普诺夫（Lyapunov）稳定性理论或者差分不等式来进行系统稳定性分析。

2）滑模控制在智能网联汽车控制领域的应用

滑模控制可用于抑制侧滑，提高车辆的稳定性和操控性，实现精确的跟车和刹车控制，提高行车安全性。具体如下。

（1）横向控制中抑制侧滑。

滑模控制通过引入一个滑模面，使系统状态迅速滑动到该面上并在其上保持稳定，从而实现对系统的精确控制。在车辆的横向控制中，滑模控制可以帮助抑制侧滑，提高车辆的稳定性和操控性。

具体而言，滑模控制通过设计一个合适的滑模面，使车辆在侧滑角度达到一定值时，系统状态进入滑模面上。一旦进入滑模面，控制器将施加一定的控制力或转向角度，以使车辆恢复到滑模面上，并保持在其上。这样，即使在外部扰动或路面不平的情况下，滑模控制也能够使车辆保持稳定，有效抑制侧滑现象，提高操控性能。车辆侧滑场景如图 4－32 所示。

图 4－32　车辆侧滑场景

（2）纵向控制中实现精确的跟车和刹车控制。

在车辆的纵向控制中，滑模控制可以实现精确的跟车和刹车控制，从而提高行车安全性。

具体而言，滑模控制可以通过设计一个滑模面，使车辆的速度误差（即实际速度与期望速度之间的差值）达到一定值时，系统状态进入滑模面上。一旦进入滑模面，控制器将施加一定的控制力或制动力，以使车辆速度恢复到期望值，并保持在其上。这样，即使在跟车情况下，车辆也能够保持与前车的安全距离，并能够快速、精确地调整车速以应对交通状况的变化，从而提高行车安全性。

总的来说，滑模控制作为一种强大的控制方法，能够有效应对系统的不确定性和外部干扰，提高系统的鲁棒性和控制性能。

3. 预测控制

1）MPC 的概念

在 PID 和滑模控制的基础上，还发展出了一种基于模型的控制，称为模型预测控制（Model Predictive Control，MPC），它是一种先进的控制策略，其核心思想是通过对系统未来行为的预测来进行控制决策。在 MPC 中，控制器基于当前系统状态和环境信息，预测未来一段时间内系统的行为，并计算出最优的控制输入序列，以最小化性能指标值，控制器将第一个时刻的控制输入应用于系统中，并在下一个时刻重新计算最优控制输入，如此循环迭代，实现对系统的持续控制。

预测控制结构如图 4－33 所示，依据被控对象的输出 $y(k)$ 与基础的预测模型输出 $y_m(k)$ 之间的偏差 $e(k) = y(k) - y_m(k)$，来预测被控对象的未来输出 $y_p(k+p)$，依此产生最优的控制量 $u(k+m)$。

MPC 广泛应用于工业控制、机器人、汽车等领域。在智能网联汽车中，MPC 可以用于横向和纵向控制，以实现更高级别的自动驾驶功能。通过预测车辆未来的行为并优化控

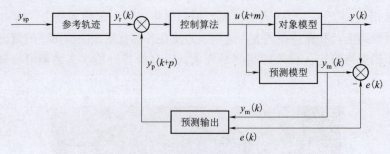

图 4-33 预测控制结构

制输入，MPC 能够提高车辆的控制精度、适应性和安全性，为驾驶员提供更加舒适和安全的驾驶体验。

2）MPC 的优势

MPC 是一种先进的控制策略，其核心理念是通过对系统未来行为的预测来进行控制决策。在车辆控制领域，MPC 通过使用车辆动态模型和环境信息，在每个时刻预测未来一段时间内的车辆行为，并根据这些预测结果来优化控制输入，以实现对车辆运动的精确控制。其特点在于它能够综合考虑车辆动态性、环境因素和系统约束条件，以实现对车辆的高级控制。其优势主要体现在以下几方面。

（1）非线性和时变性处理。MPC 能够有效应对车辆动态系统的非线性和时变性，因为它使用系统动态模型进行预测，从而更好地适应复杂的车辆行为。

（2）约束条件考虑。在车辆控制中，存在许多约束条件，如最大速度、最大转向角度等。MPC 能够在优化控制输入时考虑这些约束条件，确保车辆操作在安全和合法的范围内。

（3）多目标优化。MPC 能够同时考虑多个性能指标，如最小化燃料消耗、最小化停车时间等，从而实现多目标优化。

（4）适应性和灵活性。MPC 能够根据环境变化和实时状态进行调整，适应不同的驾驶情况和道路条件，实现对车辆运动的适时调节。

（5）轨迹跟踪精度高。MPC 通过对未来轨迹的预测，优化控制输入以使车辆沿着预定轨迹行驶，相比传统方法，能够更加精确地实现轨迹跟踪。

预测控制发展至今，虽然有不同的表示形式，但归纳起来，它的任何算法形式不外乎预测模型、滚动优化、反馈校正三个特征。这三个特征体现了预测控制更能符合复杂系统控制的不确定性与时变性的实际情况，这也是预测控制在复杂控制领域中得到重视和应用的根本原因。

4. 模糊控制

模糊控制是一种基于模糊逻辑理论的控制方法，它适用于复杂系统和模糊环境下的控制问题。与传统的精确数学模型相比，模糊控制能够更好地处理模糊、不确定和非线性的系统，如车辆遇到横风、路面附着力突然改变造成车辆打滑等，并且具有良好的适应性和鲁棒性。

1）模糊控制器结构

在模糊控制中，系统的输入、输出和控制规则都用模糊集合和模糊逻辑进行描述。模糊集合是对现实世界中不确定性和模糊性的一种描述，它不像传统的集合具有确定的边界，而是用隶属度函数来描述元素对集合的隶属程度。模糊逻辑则是一种用于处理模糊信息的逻辑系统，它允许对模糊概念进行模糊推理和模糊推断，模糊控制器结构示意图如图4－34所示。

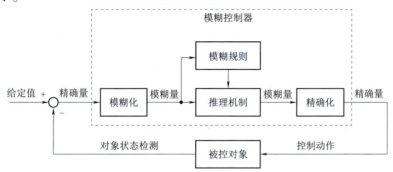

图4－34　模糊控制器结构示意图

模糊控制系统通常包括模糊化、模糊推理和去模糊化三个主要步骤。

（1）模糊化（Fuzzification）：将系统的输入和输出转化为模糊集合。这涉及将输入和输出的实际值映射到相应的模糊集合上，以便后续的模糊推理。

（2）模糊推理（Fuzzy inference）：根据模糊化的输入和一组模糊的规则进行模糊推理，得到模糊输出。模糊推理通常基于一组模糊的规则，这些规则描述了输入变量和输出变量之间的关系，以及如何根据输入的模糊值来推断输出的模糊值。

（3）去模糊化（Defuzzification）：将模糊输出转化为实际的控制动作或输出。去模糊化过程涉及将模糊输出的模糊值映射回实际输出空间，以便进行后续的控制操作。

模糊控制在智能网联汽车领域中有着广泛应用，如车辆的自适应巡航控制、转向控制、车距控制等方面。它能够有效地处理不确定性和模糊性，并且具有较好的适应性和鲁棒性，使车辆能够更加智能地应对各种复杂的驾驶场景。

2）模糊控制在车辆自主换道控制中的应用

实际驾车时，车辆在行驶过程中能否执行换道操作与道路信息存在很大的非线性关系，模糊逻辑算法可以较好地解决此类复杂信息下的非线性系统控制，车辆模糊控制系统流程示意图如图4－35所示。

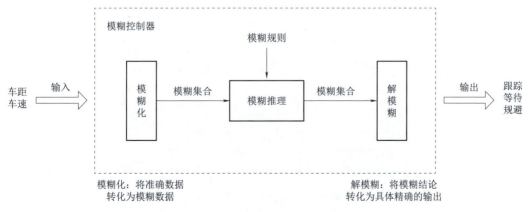

图4－35　车辆模糊控制系统流程示意图

由实际驾驶经验可知，车辆的安全换道与车辆驾驶速度及车距有关，当车速较大、与前方车辆车距较小时，换道易引起碰撞等危险。这里将速度差值系数与车距差值系数作为模糊系统判断的输入量。

将输入的速度差值系数及车距差值系数模糊化为 5 个等级，如表 4 - 1 所示：设取值范围 [0，1] 为论域 X，选取 X 的模糊子集为 {小，较小，中等，较大，大}；设取值范围 [0，1] 为论域 Y，同样地，选取 Y 的模糊子集为 {小，较小，中等，较大，大}。

表 4 - 1　车距 - 速度模糊规则

换道意愿 φ_h		速度差值系数 φ_v				
		小	较小	中等	较大	大
车距期望 系数 φ_d	小	较弱	中等	较强	强	强
	较小	较弱	中等	较强	强	强
	中等	弱	较弱	中等	较强	较强
	较大	弱	弱	较弱	中等	较强
	大	弱	弱	弱	较弱	中等

输出变量为换道意愿值，模糊化为 {弱，较弱，中，较强，强} 这 5 个子集，论域为 Z，取值范围在 [0，1]。

利用 Matlab 模糊逻辑工具箱可进行模糊逻辑的进一步处理，如图 4 - 36 所示。

（1）创建模糊逻辑系统。

（2）指定输入和输出变量。

（3）指定隶属度函数。

（4）指定模糊规则。

（5）评估及可视化模糊系统。

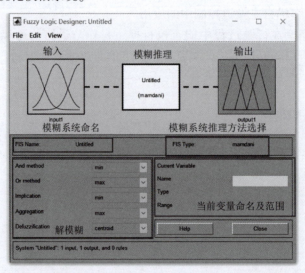

图 4 - 36　Matlab 模糊工具箱

可以得到以继续轨迹跟踪、等待避障、执行避障动作为三维坐标的三维空间坐标系，跟踪－等待－规避的三维的换道控制模糊规则曲面如图4－37所示，最后，根据图中的数据对应关系就能够实施实际的控制了。

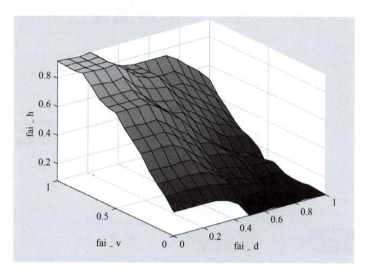

图4－37　换道控制模糊规则曲面

交流与思考

　　模糊控制的核心思想是基于人类直觉和经验的模糊规则，而不是严格的数学模型。在面对复杂的、模糊的现实问题时，应该如何权衡人类的主观经验和客观数据，以有效地进行决策和控制，谈谈你的看法。

单元三　车辆线控技术

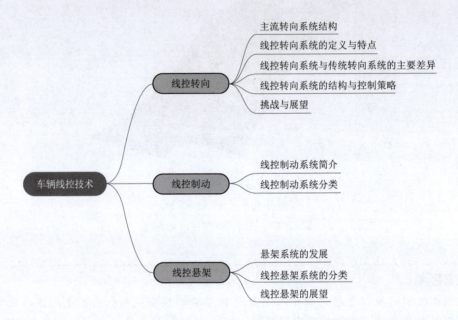

　　智能网联汽车实现对车辆运动和车身电器的自动控制，需要配备相应的线控系统。车身电器线控系统用于管理车辆内外部的灯光、车门和人机交互界面等功能，而车辆运动的线控系统则负责调控车辆底盘，包括线控转向、驱动和制动系统。此外，制动部分还包括行车、驻车和辅助制动，而驱动系统则涵盖发动机、电机以及传动系统的控制。

　　线控技术源于飞机上的航空控制系统，飞机的新型飞行控制系统就是一种线控系统，它将飞机驾驶员的操纵命令转换成电信号，利用计算机控制飞机飞行。这种控制方式引入汽车驾驶上，就是将驾驶员的操作动作经过传感器转变成电信号，然后再进行控制传输与执行。线控转向技术是智能网联及自动驾驶汽车实现路径跟踪与避障避险的必要关键技术，其性能直接影响了主动安全与驾乘体验。

┌───┐
│ **小知识**   │
│ 　　中国的工业基础实力得益于长期以来的改革开放政策和科技创新投入。中国已经 │
│ 成为全球最大的制造业大国家，拥有完善的产业链和雄厚的技术实力。在航空领域， │
│ 中国已经具备了自主研发和生产大型客机的能力，C919 国产飞机的成功研制充分展 │
│ 现了中国在工业基础实力方面的强大潜力和突出成就。中国自主研发的大型客机   │
│ C919 的成功不仅是中国航空工业实力的体现，更是中国工业基础实力的重要证明。 │
└───┘

　　1987 年，首飞的空中客车 A320 是世界上第一款在驾驶舱与执行机构之间搭载线控转向系统的民航客机，而最常见客机机型之一的波音 737，则是目前为止唯一没有使用线控系统，还在使用钢索加液压助力操控的现役大型客机。

线控系统的优势在于简化了复杂的机械传动结构，从而降低整车质量、油耗和制造成本，同时使控制更加简洁，并便于引入计算机辅助控制。随着汽车行业的发展，对车辆空间利用率和自动驾驶的要求不断提高，线控技术逐渐得到应用。目前，汽车线控技术已涵盖转向、动力、制动、悬架、增压和加速踏板等多个方面，为汽车制造业的发展提供了坚实的底层控制基础。

一、线控转向

微课　线控转向技术

1. 主流转向系统结构

1）转向系统结构分类

目前，大多数车辆转向系统采用传统的机械连接方式，比如机械液压助力转向系统（Hydraulic Power Steering，HPS）和电动助力转向系统（Electric Power Steering，EPS），各类型特点如表 4-2 所示。尽管这些技术已经相当成熟，但它们在自动驾驶和高级辅助驾驶领域存在着一些显著的局限性。

表 4-2　主流转向系统分类及特点

类型		组成	主要特点	优缺点
机械转向系统（MS）		所有的传力件都是机械的，主要由转向操纵机构、转向器和转向传动机构三大部分构成	利用纯人力驱动各种机械结构，通过将人力放大、变向等步骤来操纵轮胎的转动	优点：结构简单、可靠、造价低廉； 缺点：操作费力，驾驶员负担较重，稳定性、精确性、安全性无法保证
助力转向系统	机械液压助力转向系统（HPS）	由转向器、液压转向泵、油管、流量控制阀、传动皮带、储油罐等部件构成	兼用驾驶员体力和发动机动力为转向能源，转向器是其核心部件，它的作用是放大驾驶员传递的力并改变力的传递方向，液压转向泵由发动机驱动	优点：成本低廉、安全可靠性高、操控轻便精准、转向动力充沛； 缺点：能耗比较高，相比MS油耗增加 3%~5%，后期保养维护成本较高
	电子液压助力转向系统（EHPS）	在机械结构上增加了电机，新增电控系统包括车速传感器、电磁阀、电子控制单元（ECU）等	转向油泵由电动机驱动，并加装电控系统，使转向辅助力的大小不仅与转向角度有关，还与车速相关	优点：能耗低，反应较灵敏； 缺点：稳定性不如 HPS，制造、维护成本高
	电动助力转向系统（EPS）	在机械转向机构的基础上，增加了电子控制单元、助力电机、信号传感器等	通过电子控制电动机产生辅助动力实现转向，彻底摆脱了油液加压助力方式；可在不同车速下提供不同的转向助力	优点：结构精简，质量小、占用空间少，能耗低，反应灵敏，提升了操控性能和安全性； 缺点：辅助力度有限，难以在大型车辆上使用，成本较高

2）机械液压式结构

机械连接方式需要依赖驾驶员的操控输入，并且对车辆的实时状态反馈比较有限。这导致了在自动化驾驶场景下，传统转向系统的响应速度和精准度受到限制，无法满足智能网联汽车对精确控制和实时响应的需求。传统机械液压助力转向系统如图4-38所示。

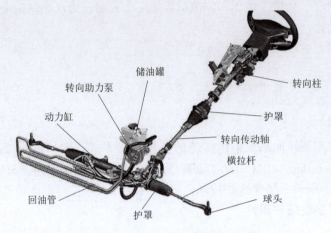

图4-38　传统机械液压助力转向系统

3）电动助力式结构

电动助力转向系统相较于传统的机械助力和液压助力具备明显的优势，其响应更为迅速，操作更为精准，并且具有更好的节能性能，如图4-39所示。然而，随着当前车辆智能化水平的不断提高，传统的电动助力转向系统逐渐显露出一些局限性。在面对复杂的自动驾驶和高级辅助驾驶场景时，电动助力转向系统的响应速度和控制精度可能无法满足需求，从而影响车辆的安全性和驾驶体验。

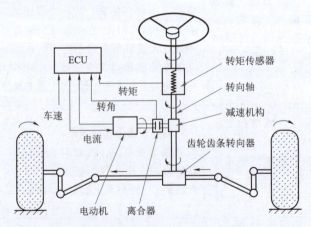

图4-39　传统电动助力转向系统

2. 线控转向系统的定义与特点

随着智能网联汽车的不断发展，更为先进的线控转向技术开始受到关注。相比于传统机械连接方式，线控转向技术利用电信号直接控制转向执行机构，通过即时调整转向角度和扭矩分配来实现对车辆转向的精确控制，如图 4-40 所示。这种技术的引入使车辆在自动驾驶和高级辅助驾驶模式下能够更加灵活地应对复杂的路况和驾驶情境，提升了车辆的安全性和驾驶舒适性。随着智能网联汽车技术的不断发展，线控转向技术有望成为未来驾驶系统的主流趋势，为车辆的智能化和自动化驾驶提供更可靠的支持。

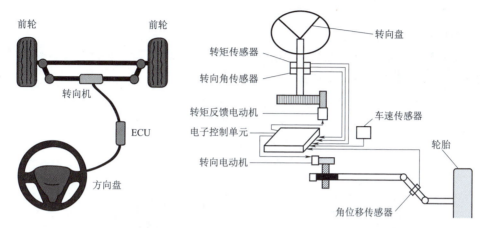

图 4-40　线控转向系统结构示意图

线控转向技术基于传统转向基础，取消了机械中间轴，通过电信号传输驾驶员的转向意图，并作出路面信息反馈，如图 4-41 所示。该技术极大推进了汽车的集成化、轻量化、网联化和智能化，是车辆智能化、无人驾驶系统等新型热门领域发展的关键技术。

图 4-41　转向信号传输

3. 线控转向系统与传统转向系统的主要差异

与传统的转向系统不同，线控转向系统取消了执行器之间的机械连接，完全由电控系统实现转向，可以摆脱执行器之间机械连接下的各种限制，更易于自动驾驶的其他子系统，如感知系统等实现集成，在改善汽车主动安全性能、驾驶操纵以及驾驶员路感方面具有显著优势。

线控转向系统与传统的机械转向系统相比，主要有以下优点。

（1）线控转向系统可以配合自动机驾驶和高级辅助驾驶系统轻易实现主动转向功能。

（2）线控转向系统同时可以获得比 EPS 更快的响应速度，可以高效地滤除多余的路面激震信号。

（3）在车辆发生碰撞时，线控转向系统管柱侵入的可能性降低，驾乘安全性较高，同时由于不需要机械连接，其布置方式更为灵活，还可以使驾驶员腿部获得更大的空间。

4. 线控转向系统的结构与控制策略

1）线控转向系统的结构

线控转向系统的组成主要包含 4 个模块：路感反馈总成、转向执行总成、控制器及相关传感器，控制过程如图 4 - 42 所示。

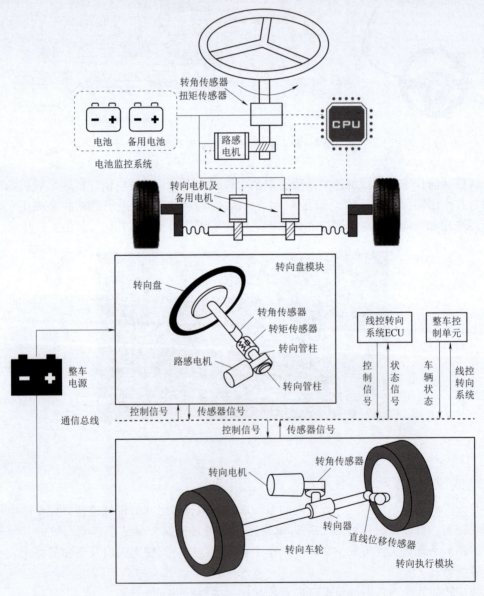

图 4 - 42　线控转向系统控制过程示意图

路感反馈总成主要包括转向盘、电机减速器和角度传感器，功能是驱动电机实现控制模拟路面反馈力矩，对驾驶员施加合适的路感。路感反馈控制策略根据驾驶意图、车辆状况，过滤不必要的多余振动，实时输出路感反馈力矩指令。

路感反馈力矩估计一般有 3 种方法。

（1）传感器测量方法，由于齿条处力矩包含有轮胎力和回正力矩等信息，故测量数据需经滤波才能作为反馈力矩。

（2）参数拟合方法，将反馈力矩设计成与其相关因素的函数形式。

（3）基于动力学模型的方法，依据车辆动态响应、驾驶员转向盘输入等状态，利用车辆动力学模型估算轮胎回正力矩和需要补偿的反馈力矩，进而计算期望的反馈力矩。

第 3 种方法对车辆状态、驾驶风格具有自适应能力，是目前研究的主流，典型的基于动力学模型的路感反馈控制思路如图 4 – 43 所示。按照模块的功能，可以将路感反馈控制策略分为两个层次，上层控制策略计算期望的路感反馈力矩，下层控制策略准确、快速执行该反馈力矩。

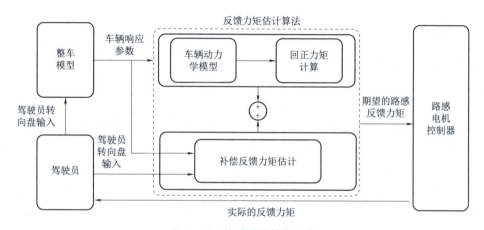

图 4 – 43 路感反馈控制思路

转向执行总成主要由电机、减速器和拉杆等部件组成，其中转向电机一般为永磁同步直流电机。该部分工作原理为驱动转向电机快速、准确地执行控制器给出的转向角指令，实现车辆的转向功能。线控转向执行策略能够依据车辆运动状态，提供良好的操纵稳定性，并实时输出车轮转向角指令。

考虑到系统可靠性，保证车辆在任何工况下均不失去转向能力，线控转向执行控制的冗余防错功能同样至关重要。

2）线控转向系统的控制策略

线控转向系统有两种"冗余"设计方式，用于应对部件失灵造成的特殊状况。

（1）直连。

直连方式是指通过传统的转向管柱将方向盘与转向执行机构连接在一起，基本形态与普通燃油车无异，但在转向管柱与转向执行机构之间有电控多片离合器相连。

正常情况下，多片离合器为断开状态，也就是说，虽然转向管柱仍然存在，但并不起作用。只有当伺服机构发生故障的紧急情况下，离合器才会接通。接通后，通过方向盘与

转向机构（齿轮齿条机构）的刚性连接仍然能够实现转向操作，只是手感会变重一些。率先在量产车上采用线控转向系统的英菲尼迪 Q50 采用的就是这样的冗余方式，如图 4 – 44 所示。

图 4 –44　首次搭载线控转向系统的乘用车——英菲尼迪 Q50

（2）多电机。

多电机方式是指在执行机构处（转向机构）采用多个电机控制来实现冗余度，在方向盘处通过多个传感器布置来实现输入信号的冗余度。

这种冗余方式更先进，但成本非常高，相当于需要制造两套重复的转向机构。但是这种设计完全可以取消转向管柱，从可靠性上甚至可以取消方向盘，实现 4 级以上的自动驾驶级别，也是自动驾驶必需的转向系统配备。这种线控转向系统完全取消了转向管柱设计，但还没有应用在任何一台量产车上。所以，在这种纯 SBW 量产之前，所有宣传的自动驾驶都无法达到 4 级以上（含 4 级）的级别。

线控转向系统的控制策略为根据当前路况、车辆行驶状态及性能要求，提出控制目标，如路径、期望的车辆运动响应、驾乘舒适性等，同时结合约束条件，对难以直接测量的状态或参数进行状态观测和参数辨识，综合控制目标和约束条件等信息计算出期望的车轮转角，交给转向执行电机，如图 4 –45 所示。

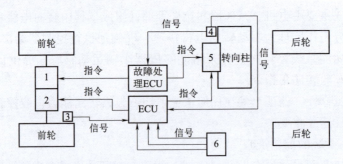

图 4 –45　线控转向系统的"冗余"设计

1—故障处理电机；2—转向执行电机；3—车轮角速传感器；4—转向柱角传感器；
5—回正力矩电机；6—车速传感器、横摆角速度传感器、车身加速度传感器

根据模块各自的功能，可以将线控转向控制器分为两层，上层控制器进行车辆运动状态控制，根据需求计算期望的车轮转角，而下层控制器可以准确、快速地实现车轮转角的

转向执行。

线控转向系统在工作时如果方向盘发生转动，转矩传感器和转向角传感器将测量到的驾驶员转矩和方向盘的转角转变成电信号输入控制器 ECU 中，ECU 依据车速传感器和安装在转向传动机构上的位移传感器信号，来控制转矩反馈电动机的旋转方向，并根据转向力模拟，生成反馈转矩，控制转向电动机的旋转方向、转矩大小和旋转角度，通过机械转向装置控制转向轮的转向位置。

3）线控转向系统的布置形式

根据转向电机的数量、布置位置与控制方式不同，目前线控转向系统的典型布置方式可分 5 类：单电机前轮转向、双电机前轮转向、双电机独立前轮转向、后轮线控转向以及四轮独立转向。每种布置方式都有优缺点，如表 4-3 所示。具体实施时还需要根据不同车辆的具体状况和常用交通流工况来决定布置方式。

表 4-3　典型线控转向系统布置形式的优缺点

布置形式	优点	缺点
单电机前轮转向	系统结构简单，易于布置	单电机故障冗余性欠佳，电机功率较大
双电机前轮转向	转向系统冗余性好	单个电机功率要求较小，但冗余算法复杂，零部件成本增加
双电机独立前轮转向	去掉了转向器部件，提高了控制自由度和空间利用率	没有冗余功能，转向协同控制算法较复杂
后轮线控转向	控制自由度、转向能力都较强	零部件数量较多，结构及控制算法较复杂
四轮独立转向	系统控制自由度最大，转向能力最强	系统结构和控制算法同样复杂，并且系统可靠性较低

小知识

线控转向技术类似于电子游戏手柄的操作原理，就像玩家通过手柄上的摇杆控制游戏中的角色一样，驾驶员通过方向盘控制车辆的转向。而线控转向技术的引入，则相当于在汽车里加了一个更高级、更智能的游戏手柄，通过电子信号实现了驾驶员的转向操作。

4. 挑战与展望

线控转向系统作为车辆控制领域的前沿技术，虽然具有诸多优势和潜力，但也面临着一些挑战。

首先，线控转向系统需要应对复杂多变的路况和驾驶情境，因此需要具备高度可靠性和稳定性。在面对各种极端环境和突发事件时，系统必须能够快速准确地响应，确保车辆的安全性和稳定性。其次，线控转向系统的研发和应用需要解决一系列技术问题，包括传感器技术、控制算法、通信技术等方面的创新和突破。特别是在实现车辆智能化和自动化驾驶的过程中，需要不断优化系统性能，提升控制精度和实时性。最后，线控转向系统的

推广应用还需要克服一些市场和法律法规的限制。相关标准和法规的制定需要与技术发展同步，以确保线控转向系统的安全性和可靠性得到认可和接受。

尽管面临诸多挑战，但线控转向系统具有巨大的发展潜力。未来，线控转向系统的发展将在以下几方面得到进一步的发展。

（1）智能化技术整合。随着人工智能、大数据和物联网等技术的不断发展，线控转向系统将与其他智能化技术进行更紧密的整合，实现更智能、更自动化的车辆控制。通过引入先进的感知技术和智能算法，实现车辆对复杂驾驶场景的自主感知和决策，进一步提升车辆的智能化水平。

（2）实时性与精准度提升。未来的线控转向系统将不断优化控制算法和传感器技术，提升系统的实时性和精准度。通过采用更先进的控制策略和传感器技术，实现对车辆转向动作更精准和实时的控制，为驾驶员提供更安全、更舒适的驾驶体验。

（3）多模式驾驶支持。未来的线控转向系统将支持多种驾驶模式，包括手动驾驶、半自动驾驶和全自动驾驶等模式。通过智能算法和自适应控制策略，实现对不同驾驶模式下转向控制需求的灵活调整，满足不同驾驶场景的需求。

（4）安全性与可靠性提升。未来的线控转向系统将不断强化对系统安全性和可靠性的要求。通过引入先进的故障检测和容错机制，及时发现并处理系统故障，保障车辆的安全性和可靠性。同时，加强系统的数据安全和隐私保护，确保车辆控制系统的安全性和可信度。

（5）适应性与定制化服务。未来的线控转向系统将更加注重个性化和定制化服务。通过智能化技术和用户行为分析，实现对驾驶员驾驶习惯和偏好的识别和适应，为用户提供更加个性化的驾驶体验和服务。同时，结合车辆的实际使用情况和驾驶环境，提供定制化的车辆控制方案和服务，满足不同用户的需求和偏好。

随着智能网联汽车技术的不断进步和普及，线控转向系统将成为车辆控制领域的重要发展方向。未来，随着技术的进一步成熟和应用的推广，线控转向系统有望为车辆驾驶带来更安全、更舒适的智能化体验，为实现智能交通和智慧城市作出重要贡献。

二、线控制动

1. 线控制动系统简介

汽车技术的升级提升了性能，性能提升就要求更安全、稳定、高效的制动，车速的加快造成交通事故增多，对人身安全造成了巨大的威胁，汽车安全、稳定、高效的制动正变得越来越重要。普遍应用的液压制动是非常成熟的技术，随着对制动性能要求的提高，防抱死制动系统、驱动防滑控制系统、电子稳定性控制程序、主动避撞技术等

微课 线控制动技术

功能逐渐融入制动系统中，随着新能源汽车的发展，制动系统的控制装置逐渐电子化，可以更加准确、更高效地实现制动。

1）制动系统发展历程

制动技术经历了从机械制动到压力制动再到电子制动的发展过程。第一个阶段是机械制动，制动能量完全由人体来提供。这个阶段汽车的主要特点是质量小、结构简陋、动力不足、行驶缓慢，因此对制动力要求不高，依靠纯机械式制动系统便足以满足制动要求。

第二个阶段是压力制动，包含液压制动和气压制动，这个阶段的主要特点是汽车质量越来越大，车速越来越快，对制动系统要求越来越高，所以必须借助相关的助力器（如真空助力器）装置，通过制动液或者气体传递制动压力，传统液压助力系统如图4-46所示。

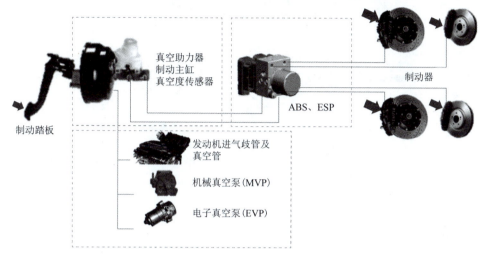

图4-46 传统液压助力系统

随着智能汽车的不断发展和高级驾驶辅助系统的逐渐普及，人们对制动系统提出了新的要求，一方面，既希望制动系统能够实现踏板力和车轮制动力之间的解耦，保持良好的踏板脚感来满足制动能量回收的需求，又希望实现高精度、更快的制动响应速度的汽车四轮制动力独立调节的目标；另一方面，希望制动系统具备主动制动功能，以适应紧急制动等智能辅助驾驶系统的需求。

这就需要发展第三个阶段的制动技术，即线控制动（Brake By Wire，BBW），线控制动是指将原有的制动踏板机械信号通过改装转变为电控信号，通过加速踏板位置传感器接收驾驶员的制动意图，产生制动电控信号并传递给控制系统和执行机构，然后根据一定的算法模拟踩踏感觉反馈给驾驶员，这个阶段的制动系统不仅仅是为了满足制动性能要求，更多的是为了追求高效能、可靠性、集成化等特性。

2）线控制动系统与传统制动系统的对比

汽车制动系统需要对汽车车轮施加一定的力，从而对其进行一定程度的强制制动，智能网联汽车线控制动系统的功能与传统汽车制动系统的功能一样，也是保证能够按照路况等条件进行强制减速直至停车，只是在结构上有所改变，即输入接口（制动踏板）和执行机构（制动执行器）之间是通过线控（电子信号）连接的，它们之间没有直接的液压力或机械连接，如图4-47所示。

线控制动系统在线控底盘技术中是难度最高的，但也是最关键的技术。线控制动系统掌控着自动驾驶的底盘安全性和稳定控制，只有拥有足够好的制动性能（包括响应速度快、平顺性好等），才能为我们的安全提供良好保障。线控制动系统作为未来汽车制动系统的发展方向，不仅解决了传统制动带来的一系列问题，相较于传统制动方式，线控制动技术有着显著优势，大大提高了车辆的安全性和舒适性，线控制动系统的诸多优势使线控

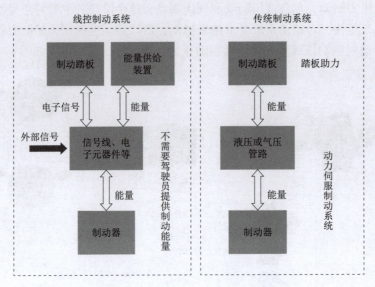

图 4 – 47　线控制动系统与传统制动系统的对比

制动技术将取代传统的以液压为主的制动系统。

　　线控制动系统与传统制动系统相比的最大区别：首先，线控制动系统用电子系统来提供动力源，它以电机为动力源，解决了传统的真空助力器制动系统的真空依赖问题；其次，它引入了电控单元和多种传感器，用电子元件替代传统制动系统中的部分机械元件，即用综合制动模块取代传统制动系统中的助力器、压力调节器和 ABS 模块，使制动系统实现电控化，可作为智能驾驶的关键执行器。同时它保留了成熟的液压部分，可以在电子助力失效时提供备用制动，确保车辆安全。

2. 线控制动系统分类

　　线控制动系统使用 1 个制动踏板传感器来监测踏板的位置。踏板的移动传递给 ECU，ECU 与 4 个直流电动机相连，每个制动盘上都有 1 个直流电动机。根据制动踏板的踩踏情况，ECU 命令电机进行制动。由于这些电机是相互独立的，它们可以对每个轮胎施加不同的压力，这有助于 ABS，牵引力控制系统（TCS），电子稳定控制系统（ESC）等系统通过线控制动执行系统使四轮完成不同的制动任务，如增强、保持或者衰减，从而完成车辆的制动或者稳定性控制。除此之外，还能够使用来自其他传感器的数据，如轮速传感器和横向加速度传感器，获得更加理想的制动效果。

　　由于技术发展程度的局限，目前出现了两种形式的线控制动系统：电子液压制动（EHB）系统和电子机械制动（EMB）系统。线控制动系统将原有的制动踏板用一个模拟发生器替代，用以接收驾驶人的制动意图，产生、传递制动信号给控制和执行机构，并根据一定的算法模拟反馈给驾驶人，但 EHB 和 EMB 在传力路径上又有很大不同，工作原理和特性也有一定的差别。

　　1）电子液压制动系统

　　（1）EHB 系统结构。

　　EHB 系统以传统的液压制动系统为基础，用电子器件取代了一部分机械部件的功能。

与飞机的制动系统类似，制动踏板和制动缸没有任何机械连接，汽车驾驶员的制动动作由踏板上的传感器转化为电子信号，或者由环境感知传感器检测到障碍物，车载计算平台发送制动请求，电子控制单元接收到信号后，命令液压执行机构完成制动操作。EHB 能根据路面的附着情况和转速，为每个车轮分配最合理的制动力度，从而可以更充分地利用车轮和地面之间的摩擦力，使制动距离更短、制动过程更安全。

典型的 EHB 系统由制动踏板传感器、电子控制单元、执行器机构（液压泵、备用阀和制动器）等组成，如图 4 - 48 所示。正常工作时，制动踏板与制动器之间的液压连接断开，备用阀处于关闭状态。制动踏板配有踏板感觉模拟器和电子传感器，ECU 可以通过传感器信号判断驾驶人的制动意图，并通过电动机驱动液压泵进行制动。电子系统发生故障时，备用阀打开，EHB 系统变为传统的液压系统。

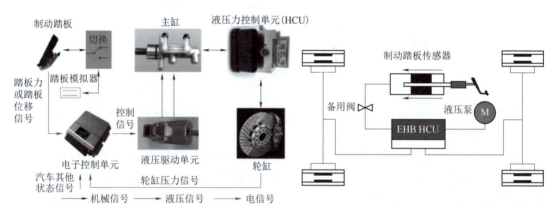

图 4 - 48　EHB 系统结构示意图

电子液压制动系统是在传统的液压制动器基础上发展而来的。它的制动主缸和轮缸未直接连接，由电子元件进行间接连接，且由电子踏板来获取驾驶员制动的意图，是一个先进的机电一体化系统。与传统的液压制动系统相比，EHB 系统有了显著进步，其结构紧凑，改善了制动效能，控制方便可靠，制动噪声显著减小，不需要真空装置，有效减轻了制动踏板的打脚，提供了更好的踏板感觉。

（2）EHB 系统的原理。

驾驶员踩下制动踏板，数据采集系统将踏板行程传感器、踏板力传感器的信息及车辆的行驶状态（方向盘转角、轮速、车速、横摆角速度等）信息采集到 HCU 中进行综合分析和判断，当得知系统需要增压时，HCU 输出脉冲宽度调制（PWM）控制信号，对电磁阀进行控制，使进液阀输入流量增大，出液阀输出流量减小，直到达到所需制动压力；当得知系统需要保压控制时，HCU 通过对电磁阀进行控制，使增压电磁阀和减压电磁阀输出的流量保持不变；当得知系统需要减压时，HCU 使进液阀输入流量减小，出液阀输出流量增大，直到达到所需的制动压力；当某几个高速开关阀控制回路失效时，HCU 将切换成应急控制模式，制动踏板力的液压管路与应急制动管路连通，踏板力直接通过液压管路加载在制动器上，实现制动，如图 4 - 49 所示。

液压控制模块主要包括电机、电机泵、蓄能器、单向阀、溢流阀、4 套结构相同的增/减压电磁阀等。

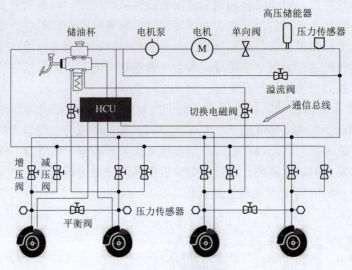

图 4 – 49   EHB 系统原理图

踏板制动模块主要包括制动踏板、踏板力传感器、踏板行程模拟器、主缸、电磁阀、储油杯等。

控制单元接收制动踏板发出的信号、各类车辆状态信号以及反馈信号等并对信号进行综合分析和判断，对进出液电磁阀分别进行调节，通过输入 PWM 控制信号给高速开关阀，从而控制各车轮上的制动压力。

（3）电子液压制动系统的优势。

①由电磁阀控制，实现四轮独立和准确的压力调节，具备快速制动响应的反馈。

②取消繁杂的真空助力装置，结构更简单，便于整车的布置。

③便于集成 TCS、ABS、ESP 相关的辅助制动系统，兼容性强，可达到车联网通信。

④主缸前和后腔出液口有断开的电磁阀，可有效切断主缸和轮缸的关联，完成轮缸和主缸的解耦，达到制动能量回收。

⑤传统的真空助力器在长时间制动工况下，制动性能会衰退，EHB 系统的可靠性高，衰退慢。

⑥配置的踏板模拟器具有良好制动的感觉，达到人力制动和助力制动解耦，可实现主动制动。

⑦具备失效备份功能，在系统故障时可实现制动。

（4）电子液压制动系统的缺点与改进。

EHB 系统主要对传统刹车系统的动力输入端做了改造，后续的液压部分并未更改。这种集中式的刹车系统仍然不能实现单轮制动力的调节，要实现 ESC 等功能，仍然需要引入对应的组件。如果彻底取消刹车踏板与制动轮缸间的机械连接，当电控软件/硬件失效时，则可能无法刹车，酿成事故，因此需要刹车系统备份，一般可以采用 ESC 系统作为系统备份，或者仍然在踏板上保留机械连接的分支，在电子系统失效时接通。EHB 系统中仍然保留了较复杂的液压管路，液压系统放大了制动力，相较于后面要介绍的 EMB 系统，EHB 仍然不算"完全体"的线控系统，因此被视为一种过渡产品。备用系统增加了制动系统的安全性，使车辆在线控制动系统失效时还可以进行制动，但是由于备用系统中仍然包含复杂的制动液传输管路，使 EHB 系统并不完全包含线控制动系统产品的优点。

但 EHB 系统由于具有冗余系统，安全性在用户的可接受性方面更具优势，且此类型产品成熟度高，目前各大供应商都在推行其开发的产品，如博世公司的 iBooster、大陆公司的 MK C1、采埃孚公司的 IBC 等。

2）电子机械制动系统

（1）EMB 系统的结构。

EHB 系统虽然实现了线控制动功能，但是并没有完全移除液压系统。在 EMB 系统中，所有的液压装置，包括主缸、液压管路、助力装置等均被电子机械系统替代，液压盘和鼓式制动器的调节器也被电动机驱动装置取代，是名副其实的线控制动系统。EMB 的结构如图 4 - 50 所示，EMB 系统的 ECU 通过制动踏板传感器信号以及车速等车辆状态信号，驱动和控制执行机构的电动机来产生所需的制动力。

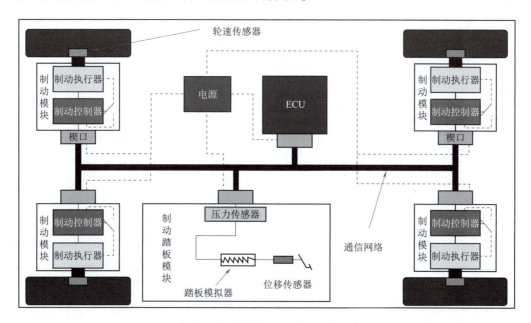

图 4 - 50　EMB 系统的结构示意图

可以看出，EMB 系统真正实现了制动输入与输出之间的解耦，因此更加便于 ADAS/AD 系统输入信号，介入对刹车的控制。EMB 的制动器，可以分为无自增力制动器、有自增力制动器、机电盘式制动器和机电鼓式制动器等。

①电子制动踏板：借助踏板上的传感器，将驾驶员制动意图输入电子控制单元。

②车载电源：电子机械制动系统的能量来源，需输出稳定的电压来驱动电机和保证传感器的能量。

③车载计算机网络：实现制动控制单元和电子控制单元的通信。

④制动力分配单元：电子控制单元 MCU 的组成，可对传感器收集的信息进行合理处理，制定恰当的制动力分配决策，来确保制动时的乘客舒适性和最短的制动距离。

⑤制动力执行单元和制动控制单元：构成完整的制动模块。制动模块是由传感器、制

动控制器、制动执行器等构成的闭环控制系统。

（2）电子机械制动系统的原理。

EMB 执行机构、中央控制器（以电子控制单元为核心）和制动踏板模块（由制动踏板处的踏板位移传感器和踏板力模拟器构成）三个部分共同协同工作。汽车在运行过程中，驾驶员要通过制动踏板实施制动，整个过程中踏板位移传感器感知踏板位置和变化速度等信息，并迅速将所获得的信号传递给制动控制器，控制器根据此信号判断出驾驶员的制动意图，同时综合其他传感器获得的外界和汽车当前所处状态，实时地计算各个车轮所需的最优制动力来驱动电机做出正确动作。EMB 执行机构是将电机的转矩转化为制动垫块与制动盘间的夹紧力，从而实现各车轮的制动，如图 4 - 51 所示。

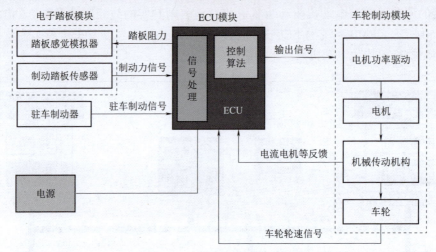

图 4 - 51　电子机械制动系统的控制过程

整个工作过程是驾驶员在进行制动操作，将制动踏板信息传递到行车计算机 ECU，它综合传感器信息，在经过分析和处理计算后，获得此时最佳的目标制动夹紧力，将它传输到制动执行机构。当电子机械制动系统接收到制动信号后，其控制驱动电机迅速进行响应，并由减速增矩和运动转换机构将初始的电机转动转换为螺母最终的平动，推动制动衬块压紧制动盘完成制动的操作，达到车辆的有效制动效果。

综合来看，汽车线控制动系统具备以下优点。首先，线控制动系统的制动踏板与制动执行机构解耦，可以降低部件的复杂性，减少液压与机械控制装置，减少杠杆、轴承等金属连接件，减小质量，降低油耗和制造成本。其次，线控制动系统具有精确的制动力调节能力，是电动汽车摩擦与回馈耦合制动系统的理想选择。最后，基于线控系统，不仅可以实现更高品质的 ABS/ESC/电子驻车制动系统（EPB）等高级安全功能控制，而且可以满足汽车智能系统对自适应巡航、自动紧急制动、自动泊车、无人驾驶等技术的要求。

三、线控悬架

1. 悬架系统的发展

汽车悬架系统是连接车轮和车架的一套传力连接机构的总称，是汽车底盘四大系统（传动、转向、制动和悬架）之一。一套经典的汽

微课　线控悬架技术

车悬架系统主要包括弹性元件、减振器、导向机构和横向稳定器等。但随着车辆技术的不断发展，传统的被动式悬架已无法满足驾乘者对车辆更高的性能和舒适性要求。

市面上最常见的被动式悬架多采用"螺旋弹簧+液压减振器"的结构形式，如图4-52所示。被动式悬架在汽车行驶中无法依据路面状况随时调节悬架的刚度和阻尼，减振阻尼在安装完成的那一刻起就被泄死，不具有可塑性和可造性。如果前期调教偏操控性，舒适性就会欠佳，如果前期调教偏舒适性，操控性能就会欠佳。但其成本低、技术稳定、可靠性高等特点让其成为绝大多数车型的量产选择。

（a）　　　　　　　　　　　　　　　（b）

图4-52　常见的被动式悬架

（a）传统悬架；（b）线控悬架

1980年，BOSE公司通过24年的研究，成功研发了一款电磁主动悬架系统。电控空气悬架开始出现，林肯汽车也是第一个采用可调整的空气悬架系统的汽车。而奔驰采用的MBC悬架系统则是将主动悬架的发展带到了一个新台阶，如今，线控悬架技术的应用已十分广泛。

2. 线控悬架系统的分类

从外力介入程度来看，线控悬架可分为半主动悬架和全主动悬架两类，如图4-53所示。

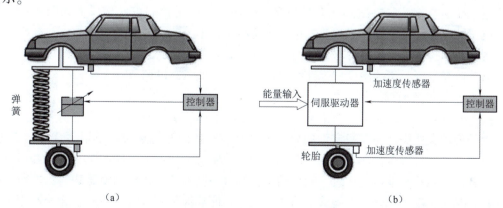

（a）　　　　　　　　　　　　　　　（b）

图4-53　线控悬架

（a）半主动悬架；（b）全主动悬架

半主动悬架主要构成为弹簧和阻尼减振器，弹簧作为主要支撑结构承担车身载荷，阻尼减振器消耗来自路面的冲击能量。其调节过程为反馈调节，不具备前馈调节能力。

全主动悬架配备独立的执行器，可以施加额外的作用力，通过各类传感器将系统工作中各类状态信息提供给控制系统，根据车辆行驶实时工况对悬架的阻尼、刚度、高度和车身姿态等状态参数进行前馈调节和控制。

按照执行机构分类，线控悬架可分为三种类型，如图4-54所示。

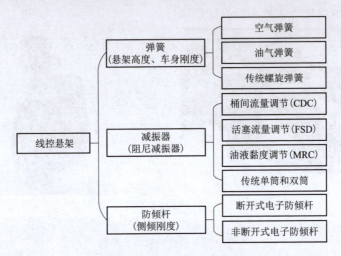

图4-54　线控悬架执行机构分类

悬架系统是如何主动调整减振阻尼的呢？这就需要用到线控技术。当汽车在路面行驶时，传感器将汽车行驶的路面情况（车辆的振动和车速及启动、加速、转向、制动等工况）转变为电信号，输送给电子控制单元，电子控制单元将传感器送入的电信号进行综合处理，输出对悬架的刚度、阻尼及车身刚度进行调节的控制信号。

1）空气悬架

（1）空气悬架结构。

主动式悬架，支持刚度和阻尼同时可调。主动式悬架的典型代表是空气悬架，空气悬架系统主要由空气泵、电磁阀、空气弹簧、减振器和电子控制单元构成，如图4-55所示。电子控制单元分析传感器的数据包括车身高度、车身速度、传感器等数据，输出对悬架的刚度及阻尼大小的控制需求，并通过空气泵和电磁阀来调整空气弹簧气缸里的空气量和压力，改变空气弹簧的硬度和弹性系数，实现车身底盘高度调节。

（2）空气悬架原理。

线控空气悬架可以在不同的工况下，具有不同的弹簧刚度和减振器阻尼力，既能满足平顺性的要求又能满足操纵稳定性的要求。其相较于传统车辆悬架具备很多优势。首先，悬架刚度可调，可改善汽车转弯时出现的侧倾以及制动和加速等引起的车身点头和后座等问题。其次，当汽车载荷变化时，能自动维持车身高度不变。在碰到障碍物时，能瞬时提高底盘和车轮、越过障碍，提高汽车的通过性，还能够抑制制动时的点火，充分利用车轮与地面的附着条件，加速制动过程，缩短制动距离。最后，使车轮与地面保持良好的接触，提高车轮与地面的附着力，增加汽车抵抗侧滑的能力。

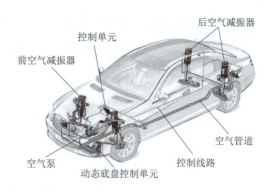

控制单元
前空气减振器
后空气减振器
空气管道
控制线路
空气泵
动态底盘控制单元

图 4 – 55　空气悬架（主动式）结构

尽管线控空气悬架有诸多优点，但其结构也决定了其不可避免的缺点。其结构较为复杂、故障的概率和频率远远高于传统悬挂系统。由于线控悬架要求每一个车轮悬架都有控制单元，得到路面数据后的优化处理算法难度非常大，调节不好就会适得其反。就线控空气悬架而言，用空气作为调整底盘高度的"推进动力"，减振器的密封性要求非常高，若空气减振器出现漏气，则整个系统将处于"瘫痪"状态。如果频繁地调整底盘高度，还有可能造成气泵系统局部过热，会大大缩短气泵的使用寿命。

2）CDC 悬架

（1）CDC（Continuous Damping Control）悬架原理。

CDC 悬架是一种半主动悬架系统，可以提高车辆的行驶舒适性、稳定性和操控性。该系统通过实时监测车辆的悬架运动和路面状况，并根据实时数据调整悬架阻尼，以提供最佳的悬架调节效果。

CDC 悬架系统基于电液控制技术，通过调节悬架阻尼器内的油液流量，实现对悬架硬度的调节。在行驶过程中，悬架系统通过传感器实时监测车辆的运动状态、车速、转向角度等信息，同时还会检测路面的不平度和摩擦系数等参数。根据这些数据，CDC 悬架系统可以精确地调节悬架的阻尼，以适应不同的行驶情况。CDC 悬架系统的阻尼调节是通过悬架系统内部的阻尼器来实现的。悬架阻尼器通常包括液压缓冲器和调节阀两部分，如图 4 – 56 所示。

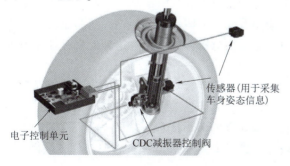
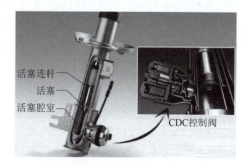

传感器(用于采集车身姿态信息)
电子控制单元
CDC减振器控制阀
活塞连杆
活塞
活塞腔室
CDC控制阀

图 4 – 56　CDC 悬架（半主动式）结构

（2）CDC 悬架主要结构。

①液压缓冲器：悬架系统的核心组件之一，其内部包含了活塞、活塞杆、油液和阻尼

副等部件。当车辆受到外部冲击或悬架运动时，油液通过活塞在液压缓冲器内部流动，从而吸收和分散车辆的振动能量，起到减振和缓冲的作用。

②调节阀：调节阀位于液压缓冲器内部，用于调节油液的流动速度和阻尼力。通过调节调节阀的开度和阻尼副的设计参数，可以实现对阻尼力的调节。当调节阀开度较小时，油液流动受阻，阻尼力增大，悬架硬度也随之增加；相反，当调节阀开度较大时，油液流动畅通，阻尼力减小，悬架硬度降低。

在实际操作中，悬架系统会根据车辆的运动状态和路面情况，通过控制调节阀的开度来调节阻尼力。悬架系统的控制单元根据实时数据和预设的算法调节电磁阀。通过调节阻尼器的阻尼力，悬架系统可以对车辆的硬度和稳定性进行精准调节，以提供最佳的驾驶舒适性和操控性。

3）其他线控悬架

（1）MBC 悬架（"魔毯"悬架）。

MBC 悬架的车用系统，除了核心部件为线控悬架外，还加装了车顶的雷达系统。通过车顶的雷达对前方路面凸凹度进行录入，录入的信息会和当时的车速一同经过悬架控制单元预置算法计算处理，之后 ECU 会对各个悬架的刚度和阻尼比进行调节，即空气弹簧调节刚度、普通悬架调节减振器阻尼比，最终实现车身始终水平的目的。

在 MBC 悬架中，除了存在空气悬架自身缺点外，系统还存在其他的限制，例如，摄像头只能识别路面的凹陷和凸起，像浸满雨水的坑就会被无视；斑马线很有可能被误认为起伏路面。此外，颠簸振动、雨雪大雾天气和迎面射来的灯光都会直接使系统失效。

（2）主动悬架 – 发电减振器（PGSA）。

主动悬架 – 发电减振器完全由线性电动机电磁系统组成电磁减振器。它包含 4 个关键技术：线性电磁感应式电机、功率放大器、控制算法和计算速度。其工作原理：通过独有的功率放大器，每个车轮进行调节的控制信号放大成足以驱动电机的电流，从而驱动电磁式线性电机工作，以使悬架伸展或压缩。

电磁悬架系统独特之处在于不但可以为电机提供电流，而且还可以在整车行驶工况下由电机发电产生电流（每个 PGSA 可产生至少 25 W 的功率，可以为电动车电池进行充电），这就形成了一套电力补偿机制，对于完全依靠电力驱动的电动车来说非常有利，可以较大幅度地增加蓄电池的电量，延长电动车的行驶里程。

当一个轮子压过一个凹坑时，一侧悬架会伸展而另一侧悬架会压缩，这套系统会利用另一侧悬架微小的压缩趋势让电机产生电力，提供给电机伸展悬架。这样的自补偿系统要比常规的调节系统节省大概 1/3 的动力。

虽然线控悬架已有成熟、量产的技术，但由于其前期大量研发费用的投入，以及后期高昂的使用、保养和维护费用等，其成本仍然较高，因此目前多用于高端车型。此外，线控悬架并不是无人驾驶技术中的关键必需且影响安全的核心技术，它只是无人驾驶中锦上添花的一项技术，所以目前其技术发展相较于"线控制动"和"线控转向"比较缓慢。

3. 线控悬架的展望

随着技术的不断迭代，线控悬架技术在以下几方面还会得到更长足的发展。

1）智能化与自适应性增强

未来的线控悬架系统将更加智能化，能够通过更精确的传感器和先进的算法实时感知车辆的运动状态、路面情况和驾驶者的行为，并根据这些信息自动调节悬架硬度和阻尼，以实现最佳的驾驶舒适性和操控性。

2）全面集成与互联功能

线控悬架系统将与车辆的其他智能系统实现更紧密的集成，例如，与车辆动力系统、电子稳定控制系统、自动驾驶系统等相互配合，实现更高效的车辆控制和性能优化。

3）轻量化和节能环保

未来的线控悬架系统将更加注重轻量化设计和能源效率，采用更先进的材料和工艺，以降低系统的质量和能耗，减少对车辆动力系统的额外负荷，从而提高车辆的燃油经济性和环保性。

4）故障诊断与安全性提升

未来的线控悬架系统将具备更强大的故障诊断和安全保护功能，能够及时检测并应对悬架系统的故障和异常情况，保障驾驶者和乘客的行车安全。

线控悬架系统将成为智能网联汽车中不可或缺的关键技术之一，为驾驶者提供更加舒适、安全和便捷的驾驶体验，同时也将推动汽车工业向着智能化、环保化和可持续发展的方向迈进。

项目实施

考查计划组织、团队协作、安全防护、操作规范、诚实守信、绿色环保等职业素养。

一、实施准备

智能网联汽车实车、车型相关技术资料等。

二、实施步骤

1. 任务分组

按照班级学生数量分为若干小组，并明确每人任务。

2. 自主学习

（1）查阅车型相关技术资料，明确车辆基本参数，完成项目工单相关信息的填写。

（2）查阅车型相关技术资料，观察车辆，明确线控转向系统、线控制动系统、线控悬架系统的类型、位置、功能是否正常、性能检测结果、信号传递路线，完成项目工单相关信息的填写。

3. 小组讨论

各小组结合车辆进行讨论，形成汇报成果。

4. 小组汇报

各小组通过角色扮演的方式在车辆上向小组成员介绍线控系统。

5. 5S工作

三、项目工单

任务名称	智能网联汽车线控系统的认知				
姓名		班级		学号	
填写任务记录					
车型					

<table>
<tr><td rowspan="8">线控转向系统</td><td>线控转向系统类型</td><td>□单电机　□双电机</td></tr>
<tr><td>有无冗余设计</td><td>□是　□否</td></tr>
<tr><td>布置位置</td><td>□前　□前后</td></tr>
<tr><td>转向功能是否正常</td><td>□是　□否</td></tr>
<tr><td>转向比例能否调节</td><td>□是　□否</td></tr>
<tr><td>是否有转向延迟</td><td>□是　□否</td></tr>
<tr><td>现场检测结论</td><td></td></tr>
<tr><td>相关问题记录</td><td></td></tr>
<tr><td rowspan="7">线控制动系统</td><td>线控制动类型</td><td>□EHB　□EMB</td></tr>
<tr><td>有无冗余设计</td><td>□是　□否</td></tr>
<tr><td>布置位置</td><td></td></tr>
<tr><td>制动力度是否正常</td><td>□能　□否</td></tr>
<tr><td>是否有制动延迟</td><td>□是　□否</td></tr>
<tr><td>现场检测结论</td><td></td></tr>
<tr><td>相关问题记录</td><td></td></tr>
<tr><td rowspan="7">线控悬架系统</td><td>线控悬架类型</td><td>□空气　□CDC　□MRC　□MGC　□PSGA</td></tr>
<tr><td>能否调节高度</td><td>□能　□否</td></tr>
<tr><td>能否调节刚度</td><td>□能　□否</td></tr>
<tr><td>能否调节阻尼</td><td>□能　□否</td></tr>
<tr><td>能否动态实时调节</td><td>□能　□否</td></tr>
<tr><td>现场检测结论</td><td></td></tr>
<tr><td>相关问题记录</td><td></td></tr>
<tr><td colspan="3">绘制三个系统控制信号传递简图，并标注出相关功能传感器所处位置</td></tr>
<tr><td colspan="3" style="height:200px"></td></tr>
</table>

项目评价

各小组汇报完成后，完成小组自评、小组互评、教师评价，并将结果填入表中。

评价项目	评价标准	小组评价（占50%）	教师评价（占50%）
知识准备（20分）	熟悉智能决策及控制执行系统的原理及应用		
	熟悉车辆线控技术的原理及应用		
知识拓展（10分）	会结合实车举例说明智能决策系统、控制执行系统、线控技术的应用，养成自主学习的习惯，具备资料收集和处理的能力		
项目实施（40分）	能够明确线控转向系统类型、安装位置、功能是否正常、性能检测结果		
	能够明确线控制动系统类型、安装位置、功能是否正常、性能检测结果		
	能够明确线控悬架系统类型、安装位置、功能是否正常、性能检测结果		
	能够明确三个系统控制的信号传递路线		
综合表现（30分）	任务汇报：能正确填写工单且汇报思路清晰，能准确表达，总结到位，具有创新意识		
	工作态度：能与小组成员和同学合作交流、协调工作，认真严谨、积极主动、安全生产、绿色环保		
	5S管理：操作规范，完成竣工检验、现场恢复		
合计			
总评分			
教师评语			
		日期： 年 月 日	

项目小结

本项目主要介绍了智能决策系统、控制执行系统以及车辆线控技术。通过学习智能车辆的自主决策原理和方法，掌握车辆控制的基本概念和方法，并了解车辆线控技术的原理和应用，建立起对智能车辆技术基本理论和方法的进一步理解，更好地了解智能网联汽车未来的发展趋势。

拓展阅读

比亚迪云辇线控悬架技术

党的二十大报告提出，坚持创新在我国现代化建设全局中的核心地位，加快实现高水平科技自立自强，加快建设科技强国。比亚迪云辇的诞生，改写了车身控制技术依靠国外的历史，填补了国内的技术空白，实现了从0到1的突破，为"中国智造"书写了新的篇章，比亚迪云辇智能车身控制系统的推出，不仅标志着比亚迪在技术创新领域的重大突破，也代表了中国新能源汽车行业在全球范围内的领先地位。

作为全球首个新能源专属智能车身控制系统，云辇自发布以来一直备受关注，如今云辇系统已经逐渐搭载在比亚迪旗下多款车型上。云辇产品矩阵目前包含云辇－C、云辇－A、云辇－P等产品，能够从舒适、操控、安全、越野等多个方面大幅提升我们的驾乘体验。

首先是云辇－C，原理上它通过电磁减振器，实时监测路面的颠簸情况来调整悬架油液的软硬。也可以手动选择舒适或者运动来实现平顺的驾驶感受，以及更为出色的驾控表现。

如搭载云辇－C的腾势N8、汉DM－p战神版，它的硬件原理是通过CDC主动减振器，对路面的反馈情况作出及时的软硬应对。像经常行驶的沥青、水泥铺装路面，它的悬架系统就会主动提升车辆的支撑性，以达到车身的稳态。对于一些连续颠簸、碎石路段，当车辆识别之后，它会整体地把悬架调节得更软，让驾驶乘坐感受变得更软、更舒适。

运动与舒适完美兼容，云辇－A塑造奢适新标杆

如果说云辇－C舒适性取向多一些，那么云辇－A的运动取向和舒适取向就更加全能，它可以结合车头的双目摄像头，实时探测车前5~15 m的路况，然后主动预判把悬架调软或者调硬来应对即将到来的路况。

无论云辇－C、云辇－A、云辇－P，悬架都不只是底盘空气悬架，而是一整套线控系统，会结合驾驶模式、转向以及前后双电机四轮的扭矩矢量控制，达到一个最佳的综合驾驶形态。

云辇－A搭载的智能舒适控制技术（iCCT），可以做到更强的抗俯仰能力，有效抑制车辆抬头、点头，极大程度减轻乘坐人员的不适感。在车辆侧倾控制上，能通过智能矢量控制技术（iCVC）把悬架、制动和驱动融合。即使面对高难度的连续山路弯道，操控起来也能得心应手。

有了这套系统，在舒适模式下，可以使乘员乘坐舒适度更高，整个底盘滤振感会更好；在运动模式下，它的支撑性会更稳，一方面可以带来更强的驾驶感受，另一方面也能提升驾驶安全性，云辇－A在豪华驾乘与有趣操控之间实现了完美融合。

越野无门槛，云辇－P带来颠覆性体验

云辇－P智能液压车身控制系统，是整个云辇产品矩阵中旗舰级的产品。方程豹5、仰望U8都搭载了云辇－P的版本。这套系统集成了机械、液压、电控三项核心技术，充

分满足了用户的越野需求。

它可以主动根据地形调整车身的稳定姿态，像地面崎岖、高度不平的情况，云辇－P会自动调整悬架高度，主动调平车辆，在户外露营的时候，车上的帐篷以及车内的设备都能够更加平整，这算是云辇－P的一大黑科技。

在云辇－P的加持下，仰望 U8 和方程豹5 不仅能实现超长的悬架调节行程，还有"隐藏功能"，即超高超低模式，越野时升高悬架，有极强的通过性，城市道路中又能降低悬架而从容应对，因此即使是仰望 U8 这样的庞然巨物，也能做到在极端越野路况下"托不了底"，在城市限高地库中"碰不到头"。

同时，这套以电四驱为主的混动架构，让仰望 U8 有了和绝大多数硬派越野车完全不一样的性格。这套云辇－P智能液压车身控制系统，可以说极大降低了越野门槛，让新手也可以轻松越野，为驾乘者带来了前所未有的体验。今后，云辇－P应该会大量用于比亚迪旗下的越野车型中。

面向未来的云辇－X

未来比亚迪还将推出代表全球车身控制系统最高水平的云辇－X，之前在发布会上，比亚迪就已经通过仰望 U9"跳舞"、三轮行驶等功能展示过云辇－X的强大之处。

而最近保时捷第三代帕拉梅拉的全新液压主动悬架系统（Porsche Active Ride）同样以"跳舞"的形式赚足了眼球。与保时捷不同的是，比亚迪云辇－X通过创新的新能源架构，在系统设计思路和可实现的功能上都要更加领先。这也证明了比亚迪在车身控制领域已经走在了行业前列，并将以前瞻性技术布局持续引领行业的发展方向。

云辇从整车垂直方向系统化控制出发，实现了整车的升维安全。一方面它能够通过抑制车身姿态变化，极大降低车辆侧翻风险；另一方面云辇系统可以在雪地、泥地、水域等复杂路况下，通过6自由度的融合控制，时刻调整车身姿态。云辇系统既能有效保护乘员安全，又能有效保护车身，云辇技术给整车带来了升维的安全能力，真正实现了对人和车的双重保护。

巩固提高

一、选择题（共 25 分，每题 5 分）

1. 智能决策系统的核心功能是（　　）。

A. 数据收集和存储　　　　　　　　　　B. 数据分析和处理

C. 数据展示和可视化　　　　　　　　　D. 数据删除和清理

2. 在控制系统中，开环控制系统和闭环控制系统的区别是（　　）。

A. 开环无反馈，闭环利用反馈　　　　　B. 开环简单，无须传感器

C. 闭环响应快，实时调节输入　　　　　D. 开环稳定，不受外部影响

3. 下列哪个选项描述了线控转向信号传递的正确方式？（　　）

A. 机械连接方式　　B. 液压信号传输　　C. 电信号传输　　D. 机械传动装置

4. 在 PID 控制中，哪个参数用于调节控制系统的灵敏度？（　　）

A. 比例系数　　　　B. 积分时间　　　　C. 微分时间　　　　D. 闭环系数

5. 主动悬架系统的主要目的是（　　　）。

A. 提高车辆的最高速度　　　　　　　　B. 改善车辆的悬架舒适性

C. 增加车辆的载重能力　　　　　　　　D. 减少车辆的油耗

二、判断题（共 25 分，每题 5 分）

1. 线控制动系统主要用于调节车辆的加速性能。　　　　　　　　（　　）

2. 智能决策系统通常包括路径规划和跟踪功能。　　　　　　　　（　　）

3. 线控悬架系统可通过调节悬架硬度来改善车辆的行驶稳定性。　（　　）

4. PID 控制器是一种基于概率的控制方法。　　　　　　　　　　（　　）

5. 车辆线控制动系统用于调节车辆的刹车性能。　　　　　　　　（　　）

三、分析题（共 50 分，每题 10 分）

1. 请简要描述智能决策系统的概念和其在智能网联汽车中的重要性。

2. 解释路径规划在智能网联汽车中的作用以及其实现原理。

3. 解释控制系统的基本概念，并举例说明其在智能汽车中的应用。

4. 为什么实现高阶的自动驾驶一定要发展线控技术？结合国家发展和改革委员会等十一部委联合印发的《智能汽车创新发展战略》，谈谈你对线控系统发展的看法。

5. 什么是线控转向系统？其相对于传统的制动控制方式有何优势？

项目五

网络与通信技术

项目引入

车联网（智能网联汽车）产业是汽车、电子、信息通信、道路交通运输等行业深度融合的新兴产业形态。发展车联网产业，有利于提升汽车网联化、智能化水平，实现自动驾驶，发展智能交通，促进信息消费，对我国推进供给侧结构性改革、推动制造强国和网络强国建设、实现高质量发展具有重要意义。

智能网联汽车网络与通信技术作为智能网联的血液，依托通信及互联网技术，以有线与无线通信的方式将动力域、底盘域、座舱域、驾驶域以及车身域相联结，推动智能座舱与智能驾驶的服务功能向更加多样化的趋势发展。目前智能网联汽车上都采用了哪些网络和通信技术？这些网络和通信技术有什么特点？它们都支持哪些功能？这些都是客户比较关注的问题。本项目学习网络与通信技术的类型、特点和应用。

项目描述

随着汽车智能化程度提升，智能座舱、智能网联、智能驾驶等方面功能体验日益丰富，车辆、交通基础设施、交通参与者、交通管理者及交通服务商之间的实时通信需求不断提升，网络与通信技术在智能网联汽车上的应用日益广泛。客户在购买或使用智能网联汽车时，非常关注车辆的网络与通信技术，请你针对某一款智能网联汽车，向客户介绍其网络系统及通信系统，并在学习小组或班上进行成果汇报。

项目目标

知识目标

1. 了解智能网联汽车网络的组成及特点;
2. 掌握 CAN 总线、LIN 总线、MOST 总线、FlexRay 总线、车载以太网的定义及特点;
3. 了解 CAN 总线、LIN 总线、MOST 总线、FlexRay 总线、车载以太网的应用;
4. 掌握 V2X 通信、C–V2X 协同通信、专用短程通信（DSRC）的定义及特点;
5. 了解 V2X 通信、C–V2X 协同通信、DSRC 的应用。

能力目标

1. 能区别 CAN 总线、LIN 总线、MOST 总线、FlexRay 总线、车载以太网;
2. 能识别 CAN 总线、LIN 总线、MOST 总线、FlexRay 总线、车载以太网;
3. 能绘制整车车载网络拓扑图;
4. 能识别 V2V 通信、V2I 通信、移动通信等通信系统;
5. 能结合实际车型说明无线通信的应用。

素质目标

1. 通过学习 CAN 总线、LIN 总线、MOST 总线等车载网络的发展与应用，培养学生的科学精神、奋斗精神和开拓创新精神;
2. 通过学习车载以太网的应用，培养学生的批判性思维，认识到凡事具有两面性，学会一分为二地看待问题;
3. 通过学习华为自主创新开发的星闪技术，培养学生的创新意识;
4. 通过学习 C–V2X 的发展，激发学生科技报国的家国情怀和使命担当。

知识链接

单元一 智能网联汽车网络技术

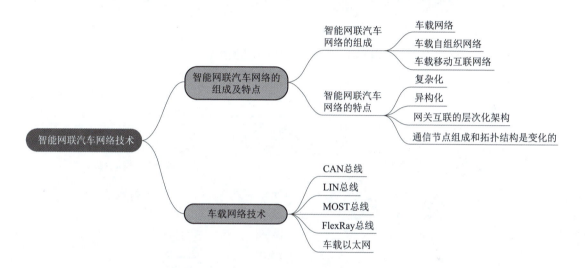

一、智能网联汽车网络的组成及特点

1. 智能网联汽车网络的组成

随着汽车电动化、智能化、网联化的发展，汽车上的传感器越来越多，而且汽车上的传感器和道路基础设施上的传感器也要互联互通，这样智能网联汽车就会变成一个庞大的网络系统。

微课 智能网联汽车
网络的构成及特点

智能网联汽车网络主要包括以车内总线通信为基础的车载网络、以短距离无线通信为基础的车载自组织网络、以远距离无线通信为基础的车载移动互联网络三种，如图 5-1 所示。

1）车载网络

车载网络是指早期的汽车内部传感器、控制器和执行器之间的通信用点对点的连线方式连成复杂的网状结构。

典型的车载网络类型包括 CAN 总线、LIN 总线、FlexRay 总线、MOST 总线和车载以太网等总线技术，如图 5-2 所示。

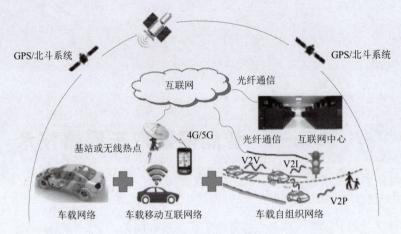

图 5-1　智能网联汽车网络的组成

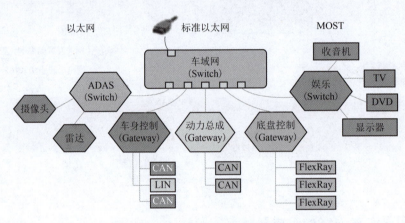

图 5-2　车载网络总线技术

小知识

　　在汽车的各种电子控制系统中，由于各系统的实时通信要求不同，常规的车载网络结构使用不同速度的总线连接不同类型的节点，并使用网关服务器实现车辆信息共享和网络管理。

　　为了方便研究和设计应用，根据系统的复杂程度、传输流量、传输速度、传输可靠性和动作响应时间等参量，美国汽车工程师学会将车载网络划分为 5 种类型，分别为 A 类低速网络、B 类中速网络、C 类高速网络、D 类多媒体网络和 E 类安全应用网络。

　　A 类低速网络：传输速率一般小于 10 kbit/s，主流协议是 LIN，主要用于电动门窗、电动座椅和照明系统等。

　　B 类中速网络：传输速率在 10～125 kbit/s，对实时性要求不太高，主要面向独立模块之间数据共享的中速网络。主流协议是低速 CAN，主要用于故障诊断、空调和仪表显示。

　　C 类高速网络：传输速率在 125～1 000 kbit/s，对实时性要求高，主要面向高速、实时闭环控制的多路传输网。主流协议是高速 CAN、FlexRay 等，主要用于发动机控制、

ABS、ASR、ESP 和悬架控制等。

D 类多媒体网络：传输速率在 250 kbit/s～100 Mbit/s，网络协议主要有 MOST、以太网、蓝牙、紫蜂（ZigBee）技术等，主要用于对传输效率较高的多媒体系统和导航系统等。

E 类安全应用网络：传输速率为 10 Mbit/s，主要面向汽车安全系统的网络。

2）车载自组织网络

车载自组织网络是一种基于短距离无线通信技术自主构建的无线通信网络，能使车辆具有行驶环境感知、危险辨识、智能控制等功能。随着无线通信技术与交通业联系的日益密切，车载自组织网络得到了大力发展。

车载自组织网络结构主要包括 V2V 通信、V2I 通信和 V2P 通信。V2V 通信是通过 GPS 定位辅助建立无线多跳连接，从而能够进行暂时的数据通信，提供行车信息、行车安全等服务；V2I 通信能够通过接入互联网获得更丰富的信息与服务；V2P 通信的研究刚刚起步，目前主要通过智能手机中的特种芯片提供行人和交通状况。

车载自组织网络的应用场景主要包括碰撞预警、避免交通拥堵、紧急制动警告、并线警告和交叉路口违规警告等。随着车载自组织网络技术的发展，其应用越来越广泛，主要涉及安全、驾驶、公共服务、商用、娱乐等。

3）车载移动互联网络

车载移动互联网络是基于远距离通信技术构建的车辆与互联网之间连接的网络，实现车辆信息与各种服务信息在车载移动互联网上的传输，使智能网联汽车用户能够开展商务办公、信息娱乐服务等。车载移动互联网是先通过短距离通信技术在车内建立无线个域网或无线局域网，再通过 4G/5G 技术与互联网连接，如图 5-3 所示。

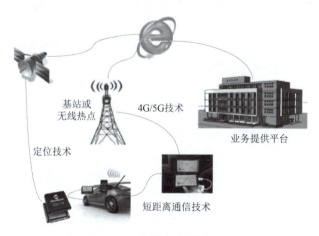

图 5-3 车载移动互联网络

车载移动互联网的典型应用就是车联网。车联网是指利用物联网、无线通信、卫星定位、云计算和语音识别等技术，实现智能信号控制、实时交通诱导、交通秩序管理和交通信息服务等一系列交通管理与服务应用，最终达到交通安全、行车高效、驾驶舒适和节能环保等目标。

交流与思考

　　车联网产业是汽车、电子、信息通信和道路交通运输等行业深度融合的新兴产业形态。发展车联网产业，有利于提升汽车网联化、智能化水平，实现自动驾驶、发展智能交通、促进信息消费，对我国推进供给侧结构性改革、推动制造强国和网络强国建设、实现高质量发展具有重要意义。

2. 智能网联汽车网络的特点

智能网联汽车网络主要有以下特点。

1）复杂化

智能网联汽车电控系统的网络体系结构复杂，它包含数百个 ECU 通信节点，ECU 被划分到十几个不同的网络子系统中，由 ECU 产生的需要进行通信的信号个数多达数千个。

2）异构化

为满足各个功能子系统对网络带宽、实时性、可靠性和安全性的不同需求，CAN、LIN、FlexRay、MOST、以太网、自组织网络和移动互联网等多种网络技术都将在智能网联汽车上得到应用。因此，不同网络子系统中所采用的网络技术之间存在很大程度的异构性。

3）网关互联的层次化架构

智能网联汽车电控系统和先进驾驶辅助系统的网络体系结构具有层次化特点，它同时包括同一网络子系统内不同 ECU 之间的通信、两个或多个网络子系统所包含的 ECU 之间的跨网关通信等多种情况。例如，防碰撞系统功能的实现依赖于安全子系统、底盘控制子系统、车身子系统，以及 V2V、V2I、V2P 之间的交互和协同控制。

4）通信节点组成和拓扑结构是变化的

智能网联汽车需要实现 V2V、V2I、V2P 之间的通信，它的网络体系结构中包含的通信节点和体系结构的拓扑结构是变化的。

二、车载网络技术

1. CAN 总线

1）定义

控制器局域网络（Controller Area Network，CAN），是 ISO 国际标准化的串行通信协议，它利用计算机网络技术，将车载控制单元通过车载网络连接起来，实现数据信息的高效传输。CAN 总线由以研发和生产汽车电子产品著称的德国博世公司于 1985 年开发，并最终成为国

微课　CAN 总线

际标准，是国际上应用最广泛的总线技术之一，它的数据信息传输速率最大为 1 Mbit/s，属于中速网络，通信距离（不需要中继）最远可达 10 km，是汽车 B 类和 C 类网络的主流总线。

2）总体构成

CAN 总线网络的结构有闭环和开环两种形式。闭环结构如图 5-4 所示，主要由电子控制单元、CAN 数据总线及终端电阻组成。每块电子控制单元的内部包含一个 CAN 控制

器和一个 CAN 收发器。总线两端各连接一个 120 Ω 的电阻，两根信号线形成回路。这种 CAN 总线网络由 ISO 11898 标准定义，是高速、短距离的 CAN 网络，又称高速 CAN 总线，通信速率为 125 kbit/s～1 Mbit/s。

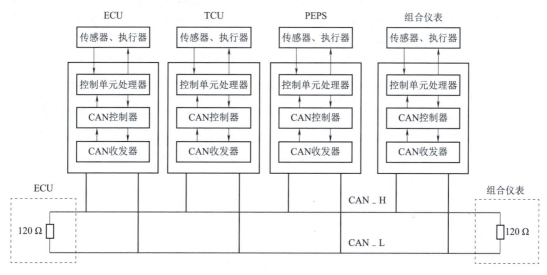

图 5-4　CAN 总线网络的闭环结构

　　CAN 控制器接收控制单元中微处理器发出的数据，处理数据并传送给 CAN 收发器。同时也接收收发器收到的数据，处理数据并传给微处理器。

　　CAN 收发器将 CAN 控制器提供的数据转化成电信号并通过数据总线发送出，同时，接收总线数据，并将数据传给 CAN 控制器。

　　CAN 数据总线是用于传输数据的双向串行总线，通常采用具有较强抗干扰能力的双绞线，分为 CAN 高位线和 CAN 低位线，可以双向传递数据，可以防止电磁干扰对传输信息的影响，也可以防止本身对外界的干扰，如图 5-5 所示。

图 5-5　CAN 数据总线

　　终端电阻又称数据传输终端，避免数据传输结束时反射回来产生反射波而使数据遭到破坏。

　　开环结构的 CAN 总线网络，两根信号线独立，其余结构与高速 CAN 类似，这种 CAN 总线网络由 ISO 11898 标准定义，是低速、远距离的 CAN 网络，又称低速 CAN 总线，通信速率最高 125 kbit/s。

  3）特点

  CAN 总线媒体访问方式为位仲裁，是一种多主总线、为事件触发的实时通信网络。具有以下几大特点。

图片 CAN 总线数据帧的格式

  （1）多主控制。

  多主控制是指在总线空闲时，所有的单元都可开始发送消息。最先访问总线的单元可获得发送权（CSMA/CA 方式，即带有冲突避免的载波侦听多路访问方式），多个单元同时开始发送时，发送高优先级 ID（标识符）消息的单元可获得发送权。

  （2）消息的发送。

  在 CAN 协议中，所有的消息都以固定的格式发送。总线空闲时，所有与总线相连的单元都可以开始发送新消息。两个以上的单元同时开始发送消息时，根据 ID 决定优先级。ID 并不是表示发送的目的地址，而是表示访问总线的消息的优先级。两个以上的单元同时开始发送消息时，对各消息 ID 的每个位进行逐个仲裁比较。仲裁获胜（被判定为优先级最高）的单元可继续发送消息，仲裁失败的单元则立刻停止发送消息而进行接收工作。

  （3）系统的柔软性。

  与总线相连的单元没有类似于"地址"的信息。因此在总线上增加单元时，连接在总线上的其他单元的软硬件及应用层都不需要改变。

  （4）高速度和远距离。

  当通信距离小于 40 m 时，CAN 总线的传输速率可以达到 1 Mbit/s。通信速度与其通信距离成反比，当其通信距离达到 10 km 时，其传输速率仍可以达到约 5 kbit/s。

  （5）远程数据请求。

  所有的单元可通过发送"遥控帧"请求其他单元发送数据。

  （6）错误检测功能/错误通知功能/错误恢复功能。

  所有的单元都可以检测错误（错误检测功能）。检测出错误的单元会立即同时通知其他所有单元（错误通知功能）。正在发送消息的单元一旦检测出错误，会强制结束当前的发送。强制结束发送的单元会不断反复地重新发送此消息直到成功发送为止（错误恢复功能）。

  （7）故障封闭。

  CAN 可以判断出错误的类型是总线上暂时的数据错误（如外部噪声等）还是持续的数据错误（如单元内部故障、驱动器故障、断线等）。当总线上发生持续数据错误时，可将引起此故障的单元从总线上隔离出去。

（8）连接。

CAN 总线是可同时连接多个单元的总线。可连接的单元总数理论上是没有限制的，但实际上受总线上时间延迟及电气负载限制。降低通信速度，可连接的单元数增加；提高通信速度，则可连接的单元数减少。

4）应用

CAN 总线在车辆的各个领域有着广泛应用，包括货车、客车、火车、缆车、叉车和许多其他车辆。传统内燃机汽车中，高速 CAN 总线主要连接发动机控制单元、ABS 控制单元、安全气囊控制单元及组合仪表等这些与汽车行驶直接相关的系统。这些系统由于信息传递量较大而且对信息传递速度有很高的要求，因此需要高速 CAN 总线来满足其信息传递的需要。低速 CAN 总线主要连接中控锁、电动门窗、后视镜、车内照明灯等对数据传输速率要求不高的车身舒适系统。CAN 总线在汽车上的应用实例如图 5 – 6 所示。

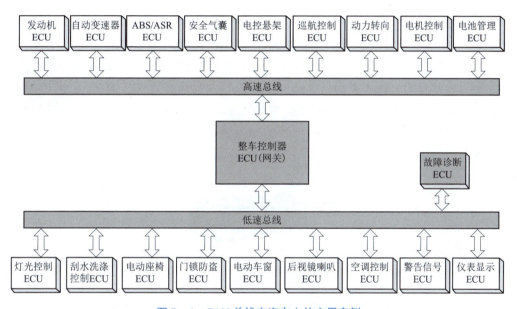

图 5 – 6　CAN 总线在汽车上的应用实例

近几年发展迅速的新能源车，使用 CAN 总线进行连接的电子模块也逐渐增多，其中包括电池管理、电机控制、智能钥匙、中控屏等。特别在新能源车的测试中，CAN 总线数据可以帮助工程师更准确地了解在不同工况下车内各个部件的运行情况，极大节省了工程师的时间。

在汽车智能网联时代，ADAS 的普及不仅让汽车集成了更多的传感器，车载摄像头以及娱乐系统对车载网络的带宽和延迟时间也提出了更高的要求，为了更好地适应车上总线数据越来越多以及绿色节能的需求，很多车厂已经开始使用 CAN FD 和 CAN PN。与 CAN 总线相比，CAN FD 在传输速率和每帧的数据量上面都有很大的提高，同时 CAN FD 从物理设计上与 CAN 又比较接近，所以对于很多车厂而言其更新起来会相对比较容易。CAN PN 则是为了降低整车功耗，避免 ECU 在低功耗模式下被频繁唤

文档　CAN FD 简介

醒而推出的设计。

> **交流与思考**
>
> 　　随着电动汽车、无人驾驶汽车技术的快速发展，以及对于汽车高级驾驶辅助系统和人机交互需求的增加，传统的 CAN 总线传输速率和带宽等方面无法适应新时代的发展和需求，于是升级版的 CAN 总线——CAN FD 应运而生，CAN 总线焕发出新的生机。在现代社会中，时代在不断发展变化，社会在不断前进，我们必须与时俱进，不断学习，更新自己的思想和观念，才能够引领变革、进步和发展。面对困境、挑战和不断变化的环境，唯有与时俱进才能够提高竞争力、应对变化、掌握机遇，实现更好的发展。

2. LIN 总线

1）定义

　　局域互联网络（Local Interconnect Network，LIN），是一种低成本的串行通信网络，用于实现汽车中的分布式电子系统控制，如图 5 – 7 所示，是目前常见的一种 A 类网络协议，与 CAN 以及其他 B 类或 C 类网络比较，它的传输速率低、结构简单、价格低廉。LIN 总线的数据传输速率为 20 kbit/s，属于低速网络，媒体访问方式为单主多从，是一种辅助总线，辅助 CAN 总线工作。

微课　LIN 总线

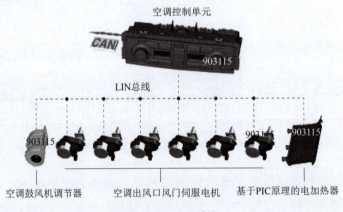

图 5 – 7　LIN 总线

2）总体构成

　　LIN 总线为单线总线。由于物理层限制，LIN 总线系统一般包括三部分：主节点（也称主控制单元）、从节点（也称从控制单元）和单根导线。一个 LIN 总线系统最多可连接 16 个节点，通常不超过 12 个，且主节点有且仅有一个，即单主多从的结构。所有的网络节点都包含一个从任务，提供通过 LIN 总线传输的数据，主节点除了包含从任务外还包含一个主任务，负责启动网络中的通信。LIN 总线系统结构如图 5 – 8 所示。

　　（1）主节点。

　　主节点的功能包括以下几方面。

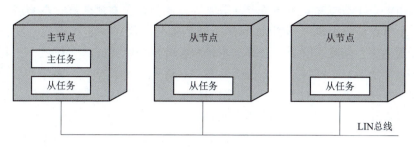

图 5-8 LIN 总线系统结构

①监控数据传输过程和数据传输速率，发送信息标题。

②LIN 主节点的软件内已经设定了一个周期，该周期用于决定何时将哪些信息发送到 LIN 数据总线上以及发送多少次。

③LIN 主节点在 LIN 数据总线系统的 LIN 节点与 CAN 总线之间起"翻译"作用，它是 LIN 总线系统中唯一与 CAN 数据总线相连的控制单元。

④LIN 主节点进行与相连 LIN 从节点间的自诊断。

（2）从节点。

从节点的功能包括以下几方面。

①接收、传递或忽略与从主系统接收到的信息标题相关的数据。

②可以通过一个"唤醒"信号唤醒主系统。

③检查接收/发送数据的总量。

④只能按照主系统的要求与其他子系统进行数据交换。

> **小知识**
>
> LIN 总线采用单线 12 V 传输，数据线最长可达 40 m。LIN 总线的信息中包含两部分：一部分是由 LIN 主节点发送的信息标题；另一部分是由 LIN 主节点或 LIN 从节点发送的信息内容。所有连接在 LIN 总线上的节点都可以收到发送的信息。

3）特点

LIN 总线主要有以下特点。

（1）采用单主多从的组网方式，无 CAN 总线那样的仲裁机制，最多可连接 16 个节点（1 主 15 从）。

（2）对硬件要求简单，辅以简单驱动程序便可实现 LIN 协议，所以几乎所有的 MCU 均支持 LIN。

（3）不需要单独的晶振，便能完成主、从节点的同步，硬件成本大幅降低。

（4）仅使用一根信号线便可完成信息的传输，即所谓的单总线设备。

（5）传输速率最高可达 20 kbit/s，符合 A 类网络标准，满足车身控制需要。

（6）LIN 网络中新节点的加入，对网络中其他原有节点的软硬件设计不会造成影响。

4）应用

典型的 LIN 总线应用是汽车的联合装配单元控制，如车门、方向盘、座椅、空调、照明灯、温度传感器和交流发电机等。图 5-9 所示为 LIN 总线在车灯控制系统中的应用。

该网络结构由 1 个主节点和 4 个从节点（分别为左侧前灯、右侧前灯、左侧后灯和右侧后灯）构成。主节点接收来自传感器和 CAN 总线的信号，经过一定处理后，发送不同报文帧头，以实现白天、傍晚、晚上、会车、左转和右转各个模式或组合模式下，各从节点车灯的状态控制。从节点 1 和从节点 2 包括远光灯、近光灯和侧向灯，从节点 3 和从节点 4 包括尾灯和驻车灯。此外，对于主节点发出的报文帧，如果从节点没有响应，则主节点上的报错指示灯点亮，并可以显示出是哪个从节点发生了故障。

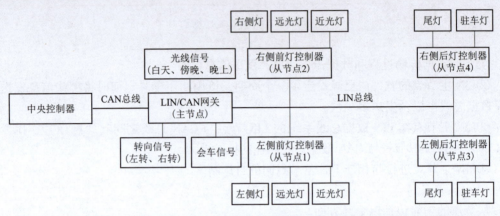

图 5 - 9　LIN 总线在车灯控制系统中的应用

3. MOST 总线

1）定义

面向多媒体的系统传输（Media Oriented System Transport，MOST）总线，是一种专门针对车内使用而开发的、服务于多媒体应用的数据总线技术。自从 2001 年宝马 7 系列汽车首次采用 MOST 技术以来，该技术的普及速度突飞猛进。MOST 总线可连接汽车音响系统、车载电视、高保真音频放大器、车载电话等模块，其传输速率高达 25 Mbit/s，而且没有电磁干扰，主要通过光纤进行信号传递。最多可以同时传送 15 个频道的 CD 质量的非压缩音频数据，最多可以连接 64 个节点。

微课　MOST 总线

2）总体构成

MOST 总线利用光脉冲传输数据，采用环形结构，如图 5 - 10 所示，MOST 总线中控制单元通过一根光导纤维沿环形方向将数据传送至环形结构中的下一个控制单元，这个过程一直持续到数据返回至最初传送数据的控制单元为止，由此，形成了一个闭合的环路。在这个环路中只能朝着一个方向传输数据。如果 MOST 网络中的某个控制模块停止工作并且不能继续传递光波，或者如果光纤电缆上有开路，整个 MOST 网络将停止工作，这样所有在 MOST 网络上的控制模块也将停止工作。在增加控制模块时，MOST 网络的连线会增加并且信号路线可能会改变，这是因为使用了转换器布线以连接新的控制模块。

各个控制单元之间通过光导纤维相互连接而形成一个封闭环路，因此每个控制单元拥有两根光导纤维，一根光导纤维用于发射器，另一根光导纤维用于接收器。需要使用专用插头进行连接。光导纤维上有端套，按照一定方向插入插座本体，再插入插头壳体，如图 5 - 11 所示。

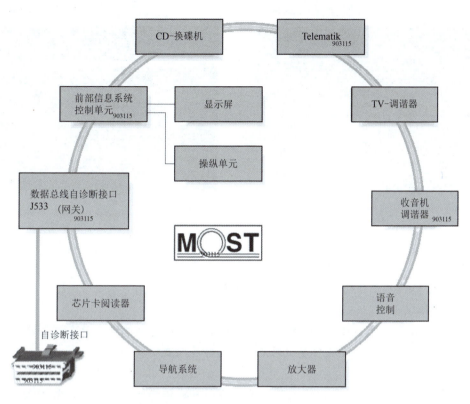

图 5 – 10 MOST 总线

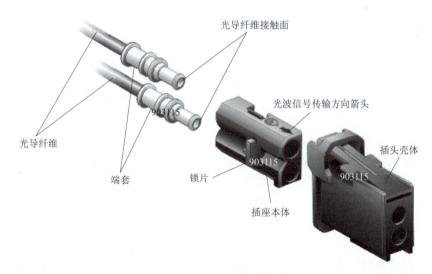

图 5 – 11 MOST 总线插头

信号通过光波的形式在光导纤维中进行传输，主要通过光的全反射，如图 5 – 12 所示。光纤尽量不要弯折，弯折时半径需要大于 25 mm，此时，信号可正常传递，若半径小于 25 mm，则会产生信号干扰，导致数据传输错误。

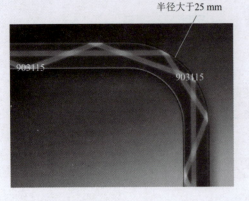
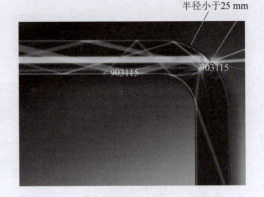

半径大于25 mm　　　　　　半径小于25 mm

图 5 – 12　信号传输

小知识

MOST 总线在工作时，主要有以下三种模式。

（1）休眠模式。

处于休眠模式时，MOST 总线内没有数据交换，静态电流降至最小值，系统处于待命状态，只能由系统管理器发出的光波启动脉冲来激活。

（2）备用模式。

MOST 总线系统处于备用模式时，无法为用户提供任何服务，但这时 MOST 总线系统仍在后台运行。这种模式可由其他数据总线通过网关激活，如司机车门的开锁/关门、点火开关的接通，也可由 MOST 总线上的某个控制单元来激活，如打入的电话。

（3）通电工作模式。

MOST 总线系统处于通电工作模式时，控制单元完全接通，MOST 总线上有数据交换，用户可使用影音娱乐、通信、导航等所有功能。

3）特点

MOST 总线网络具有以下特点。

（1）在保证低成本的条件下，最高可以达到 147.5 Mbit/s 的数据传输速率。

（2）无论是否有主控计算机都可以工作。

（3）支持声音和压缩图像的实时处理。

（4）支持数据的同步传输和异步传输。

（5）发送器/接收器嵌有虚拟网络管理系统。

（6）支持多种网络连接方式，提供 MOST 设备标准及方便、简洁的应用系统界面。

（7）采用 MOST 总线，不仅可以减轻连接各部件的线束的质量、降低噪声，而且可以减轻系统开发技术人员的负担，最终在用户处实现各种设备的集中控制。

（8）光纤网络不会受到电磁辐射干扰与搭铁环的影响。

4）应用

MOST 总线在汽车上应用广泛，主要应用在车辆的信息娱乐和多媒体系统中。例如，它可以连接车载音响系统、卫星导航、手机接口以及后座娱乐系统，如图 5－13 所示。MOST 网络能够同步传输高质量的音频和视频信号，为乘客提供一流的多媒体体验。此外，它也用于车辆内部的摄像头系统，例如，用于倒车时的视觉辅助以及驾驶员疲劳监测系统中。

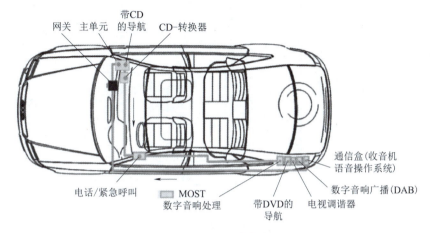

图 5－13　MOST 总线的应用

4. FlexRay 总线

1）定义

随着汽车电子电器架构复杂度的提升，尤其当前辅助驾驶系统、无人驾驶技术的快速发展，传统的 LIN、CAN 总线已不堪重负且无法满足未来高带宽的要求，考虑到 X－By－Wire（X 代表汽车中的各个系统，By－Wire 又称电子线控）应用场景和更高的带宽要求，CAN 和 LIN 总线均无法满足，而 FlexRay 则非常适用。

微课　FlexRay 总线

FlexRay 是一种用于汽车的高速、可确定性、具备故障容错能力的总线技术，采用了基于时间触发的机制，具有高带宽、容错性好等特点，在实时性、可靠性及灵活性方面都有很大的优势，非常适用于安全性要求较高的线控场合及带宽要求高的场合。传输速率为10 Mbit/s，可采用双绞线或光纤。2006 年第一款采用 FlexRay 网络并投入量产的车型是宝马 X5，应用在电子控制减振系统中。

> **交流与思考**
>
> 　　领克 01 是国内第一款采用 FlexRay 总线技术的国产车型，在 FlexRay 总线的加持下，领克 01 拥有着同级最佳的 17 项智能驾驶辅助技术，在自动驾驶上已达到 2 级，领克 01 基于 FlexRay 总线的 17 项智能驾驶技术能够将被动面对突发事故转变为对危险因素的预判，第一时间提前处置突发事故，将危险扼杀在萌芽状态，大幅提升行驶安全性。想一想，还有哪些车辆搭载的 FlexRay 总线呢？

2）总体构成

FlexRay 节点主要由电源供给系统、主机、通信控制器、可选的总线监控器和总线驱动器组成。主机把 FlexRay 控制器分配的时间槽通知总线监视器，总线监视器允许 FlexRay

控制器在这些时间槽中传输数据。数据可以随时被接收。FlexRay 节点结构如图 5 – 14 所示。

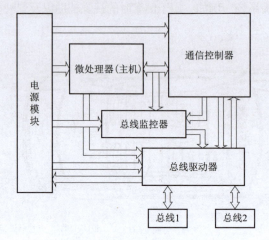

图 5 – 14　**FlexRay** 节点结构

FlexRay 的网络拓扑结构主要分为三种：总线型、星型和混合型。总线型拓扑的主要优势在于采用设计工程师熟悉的汽车网络架构，因而可以有效控制成本。在需要更高带宽、更短延迟时间或确定性行为，而同时容错功能并非必需的情况下，这种总线型拓扑非常有用，典型的应用就是直接替换 CAN 以满足带宽要求。而使用星型拓扑可完全解决容错问题，因为如果出现意外情况，星型拓扑的支路可以有选择地切断。如果总线线缆长度超过规定限制，星型拓扑还可以当成复制器使用。

总线型拓扑和星型拓扑均支持双通道，即 FlexRay 总线有两个通道，其最高速率都可达到 10 Mbit/s，也就是说，总线的两个通道上的数据总速率可达 20 Mbit/s，网络带宽是 CAN 总线的 20 倍以上。而正是因为是两条线路，能更好地实现冗余，使消息具有容错能力。图 5 – 15 给出了 FlexRay 总线型拓扑的 A、B 双通道传输结构，如果其中的某一通道出现故障，则可通过另一通道进行数据传输。但当这两条通道传递不同的信息时，数据吞吐量将加倍。

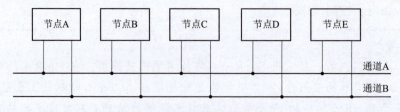

图 5 – 15　双通道传输结构

3）特点

FlexRay 提供了传统车内通信协议不具备的大量特性，包括以下三方面。

（1）高速率和容错性。

FlexRay 支持两通道，可通过一个或两个通道进行数据传输，单个通道的数据传输速率可达 10 Mbit/s，通过两通道平行传输数据时可达 20 Mbit/s。也可通过双通道传输相同的数据，这种方式也是真实情况下大多应用的方式，称为通过冗余备份来实现容错。当其中某个通道出现故障或信息有误时，另一通道可继续正常传输，并不会互相影响对方的数据传输。

（2）确定性。

FalexRay 是一种时间触发式的总线系统，因此在时间控制区域内，时隙会分配给确定的消息，即会将规定好的时间段分配给特定的消息。时隙是经固定周期重复，也就是说信息在总线上的时间可以预测出来，因此保证了其确定性。这就意味着控制信号是根据预定义的时间进度传输的，无论系统外部发生什么情况，都不会产生计划外事件。

（3）灵活性。

在 FlexRay 协议的开发过程中，关注的主要问题是灵活性。FlexRay 除了支持时间触发式通信外，还可通过事件触发来进行数据的传输，例如，对于时间要求不高的信息，可配置在事件控制区域内传输，形成以时间触发为主，兼顾事件触发的灵活特性。此外，FlexRay 的拓扑是多样的，有总线型、星型和混合型三大类。再结合单通道和双通道的使用，由于 FlexRay 的两个通道可相互独立实现，因此两个通道可采用不同的拓扑结构，例如，一个通道为主动星型拓扑结构，另一个为总线型拓扑结构，最终组合的结果可形成很多种。再例如，既有点对点的线型结构和多节点的线型结构，还有增加冗余性的双通道星型拓扑结构等。在线型总线和带无源的星型连接中，两个总线成员之间的最大距离为 24 m。

4）应用

FlexRay 总线网络具有速度快、效率高、容错性强等特点，可用于汽车动力和底盘系的控制数据传输，有以下三方面。

（1）替代 CAN 总线。当单一 CAN 总线的数据传输速率不能满足要求时，会采用两条或多条 CAN 总线来实现，FlexRay 总线将是替代这种多总线解决方案的理想选择。

（2）用作"数据主干网"。FlexRay 总线网络具有很高的数据传输速率，并且支持多拓扑结构，经常用于分布式测控系统。分布式测控系统用户要求知道消息到达的准确时间，并且消息周期偏差非常小，如动力系统、底盘系统的一体化控制。

（3）用于高安全性要求的系统。FlexRay 总线本身不能确保系统安全，但它具备大量功能以支持面向安全的系统设计。

奥迪 A8 中的 FlexRay 总线可以实现驾驶动态控制、车距控制、自适应巡航控制和图像处理等功能。奥迪 A8 上的 FlexRay 总线拓扑结构如图 5-16 所示。

4 种常用的总线网络传输速率与成本的比较如图 5-17 所示。

5. 车载以太网

1）定义

以太网最早由 Xerox（施乐）公司创建，1980 年，DEC（美国数字设备公司）、Intel（英特尔公司）和 Xerox 三家公司联合开发的基带局域网规范，是当今现有局域网采用的最通用的通信协议标准。以太网包括标准以太网（10 Mbit/s）、快速以太网（100 Mbit/s）、千兆以太网（1 000 Mbit/s）和万兆以太网（10 Gbit/s）。

动画 以太网

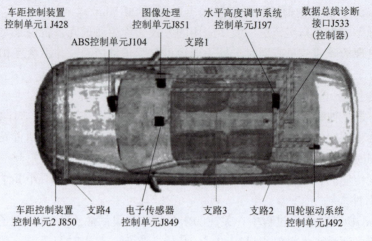

车距控制装置　　　　图像处理　　水平高度调节系统　　数据总线诊断
控制单元1 J428　　控制单元J851　　控制单元J197　　接口J533
　　　　　ABS控制单元J104　　支路1　　　　　　　　（控制器）

车距控制装置　支路4　电子传感器　　支路3　　支路2　四轮驱动系统
控制单元2 J850　　　控制单元J849　　　　　　　　控制单元J492

图 5－16　奥迪 A8 中的 FlexRay 总线拓扑结构

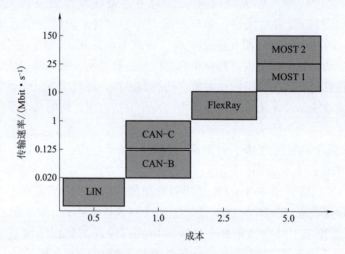

图 5－17　4 种常用的总线网络传输速率与成本的比较

汽车智能化、网联化甚至自动驾驶时代已经到来，ADAS 技术的不断创新，高质量汽车娱乐音频和视频的应用，以及空中下载（OTA）、V2X、大数据、云计算等技术的发展都取得了进展。车载网络容量需求的爆炸性发展明显超过了传统车载网络（如 CAN 或 FlexRay）的承载能力，这也是以太网和汽车深度融合的机会。

车载以太网是一种用以太网连接车内电子单元的新型局域网技术，传输介质采用单对非屏蔽双绞线或光纤，传输速率为 100 Mbit/s ~ 10 Gbit/s，同时还满足汽车行业对高可靠性、低电磁辐射、低功耗、带宽分配、低延迟以及高严格的时间同步实时性等方面的要求。

> **小知识**
> 　　传统以太网与车载以太网最大不同是传统以太网需要 2~4 对线，车载以太网只需 1 对，而且是非屏蔽的，仅此一项，可以减少 70% ~80% 的连接器成本，可以减少 30% 的质量，这是车载以太网诞生的最主要原因。

2）相关技术

（1）物理层技术。

车载以太网的物理层有着较严格的电磁辐射标准要求，传统以太网无法直接在车载环境下布线。而博通公司的 BroadR – Reach 技术是一个良好的解决方案。BroadR – Reach 的物理层技术已经由 OPEN 联盟标准化，该物理层技术的特点是只用单对 UTP（非屏蔽双绞线）完成百兆甚至是千兆级别的数据传输速率，而普通的民用以太网是使用的 4 对 UTP 电缆。BroadR – Reach 系统如图 5 – 18 所示，相较于普通的百兆以太网，布线的复杂程度与成本已经显著降低。

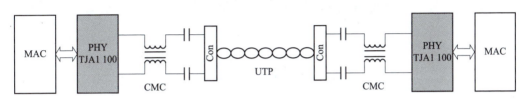

图 5 – 18　BroadR – Reach 系统

交流与思考

以太网物理层芯片（PHY）工作于 OSI 网络 7 层架构的最底层，是有线传输通信芯片，用以实现不同设备之间的连接。目前，全球以太网 PHY 芯片市场被少数企业把持着。据中国汽车技术研究中心统计，博通、美满电子、瑞昱、德州仪器、恩智浦和微芯稳居前列，全球前五大以太网 PHY 芯片厂商的市场份额占比高达 91%。

近些年，中国本土厂商的技术能力一直在提升，目前，国内主要以太网 PHY 芯片厂商包括裕太微、景略半导体、昆高新芯、国科天讯、物芯科技、鑫瑞技术以及睿普康等。在这些厂商中，裕太微是领先企业，能够大规模供应千兆以太网 PHY 芯片，是国内首家在车载 PHY 芯片领域通过 OPEN Alliance IOP 认证的企业，其 2.5G PHY 芯片已量产，在技术实力和规模上处于国内领先地位。

以太网供电（PoE）技术是一种可以通过 CAT5 线缆传输数据信号同时为该以太网设备进行直流供电的技术。IEEE 802.3af（15.4 W）是第一个 PoE 标准，是现在 PoE 应用的主流实现标准。IEEE 802.3at（25.5 W）应大功率终端的需求而诞生，在兼容 IEEE 802.3af 的基础上，提供更大的供电需求，可以满足视频监控系统等大功率应用的需求。如果在车载以太网上实现 PoE 技术，将使线缆数量减少，使成本降低，在电动车上应用前景更为广阔。

（2）链路层协议。

虽然以太网有着低廉成本和灵活性的优势，但是在车载以太网链路层协议方面，还需要解决以太网时间同步问题和对关键数据的实时传输问题。目前技术最为成熟的两项技术是以太网音频视频桥接和时间触发以太网。

以太网音频视频桥接（Ethernet Audio/Video Bridging，EAVB）是在传统以太网的基础上，使用精准时钟同步，通过保障带宽来限制传输延迟，提供高级别服务质量以支持各种基于音频视频的媒体应用。AVB 协议集如图 5 – 19 所示。AVB 工作组在 2012 年 11 月正式

更名为时间敏感网络工作小组（Time – Sensitive Networking，TSN），在更名为 TSN 后，对部分原标准进行了修订，同时增添了几个性能改进标准，以便更好地适应汽车需要。

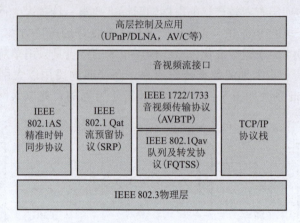

图 5 – 19　AVB 协议集

时间触发以太网（Time Triggered Ethernet，TTEthernet）首次由 Kopetz 等人提出，是一种基于 IEEE 802.3 以太网之上的汽车或工业领域的实时通信候选网络。它允许实时的时间触发通信与低优先级的事件触发通信共存，使以太网具备满足高安全等级的系统要求的同时，依然可以承担对实时性要求不过于严格，但仍然需要高带宽的以太网传输需求。TTTech 公司开发的 TTEthernet 已经通过了美国汽车工程师学会的标准化（SAEAS6802）。

3）拓扑结构

车载以太网常见的拓扑结构有星型、菊花链型和树型，这些结构在交换式以太网中支持 IEEE 802.3 和 IEEE 802.1Q 标准。

星型拓扑结构如图 5 – 20 所示，其特点是管理方便、极易扩展、安装维护成本低，但由于需要专用的网络设备（如交换机）作为其核心节点，对核心设备的负担较重，可靠性要求高，各节点的分布处理能力较低。菊花链型拓扑结构如图 5 – 21 所示，其特点是由星型结构的基础网络构成，通过菊花链或串行的方式增加下一个节点。菊花链型拓扑结构容易扩展，各节点可以分布处理，网络设备的负担相对较轻，但节点之间的通信较复杂，安装维护成本较高。

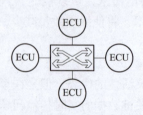

图 5 – 20　星型拓扑结构

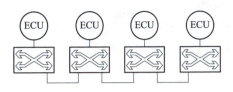

图 5 – 21   菊花链型拓扑结构

结合以上两种拓扑结构实现了树型结构，在汽车网络中权衡了良好的分布处理性能和安装维护成本，图 5 – 22 给出了一种树型结构的车载以太网的实施方法。

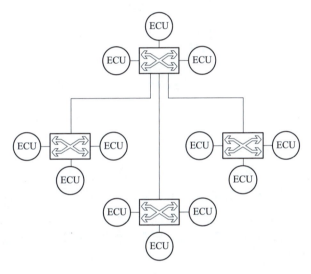

图 5 – 22   树型

小知识

在以太网连接线束上，车载以太网一般都采用 T1 的标准，如 IEEE 100BASE – T1（又称 OABR）、IEEE 1000BASE – T1，这些都使用一对双绞线进行数据传输。

4）特点

当前越来越多车厂开始应用车载以太网技术，使用单对非屏蔽双绞线以太网连接车内部分电子控制单元，组成局域网，以太网技术提高了数据传输带宽，同时满足了汽车对高可靠性、低功耗、低成本、低延迟及实时性的要求，主要特点如下。

（1）带宽高，可达 100 Mbit/s，1 Gbit/s。

（2）点对点连接，全双工通信。

（3）成本相对较低，采用标准为 100BASE – T1，1000BASE – T1。

（4）软硬件技术相对已成熟，协议开放。

5）应用

车载以太网的发展可分为三个阶段。

（1）第一阶段：子系统级别。

这一阶段单独在某个子系统使用以太网，如图 5 – 23 所示。这一阶段的衍生产品目前已经在整车上实施，如基于 DoIP 标准的车载自诊断系统（OBD），或者已有实例应用，如使用 IP 摄像头的驾驶辅助系统。

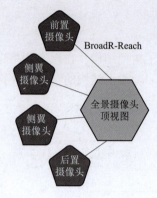

图 5 – 23　第一阶段

（2）第二阶段：架构级别。

这一阶段将几个子系统功能整合，形成一个拥有功能集合的小系统，如图 5 – 24 所示，将多媒体、驾驶辅助和诊断界面结合在一起，融合了传感器、全景摄像头及雷达等多种数据。因为可以保证更高的带宽、更低的延迟，所以在涉及安全方面的应用时，摄像头可以使用更高分辨率的未压缩的数据传输，从而避免如压缩失真等导致障碍物检测失败的问题。

它将配备一个或多个节点，如驾驶辅助系统、带高分辨率 IP 摄像头的全景停车场，以及多屏幕交互式高清信息娱乐系统。

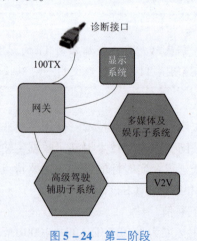

图 5 – 24　第二阶段

（3）第三阶段：域级别。

前两个阶段专注于一个特定的应用领域，第三阶段使用以太网为车载网络骨干，集成动力总成、底盘、车身、多媒体、辅助驾驶，真正形成一个域级别的汽车网络，如图 5 – 2 所示。

辅助驾驶系统可以采用以太网传输高清摄像头和高精度雷达数据，娱乐系统可以使用以太网传输视频和音频数据，车辆相关数据（车辆状态数据、道路环境高清视频数据、雷达数据）可以通过远程信息处理模块或 V2X 传输到外部云端平台、基站、数据控制中心等，车载娱乐系统控制器可以通过 4G/5G、WiFi、蓝牙等方式下载音频和视频。

交流与思考

随着自动驾驶、智能座舱的快速发展，汽车所需功能增多，信息传输量及算力需求持续增长，车载以太网架构以其高速度、低延迟、高可靠性、成本效益、易于维护和可扩展性强等优点，逐渐大规模上车应用，开启智能汽车新通信时代。但车载以太网高效传递车辆信息的同时，也给汽车带来新的数据信息安全风险。所以在数据传输过程中，数据的完整性、机密性、身份认证和防重放四大信息安全问题，将是以后车载以太网进一步发展需要解决的重点。

单元二　智能网联汽车通信技术

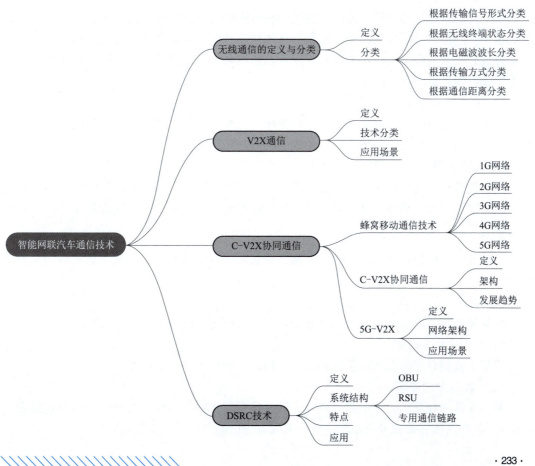

一、无线通信的定义与分类

1. 定义

无线通信是利用电磁波的辐射和传播，经过空间传送信息的通信方式。它是电信网的重要组网部分，可以用于传送电报、电话、传真、图像、数据以及广播和电视节目等通信业务，也可用于遥控遥测、报警、雷达、导航、海上救援等特种业务。无线通信系统一般由发射设备、传输介质和接收设备组成。其中发射设备和接收设备需要安装天线，完成电磁波的发射与接收，如图 5 – 25 所示。

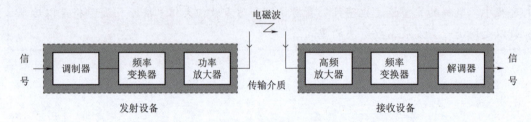

图 5 – 25　无线通信系统的组成

1）发射设备

发射设备是将原始的信号源转换成适合在给定传输介质上传输的信号，其中包括调制器、频率变换器、功率放大器等。调制器将低频信号加到高频载波信号上；频率变换器进一步将信号变换成发射电波所需要的频率，如短波频率、微波频率等；信号经功率放大器放大后，再通过天线发射出去。

2）传输介质

传输介质为电磁波。电磁波是指同相振荡且互相垂直的电场和磁场在空间以波的形式移动，其传播方向垂直于电场与磁场构成的平面。

3）接收设备

接收设备将收到的信号还原成原来的信息。接收设备把天线接收下来的射频载波信号，经过信号放大、频率变换，最后经过解调将原始信息恢复出来，完成无线通信。

2. 分类

无线通信可以按传输信号形式、无线终端状态、电磁波波长、传输方式和通信距离等进行分类。

1）根据传输信号形式分类

根据传输信号形式的不同，无线通信可以分为模拟无线通信和数字无线通信。

（1）模拟无线通信。

模拟无线通信是将采集的信号直接进行传输，传输的是模拟信号。

（2）数字无线通信。

数字无线通信是将采集的信号转变为数字信号后再进行传输，传输的信号只包括数字 0 和 1。随着无线通信技术的发展，数字无线通信已经取代模拟无线通信。

2）根据无线终端状态分类

根据无线终端状态的不同，无线通信可以分为固定无线通信和移动无线通信。

（1）固定无线通信。

固定无线通信是指终端设备是固定的，如固定电话通信。

（2）移动无线通信。

移动无线通信是指终端设备是移动的，如移动电话通信。

3）根据电磁波波长分类

根据电磁波波长的不同，无线通信可以分为长波无线通信、中波无线通信、短波无线通信、超短波无线通信和微波无线通信等。

（1）长波无线通信。

长波无线通信是利用波长大于 1 000 m、频率低于 300 kHz 的电磁波进行的无线通信，又称低频通信。它可细分为在长波（波长在 1～10 km、频率在 30～300 kHz）、甚长波（波长在 10～100 km、频率在 3～30 kHz）、特长波（波长在 100～1 000 km、频率在 300～3 000 Hz）、超长波（波长在 1 000～10 000 km、频率在 30～300 Hz）和极长波（波长在 1 万～10 万 km、频率在 3～30 Hz）波段的通信。

（2）中波无线通信。

中波无线通信是利用波长在 100～1 000 m、频率在 300～3 000 kHz 的电磁波进行的无线通信。

（3）短波无线通信。

短波无线通信是利用波长在 10～100 m、频率在 3～30 MHz 的电磁波进行的无线通信。

（4）超短波无线通信。

超短波无线通信是利用波长在 1～10 m、频率在 30～300 MHz 的电磁波进行的无线通信。

（5）微波无线通信。

微波无线通信是利用波长小于 1 m、频率高于 300 MHz 的电磁波进行的无线通信。它可细分为分米波（波长在 100～1 000 mm、频率在 300～3 000 MHz）、厘米波（波长为 1～10 cm、频率在 3～30 GHz）、毫米波（波长在 1～10 mm、频率在 30～300 GHz）、丝米波（波长在 0.1～1 mm、频率在 300～3 000 GHz）无线通信。

4）根据传输方式分类

根据信道路径和传输方式的不同，无线通信可以分为红外通信、可见光通信、微波中继通信和卫星通信等。

（1）红外通信。

红外通信是一种利用红外线传输信息的通信方式。

（2）可见光通信。

可见光通信是利用可见光波段的光作为信息载体，在空气中直接传输光信号的通信方式。

（3）微波中继通信。

微波中继通信是利用微波的视距传输特性，采用中继站接力方法达成的无线电通信方式。

（4）卫星通信。

卫星通信实际上也是一种微波通信，它以卫星作为中继站转发微波信号，在多个地面站之间通信。

5）根据通信距离分类

根据通信距离，无线通信可以分为短距离无线通信和远距离无线通信。

（1）短距离无线通信。

短距离无线通信和远距离无线通信在传输距离上目前并没有严格的定义，一般来说，只要通信收发两端是以无线方式传输信息，并且传输距离限定在较短的范围内（一般是几厘米至几百米），就可以称为短距离无线通信，它具有低成本、低功耗和对等通信这三个重要特征。短距离无线通信技术主要有蓝牙技术、ZigBee 技术、WiFi 技术、超宽带技术、60 GHz 技术、红外技术、射频识别技术、近场通信技术、可见光技术、DSRC 技术、LTE－V 技术等。

> **交流与思考**
>
> 　　星闪技术是华为基于蓝牙和 WiFi 技术而开发的一项创新技术，它结合了这两种无线通信技术的优点，具有低功耗和高速传输的特点。首次应用于车载设备，并计划集成到华为自研消费类电子设备的操作生态系统中。这一技术被视为对全球无线通信标准蓝牙和 WiFi 的挑战，展现了华为在关键技术领域追求自主创新和自给自足的雄心。

（2）远距离无线通信。

当无线通信传输距离超过短距离无线通信的传输距离时，称为远距离无线通信。远距离无线通信技术主要有移动通信、微波通信和卫星通信等。

二、V2X 通信

1. 定义

V2X 即车辆自身和外界事物之间的信息交换。旨在将"人—车—路—云"等交通参与要素有机地联系在一起，不仅可以为交通安全和效率类应用提供通信基础，还可以将车辆与其他车辆、行人、路侧设施等交通元素有机结合，弥补了单车智能不足，推动了协同式应用服务发展。V2X 是智能网联汽车通信技术的核心。车辆自身与外界事物进行信息交换主要有以下几种形式。

1）V2V

V2V 即车辆自身（本身）与其他车辆之间的信息交换，如图 5-26 所示。

车辆自身与其他车辆之间的信息交换内容，主要包括以下几方面。

①本车的行驶速度与附近范围内车辆的行驶速度进行信息内容的交换。

②本车的行驶方向与附近范围内车辆的行驶方向进行信息内容的交换。

③本车的紧急状况与附近范围内车辆的行驶状况进行信息内容的交换。

2）V2I

V2I 即车辆自身与基础设施之间的信息交换，如图 5-27 所示。

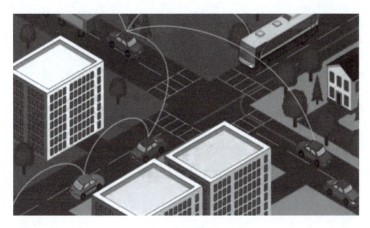

图 5 - 26　V2V 应用场景

图 5 - 27　V2I 应用场景

小知识

　　交通基础设施是指为居民出行和社会产品运输提供交通服务的固定工程设施。交通基础设施主要包括交通信号灯、公交站台、交通指示牌、立交桥、隧道、停车场等。

车辆自身与基础设施之间的信息交换内容，主要包括以下几方面。

①车辆的行驶状态与前方交通信号灯的实际状况进行信息内容的交换。

②车辆的行驶状态与途经公交站台的实际情况进行信息内容的交换。

③车辆当前行驶的方向和速度与前方交通标志牌所提示的内容进行信息内容的交换。

④车辆的行驶状态与前方立交桥或隧道的监控情况进行信息内容的交换。

⑤车辆的导航目的地与停车场空位情况进行信息内容的交换。

3）V2P

V2P 即车辆自身与外界行人之间的信息交换，如图 5 - 28 所示。

图 5 – 28　V2P 应用场景

车辆自身与外界行人之间的信息交换内容，主要包括以下几方面。

①车辆自身的行驶速度与行人当前位置进行信息内容的交换。

②车辆自身的行驶方向与行人当前位置进行信息内容的交换。

4）V2R

V2R（Vehicle to Road）即车辆自身与道路之间的信息交换。根据道路的特殊性，V2R又可分为两大类型：一类是车辆自身与城市道路之间的信息交换；另一类是车辆自身与高速道路之间的信息交换，如图 5 – 29 所示。

图 5 – 29　V2R 应用场景

车辆自身与道路之间的信息交换内容，主要包括以下几方面。

①车辆自身的行驶路线与道路当前情况进行信息内容的交换。

②车辆自身的行驶方向与前方道路发生的事故进行信息内容的交换。

③车辆行驶的导航信息与前方道路的路标牌进行信息内容的交换。

5）V2N

V2N（Vehicle to Network）即车辆自身或驾驶员与互联网之间的信息交换，如图 5 – 30 所示。

驾驶员与互联网之间的信息交换，主要包括驾驶员通过车载终端系统向互联网发送需求，如娱乐应用、新闻资讯、车载通信等；还可以通过应用软件及时从互联网上获取车辆的防盗信息。

图 5 – 30　V2N 应用场景

车辆自身与互联网之间的信息交换，主要包括以下几方面。

①车辆自身的行驶信息和传感器数据，与互联网分析的大数据结果进行信息内容的交换。

②车辆终端系统与互联网上的资源进行信息内容的交换。

③车辆自身的故障系统与互联网远程求助系统进行信息内容的交换。

智能网联汽车 V2X 功能的实现条件是必须首先实现车辆自身的智能化。车辆的智能化主要包括车载传感器的环境感知功能、汽车数据通信处理能力以及数据分析后的决策功能。只有在实现了车辆智能化的基础上，才能利用网络通信技术实现智能网联汽车的 V2X 功能，如图 5 – 31 所示。

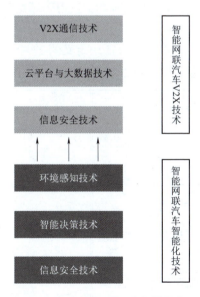

图 5 – 31　实现 V2X 功能的条件

2. 技术分类

V2X 技术分类主要包括 DSRC 和 C – V2X 两种，如图 5 – 32 所示。

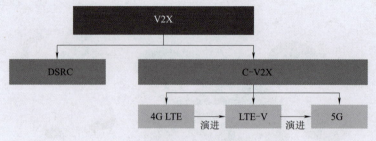

图 5-32　V2X 技术分类

> **小知识**
>
> DSRC 是针对低移动场景的 WiFi 技术，在电气和电子工程师协会推动下，美国率先将其应用到车与车直接通信的高速移动场景。但 DSRC 的测试性能并不稳定，根源在于基于 WiFi 改进的 DSRC 技术具有局限性，比如，在高速场景、高密度场景下可靠性差，时延抖动较大。
>
> DSRC 的技术缺陷，让业界萌生了在蜂窝技术的基础上重新设计 V2X 的构想，因为蜂窝技术是针对高速移动环境设计的，C – V2X 由此应运而生，C – V2X 标准于2017 年 6 月全部完成，我国也确立了依托 C – V2X 发展车路云一体化融合的智能网联汽车中国方案。

3. 应用场景

第三代合作伙伴计划（3rd Generation Partnership Project，3GPP）是一个由五大区域中七个主要成员组成的国际电信标准化发展协会，致力于满足区域通信标准服务的需求，同时促进国际通信标准服务间的互操作性。

V2X 有很多应用场景，在 3GPP R14 SAI 中定义的 27 个 V2X 应用场景如表 5-1 所示。

表 5-1　在 3GPP R14 SAI 中定义的 27 个 V2X 应用场景

类型	用例	类型	用例
V2V（10）	前碰预警（FCW）	V2I（7）	UE 类型路侧单元（RSU）参与的 V2X 应用
	控制失效警告		自动泊车
	紧急车辆警告		弯道限速提醒
	V2V 紧急停车预警		基于路侧的道路安全服务
	协作式自适应巡航（CACC）		V2I 紧急停车预警
	由电信运营商控制的 V2X 消息传输		道路安全服务
	预碰撞感知预警		排队提醒
	网络覆盖外 V2X 应用	V2N（4）	V2N 交通流优化
	错误行驶方向提醒		V2N 全景图
	V2V 通信中的隐私		高精度地位
V2P（3）	行人碰撞预警		远程诊断和实时修复通知
	行人穿越马路安全提醒	V2X（3）	漫游时用于 V2X 访问
	弱势群体（VRU）安全预警		交通管理
			V2X 最小服务质量（QoS）

三、C-V2X 协同通信

1. 蜂窝移动通信技术

移动通信是指通信的双方至少有一方在运动中实现通信，包括移动台与固定台之间、移动台与移动台之间、移动台与用户之间的通信。在移动通信中，常处于移动状态的电台称为移动台，常处于固定状态的电台称为基地台或基站。

蜂窝移动通信（Cellular Mobile Communication）采用蜂窝无线组网方式，如图 5-33 所示，在终端和网络设备之间通过无线通道连接起来，进而实现用户在活动中相互通信，其主要特征是终端的移动性，并具有越区切换和跨本地网自动漫游功能。蜂窝移动通信系统是当今应用最广泛的无线通信网络系统。

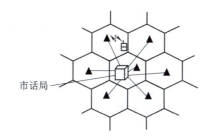

▢：移动交换中心（MSC）； ▲：基站（BTS）； 白：移动台（MS）

图 5-33　蜂窝移动通信

> **交流与思考**
>
> 在习近平总书记关于网络强国的重要思想指引下，我国移动通信事业取得了举世瞩目的历史性成就。我国研发了全球领先的移动通信技术，建成了全球一流的移动通信基础设施，服务了全球规模最大的移动电话用户，培育了全球最大的移动互联网应用市场，打造了全球知名的移动通信企业……移动通信为推动数字经济繁荣、建设网络强国和数字中国作出了重要贡献，成为我国科技创新的典范。蜂窝移动通信都有哪些应用场景呢？

蜂窝移动通信技术的发展，大致可分为以下 5 个阶段。

1）1G 网络

1G 网络是第一代移动通信技术，出现于 1980 年，最高传输速率为 2.4 kbit/s。它采用了模拟信号技术，在蜂窝基站的作用下，可将网络信号在邻近的各个基站之间进行相互传递，主要解决语音通信的问题。最为典型的应用案例就是当年的模拟移动电话，即"大哥大"。1G 网络技术的诞生不仅为人类的生活、工作提供了诸多便利，同时也拉开了移动网络新技术的序幕。

但是 1G 网络在技术和系统上也存在诸多局限性，如无统一标准、业务量小、质量差、通信完整性差、无加密、速度低等。

2）2G 网络

2G 网络是第二代移动通信技术，出现于 1990 年，最高传输速率为 150 kbit/s。它舍弃了 1G 网络时代的模拟信号传输技术，转而采用数字信号进行网络通信，这样大幅提高了通话质量和通信系统的存储容量，可以提供话音和数据业务。最为典型的应用案例就是短信和手机彩铃。2G 数字网络不仅使手机得到了广泛应用，而且推动了移动通信技术的高速发展。

然而，随着数据业务（特别是多媒体业务）需求的不断增长，2G 网络在系统容量和频谱效率方面的局限性日益显现。

3）3G 网络

随着网络的发展，数据和多媒体业务飞速发展。2000 年，以数字多媒体移动通信为目的的第三代（3G）移动通信系统进入商用阶段，最高传输速率为 6 Mbit/s。3G 网络时代最典型的应用是通过互联网实现语音、图片、视频等内容的数据传输。此外，第三代数字蜂窝移动通信业务运营商还必须建立自己的 3G 移动通信网络。3G 被视为开启移动通信新纪元的关键技术。

2007 年，乔布斯发布 iPhone，智能手机的浪潮席卷全球。从某种意义上讲，终端功能的大幅提升也加快了移动通信网络的发展脚步。2008 年，支持 3G 网络的 iPhone 3G 发布，人们可以在手机上直接浏览计算机网页、收发邮件、进行视频通话、收看直播等，人类正式步入移动多媒体时代。

4）4G 网络

4G 网络是第四代移动通信技术。它是一款集 3G 和无线局域网络（Wireless Local Area Network，WLAN）为一体的技术，可以传输高质量的视频图像，图像传输质量可与高清电视相媲美。宽带、大容量的高速蜂窝系统支持交互式多媒体服务、高质量视频、3D 动画和宽带上网。

国际电信联盟定义了 4G 的标准——具备 100 Mbit/s 的数据传输速率，达到这个标准的通信技术，理论上都可以称为 4G。以下是第四代移动通信技术的几个具体标准。

（1）数据速率提高到 100 Mbit/s，移动速率从步行达到车速以上。

（2）支持高速数据和高分辨率多媒体服务的需要，实现宽带多媒体通信，形成综合宽带通信网。

（3）对全速移动用户能够提供 150 Mbit/s 的高质量影像等多媒体业务。

> **小知识**
>
> 目前 4G 网络制式共有两种：LTE - FDD 和 LTE - TDD。
>
> （1）LTE - FDD。LTE，即长期演进（指 3G 技术的演进）；FDD（Frequency Division Duplex），即分频双工。LTE - FDD 是全球通用的 4G 标准，已得到广泛应用。LTE - FDD 上行传输速率为 150 Mbit/s，下行传输速率为 50 Mbit/s。
>
> （2）LTE - TDD。TDD（Time Division Duplex）即分时双工。LTE - TDD 是我国自主研发并实行的 4G 通信标准。LTE - TDD 上行传输速率为 100 Mbit/s，下行传输速率为 50 Mbit/s。

2013 年 12 月，工业和信息化部在其官网上宣布向中国移动、中国电信和中国联通颁

发 "LTE/第四代数字蜂窝移动通信业务（TD-LTE）" 经营许可，也就是 4G 牌照。至此，移动互联网进入了一个新的时代。

5）5G 网络

（1）5G 网络的定义。

5G 网络即为第五代移动通信技术，其传输速率可达 4G 网络传输速率的百倍之多，如图 5-34 所示。不同于传统的各代移动通信，5G 不再由某项业务能力或者某个典型技术特征所定义，它不仅是更高速率、更大带宽、更强能力的技术，而且是一个多业务多技术融合的网络，更是面向业务应用和用户体验的智能网络，最终打造成以用户为中心的信息生态系统。5G 网络的出现使物联网能够获得更加广泛的应用，包括智能网联汽车、机器人、智慧城市和智慧农场等的应用。

微课 5G 通信技术

图 5-34 2G~5G 网络的传输速率对比漫画

（2）5G 网络的组网模式。

5G 组网从大框架下看主要分为非独立组网（Non StandAlone，NSA）和独立组网（StandAlone，SA）两种主要模式。

NSA 是指将 5G 的组网安置在 4G 的基础设施上，也就是在原 4G 基站上搭载 5G。非独立组网使用的还是 4G 的核心网，只是增加了 5G 的基站，让 5G 的终端用户具有享受 5G 宽带的能力。因为它的核心网没有变，所以在 5G 商用初期相对容易实现，可以迅速普及 5G 商用，普及成本低，并且能够快速推进 5G 网络覆盖范围，适合前期的基础建设。所以 NSA 也是目前绝大多数国家的主流商用 5G 的先行组网模式。

SA 是指通过建设独立的 5G 基站方式组网，需要完全新建 5G 核心网才能投入使用。改造核心网并不容易，该组网方式投入更大，实现基本覆盖需要更长的时间。所以 SA 组网模式会在 NSA 5G 普及过程中逐步推进。

（3）5G 网络的特点。

5G 移动通信技术具有以下特点。

①高速度。

5G 的基站峰值要求不低于 20 Gbit/s，因此用户可以 1 s 下载一部高清电影，也可以支持 VR 视频。高速度为未来对速度有很高要求的业务提供了机会和可能。

②泛在网。

泛在网有两个层面的含义：一是广泛覆盖，二是纵深覆盖。随着业务的发展，网络业务需要广泛存在。只有实现广泛覆盖和纵深覆盖才能支持更加丰富的业务，才能在复杂的场景上使用。

③低功耗。

5G要支持大规模物联网应用，就必须有功耗要求。如果能把功耗降低，让大部分物联网产品一周充一次电，甚至一个月充一次电，就能大大改善用户体验，促进物联网产品的快速普及。

④低时延。

5G可将时延降低到1 ms。5G的一个应用新场景是无人驾驶汽车，无人驾驶时需要中央控制中心和汽车进行互联，车与车之间也应进行互联。在高速行驶时需要在最短的时延中，把信息送到车上进行制动与车控反应。

⑤万物互联。

5G时代终端不是按人来定义的，这是因为每个人、每个家庭都可能拥有数个终端。通信行业对5G的愿景是每平方千米可以支撑100万个移动终端。

⑥重构安全。

在5G基础上建立的是智能互联网，智能互联网不仅要实现信息传输，还要建立起社会和生活的新机制与新体系。智能互联网的基本要求是安全、易管理、高效、方便，这就需要重新构建5G安全体系。

（4）5G网络的应用场景。

3GPP定义了5G网络的三大应用场景，如图5-35所示。

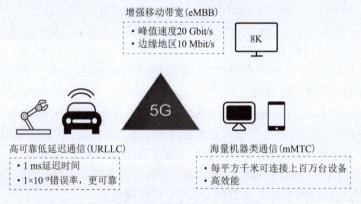

图5-35　5G网络的三大应用场景

eMBB即"增强移动宽带"，是指对移动网络速度有更高要求，并且有广覆盖下移动性保证的应用场景，包括高速下载、AR、VR、高清视频等业务类型。通过直接推动移动网络的吞吐量能力，满足上述以及未来出现业务类型对移动网络速度的需求，提升客户的直观体验。

URLLC即"高可靠低延迟通信"，是指连接时延要达到1 ms级别并且支持高速移动（500 km/h）情况下的高可靠性（99.999%）的应用场景。主要的应用场景包括自动驾驶、工业控制、远程医疗等，可以大幅提高相关行业的自动化、智能化水平，推动企业跨越式发展。

mMTC即"海量机器类通信"，是指数据速率较低且时延不敏感，但存在海量连接的应用场景。在该场景下，终端可以做到更低的功耗、更小的体积、更长的工作寿命，因此，可以在智慧城市、智慧家居和环境监控等各种垂直行业中广泛应用，从而最终做到万物互联。

> **交流与思考**
>
> 　　坚持自主创新与开放合作，一直是中国 5G 发展所秉持的理念。
>
> 　　技术标准上，中国倡导的 5G 概念、应用场景和技术指标已纳入国际电信联盟的 5G 定义。截至 2019 年 5 月，全球共 28 家企业声明了 5G 标准必要专利，我国企业声明数量占比超过 30%，位居首位。
>
> 　　产业发展上，我国率先启动 5G 技术研发试验，加快了 5G 设备研发和产业化进程。目前我国 5G 中频段系统设备、终端芯片、智能手机处于全球产业第一梯队。
>
> 　　同时，中国也向世界敞开大门，并积极吸纳全球智慧，与全球系统设备、芯片、终端、测试仪表等企业相互合作、共同促进，为加快中国 5G 产业链的发展和成熟起到了重要作用。
>
> 　　基于 5G 通信的强大覆盖，北京、广州、深圳、合肥等地陆续探索了自动驾驶无人化商业实践，自动驾驶示范区建设蓬勃发展，越来越多汽车甚至载人航空器正加速迈入"无人之境"。
>
> 　　我国移动通信技术完成了从"3G 突破"到"4G 同步"再到"5G 引领"的跨越式发展。如今，在移动通信每十年一代的发展中，6G 通信技术又成了各国抢占的新高地。目前，我国的 6G 通信技术进展到了什么程度呢？

　　（5）5G 网络的关键技术。

　　①网络切片技术。

　　5G 网络将面向不同的应用场景，如超高清视频、VR、大规模物联网、车联网等，不同的场景对网络的移动性、安全性、时延性、可靠性甚至计费方式的要求是不一样的，因此，需要将一张物理网络分成多个虚拟网络，每个虚拟网络面向不同的应用场景需求。虚拟网络间是逻辑独立的，互不影响。

文档　5G 最新发展

　　网络切片是一种按需组网的方式，可以让运营商在统一的基础设施上分离出多个虚拟的端到端网络，使每个网络切片从无线接入网到承载网再到核心网上进行逻辑隔离，以适配各种各样类型的应用。网络切片如图 5-36 所示。

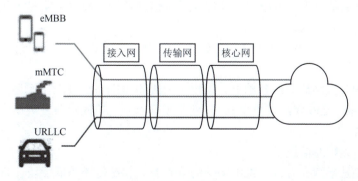

图 5-36　网络切片

②多接入边缘计算。

多接入边缘计算（MEC）是位于网络边缘的、基于云的 IT 计算和存储环境。它使数据存储和计算能力部署更靠近用户的边缘，从而降低了网络时延，可更好地提供低时延、高宽带应用。

MEC 可通过开放生态系统引入新应用，从而帮助运营商提供更丰富的增值服务，如数据分析、定位服务、AR 和数据缓存等。

③设备到设备的通信。

设备到设备的通信（Device to Device，D2D）是指在一定距离范围内，设备之间的直接通信，如图 5 - 37 所示。

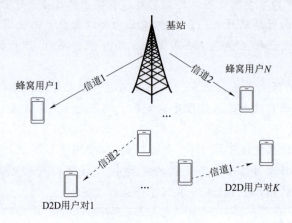

图 5 - 37　D2D 通信

D2D 技术不需要借助基站的帮助就能够实现通信终端之间的直接通信，拓展网络连接和接入方式。由于 D2D 是短距离直接通信，所以信道质量高，能够实现较高的数据速率、较低的时延和较低的功耗。通过广泛分布的终端，D2D 能够改善覆盖，实现频谱资源的高效利用。D2D 支持更灵活的网络架构和连接方法，提升链路灵活性和网络可靠性。

④多进多出技术。

多进多出（Multiple Input Multiple Output，MIMO）技术，是指在发射端和接收端分别使用多个发射天线和接收天线，使信号通过发射端与接收端的多个天线传送和接收，从而提高通信质量。它能充分利用空间资源，通过多个天线实现多发多收，在不增加频谱资源和天线发射功率的情况下，可以成倍地提高系统信道容量，显示出明显的优势，被视为下一代移动通信的核心技术。

在 4G 网络通信中，MIMO 天线数量较少，多为 4 个或 8 个，天线数量少就限制了 4G 网络的通信容量。

5G 网络在 4G 网络研究的基础上，提出了大规模 MIMO 的概念，就是在基站端安装几百根天线（128 根、256 根或者更多），从而实现几百根天线同时收发数据，其理论上的通信容量是无限的。

⑤毫米波高频段通信技术。

毫米波主要是指频率为 30 ~ 300 GHz 的电磁波，相比传统的低频段，毫米波具有更大的带宽和更高的传输速率。在 5G 网络中，由于毫米波频段拥有更大的带宽资源，因此其可以支持的传输速率也相对更高，能为用户提供更大的信息传输带宽和更低的延迟，这也是 5G 网络传输速率快且损失小的重要原因。

⑥同时同频全双工。

同时同频全双工技术是指在相同的频谱上，通信的收发双方同时发射和接收信号。与传统的 TDD 和 FDD 双工方式相比，这种方式理论上可使空口频谱效率提高 1 倍。

全双工技术能够突破 FDD 和 TDD 方式的频谱资源使用限制，使频谱资源的使用更加灵活。然而，全双工技术需要具备极高的干扰消除能力，这对干扰消除技术提出了极大的挑战，同时还存在相邻小区同频干扰的问题。在多天线及组网场景下，全双工技术的应用难度更大。

2. C – V2X 协同通信

微课 LTE – V
通信技术

1) 定义

C – V2X 协同通信是融合蜂窝网通信和终端直通通信的新一代车联网技术，它既能解决车联网应用的低时延、高可靠通信难题，又能够利用已有的移动网络部署支持信息服务类业务，同时可利用移动通信的产业规模经济降低成本。C – V2X 协同通信提供两种互补的通信模式：一种是直通模式，终端间通过直通链路（PC5 接口）进行数据传输，不经过基站，实现 V2V、V2I、V2P 等直通通信，支持蜂窝覆盖内和蜂窝覆盖外两种场景；另一种是蜂窝模式，沿用传统蜂窝通信模式，使用终端和基站之间的 Uu 接口实现 V2N 通信，并可基于基站的数据转发实现 V2V、V2I、V2P 通信。C – V2X 协同通信技术如图 5 – 38 所示。

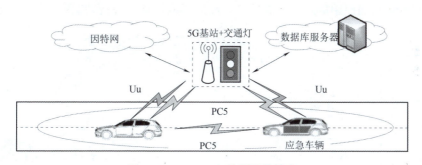

图 5 – 38　C – V2X 协同通信技术

3GPP 标准化发展的过程主要包括了两个阶段：基于 LTE 技术的 LTE – V2X 和基于 5G 新空口（New Radio, NR）技术的 NR – V2X（又称 5G – V2X）。

其中，LTE – V2X 主要面向基本道路安全类业务和交通效率类业务，引入了基于 PC5 接口的终端直通链路通信方式，以支持低时延、高可靠的直通通信。5G – V2X 主要面向传感器共享、车辆编队、增强自动驾驶等 V2X 增强应用，基于 5G NR 设计，引入了直通链路单播、组播通信模式以及基于混合自动重传请求（Hybrid Automatic Repeat ReQuest, HARQ）的反馈机制。

2）架构

C－V2X协同通信的总体业务架构如图5－39所示，C－V2X协同通信涉及云端、路侧端和车载端三个领域。

（1）云端。

云端可以连接第三方业务应用的信息中心，为路侧端和车载端发送全局的业务控制、业务共享信息，并存储全局设施、环境、用户、业务等信息。

（2）路侧端。

路侧端与路侧信号控制器或边缘服务器相连，收集驾驶、交通环境状态信息，进行路侧决策并将路侧业务控制信息发送到车载端。

（3）车载端。

车载端收集路侧控制信息、全局信息、周边环境信息，进行动态感知及实时决策。

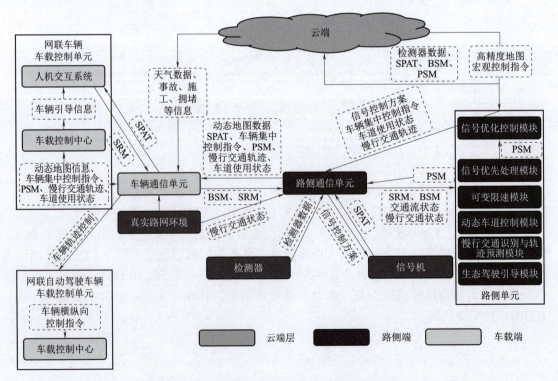

图5－39　C－V2X协同通信的总体业务架构

3）发展趋势

（1）向智能化和网联化发展。

随着 C-V2X 及 5G 技术的发展，更大数据吞吐量、更低时延、更高安全性和更多连接等特性随之而来，极大地促进了智能驾驶和智慧交通的发展。"车-路-云"的协同，一方面推动智能网联汽车快速发展，提供更安全、更智能的出行方式；另一方面赋能智能路况综合感知、动态协同交通控制等功能，为智能交通发展奠定基础。

随着网络技术的不断发展和智能驾驶、智慧交通等应用需求的升级，V2X 能够实现汽车与汽车之间、汽车与基础设施之间、汽车与人之间、汽车与道路之间甚至汽车与互联网之间的自动通信，能大幅提高汽车的行驶安全性，具有广阔的应用前景，推动 C-V2X 业务在驾驶安全、交通效率、信息服务这三个方面向着更加安全、协同、智能、绿色的方向发展。

（2）表现出鲜明的跨行业协同特色。

C-V2X 业务发展表现出鲜明的跨行业协同特色，一方面需要通信行业提供网联通信以及网联协同智能的支持；另一方面需要智能交通企业提供道路交通动静状态感知以及交通策略及时控制的服务；此外，还需要通信、交通、汽车、自动驾驶平台与应用软件企业等各种数据提供方支持业务流互联互通以及业务数据共享等。随着 C-V2X 业务的发展，这三个方面协作的深度和广度不断加深。

V2X 各种发展涉及信息通信、汽车、交通、自动驾驶平台与应用软件提供企业等，相关方都有机会根据实际条件提供和发展相应的业务。

①通信运营商和供应商。

通信运营商在 C-V2X 业务的落地中将扮演越来越重要的角色。其基于 5G+C-V2X+MEC 的融合应用，能够提供端到端网络通信以及车联网业务使能平台，从而为 C-V2X 的业务发展提供协同通信和网联协同计算能力。除此之外，网联相关的数据、MEC 业务使能相关数据也有助于使能更丰富和复杂的 C-V2X 发展业务。

网络性能及计算能力将直接影响业务应用的支持等级，主要考量指标为通信传输时延、通信吞吐量、连接可用性、通信可靠性、MEC 计算能力和 MEC 支持多应用的能力等。

②智能交通企业。

智能交通企业是车路协同相关应用的重要数据提供方和智慧道路的建设和运营方。随着智慧道路逐步落地和 MEC 的引入，智能路侧设备作为 C-V2X 业务发展的重要载体，与人、车、路、交通数据中心协同，可以提供更加丰富和实时的道路静态和动态数据，如各种感知信息（摄像头信息、路侧雷达信息、车端信息）等。结合交通管理中心（交通管理数据库、交通违法数据库、高速公路管理数据库等）下发的交通管理信息，还能够支持更丰富的安全和效率类业务。

③自动驾驶平台与应用软件企业。

自动驾驶平台与应用软件企业通过自动驾驶平台、应用软件、应用数据等为 C-V2X 发展业务提供业务应用支撑，为车联网用户的信息交互、应用运行提供平台与工具。算法与软件设计的合理性、效率及用户体验将直接决定应用的接受度。自动驾驶平台与应用软件，结合应用层相关数据，并与通信网络平台、智慧道路基础设施等紧密结合，有利于推动和挖掘更丰富的 C-V2X 发展业务。

④汽车厂商。

汽车作为 C－V2X 发展业务的载体，汽车用户是驾驶安全、交通效率、信息服务三大类业务的直接使用者。业务应用的有效性与友好性将直接决定汽车销售的市场份额。一方面，汽车总线数据是车－车、车－路协同应用的基础；另一方面，汽车厂商一般拥有汽车相关数据私有云，可以直接提供 C－V2X 业务，也可以向第三方应用提供相关数据支持。此类业务涉及多源数据的有效融合，一方面需要考虑为不同的数据源提供标准的数据接口，另一方面需要考虑数据共享的安全和隐私保护。

3. 5G－V2X

1）定义

5G－V2X 是 5G 通信的 V2X 标准，又称 NR－V2X。由于 4G－LTE 技术设计之初并未充分考虑车联网技术，随着智能汽车迅速发展，4G－LTE 技术不能满足需求，因此 5G 通信在设计之初则将智能汽车的需求考虑进去，V2X 将是 5G 网络的主要功能之一。LTE－V2X 已经具备产业应用基础，而 5G－V2X 标准尚在形成过程中。与 LTE－V2X 相比，5G－V2X 将支持更加多样化的场景，融合多种无线接入方式，并充分利用低频和高频等频谱资源。同时，5G 通信还将满足网络灵活部署和高效运营维护的需求，大幅提升频谱效率、能源效率和成本效率，实现车载移动通信网络的可持续发展。

> **交流与思考**
>
> "没有规矩不成方圆"，标准是技术的规矩和先导，这也体现在我国的 5G 车联网建设上。工业和信息化部在 2018 年就曾与国家标准委联合印发《国家车联网产业标准体系建设指南（总体要求)》，以及《国家车联网产业标准体系建设指南（信息通信)》和《国家车联网产业标准体系建设指南（电子产品与服务)》，全面推动车联网产业技术研发和标准制定。2020 年，《工业和信息化部关于推动 5G 加快发展的通知》中提出：开展 5G－V2X 标准研制及研发验证。同时，强化 5G 网络数据安全保护，围绕 5G 各类典型技术和车联网、工业互联网等典型应用场景，健全完善数据安全管理制度与标准规范。

2）网络架构

5G－V2X 的参考网络架构如图 5－40 所示，主要功能实体如下。

（1）V2X 应用服务器。

V2X 应用服务器是位于蜂窝移动通信网之外的 V2X 管理实体，提供全局 V2X 通信（包括 PC5 和 Uu）的策略和参数的管理功能，以及 V2X 终端的签约信息和鉴权信息的管理功能。

（2）5G 核心网。

5G 核心网与 V2X 应用服务器连接，为覆盖范围内的 V2X 终端提供 V2X 通信的策略、参数配置、签约信息和鉴权信息的管理功能。

（3）V2X 终端。

根据获取的 V2X 通信（PC5 和 Uu）的策略和参数配置信息，在 PC5 或者 Uu 接口上进行 V2X 通信。

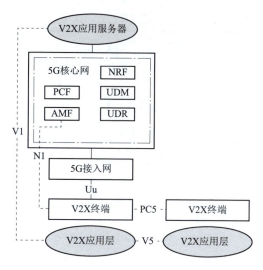

图 5 - 40　5G - V2X 的参考网络架构

3）应用场景

（1）交通环境协同感知。

车辆或 RSU 通过雷达、摄像头等感知设备感知交通环境，包括周边车辆、弱势道路使用者、物体、路况等，并通过 V2V/V2I 将其感知结果共享给其他车辆，如图 5 - 41 所示。通过感知信息的实时交互，扩展了车辆感知范围，丰富了车辆感知信息细节，可避免车辆感知信息不足或感知盲区造成的交通危险。

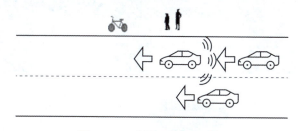

图 5 - 41　交通环境协同感知

（2）车道内位置调整。

车辆感知周围车辆位置以及车道宽度、车道线等相关信息，发送给路侧单元（RSU）。RSU 根据自身感知的周边信息，结合接收的车辆状态和车道信息，基于车辆间安全距离需求，计算各车辆在车道内的适当位置，并通过 V2I 通信将位置调整信息发送给车辆，如图 5 - 42 所示。

（3）特殊车辆的感知和避让。

当装配 V2X 的特殊车辆处于任务状态时，它将道路预控请求（包含任务类型、目的地等信息）发送给 MEC 中的应用。路边的基础设施（如摄像头）可以将道路拥堵情况告知 MEC，在 MEC 中可以计算车道级的拥堵情况，并为特殊车辆计算出道路及车道的路径规划。MEC 将规划信息发送给特殊车辆，同时把道路预控消息发送给相关区域的所有其

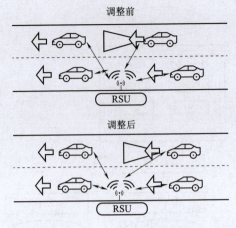

图 5 – 42　车道内位置调整

他车辆，包含道路和车道信息。其他 V2X 车辆在收到相应的预控消息后，需要做出避让。对于非 V2X 车辆，MEC 可以通过控制红绿灯的状态加速道路的清空，从而有效提高特殊车辆的通行速度，实现特殊车辆的感知和避让。特殊车辆的感知和避让如图 5 – 43 所示。

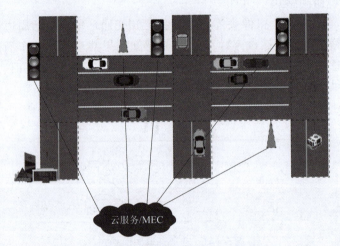

图 5 – 43　特殊车辆的感知和避让

（4）道路异常与特殊事件上报。

检测到路面障碍或者特殊交通事件的 V2X 车辆将路况上报至服务器，服务器对数据进行汇总，分析潜在危险，将信息发布给受影响区域的其他 V2X 车辆，如图 5 – 44 所示。

（5）倒车出库碰撞预警。

车辆 V1 准备倒车驶出停车位时，存在与侧面车道上行驶或行走的车辆 V2 和 VRU 产生碰撞的危险，如图 5 – 45 所示。

①RSU 参与有两种可能的场景。

场景一：RSU 检测到 V1、V2 和 VRU 的位置、速度和方向，当发现存在碰撞风险时，向车辆和 VRU 发送警告信息。

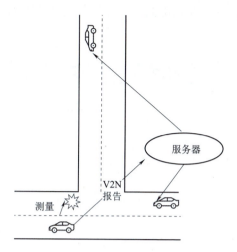

图 5-44　道路异常与特殊事件上报

场景二：车载单元（On Board Unit，OBU）根据车辆当前挡位、发动机状态等，推测车辆行驶意图为倒车出库，并将该意图发送给 RSU，如果 RSU 判断车辆 V1 与 V2 或 VRU 存在碰撞危险，则向 V1 发送警告信息。

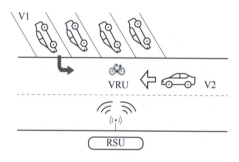

图 5-45　倒车出库碰撞预警

②无 RSU 参与。

V1 广播倒车出库预警信息，VRU 或 V2 根据接收的 V1 的状态信息和出库预警，如果发现存在碰撞风险，向 V1 发送停止动作请求。V1 停止倒车出库，并发送确认信息。

（6）车辆开门预警。

如图 5-46 所示，车辆 A 停车后开启车门，存在与侧面车道上行驶或行走的车辆 B 和 VRU 产生碰撞的危险。RSU 检测到车辆和 VRU 的位置、速度和方向，当发现车门开启并可能与车辆或 VRU 发生碰撞时，向车辆和 VRU 发送预警。无 RSU 参与时，车辆可通过 V2P/V2I 与 VRU 或其他车辆进行信息交互，避免发生意外。

（7）VRU 侧面通过预警。

如图 5-47 所示，在狭窄道路上行驶时，车辆 V1 在与相邻车道逆向行驶的车辆 V2 会车，存在与侧面 VRU 产生碰撞的危险。RSU 检测车辆和 VRU 的位置、速度和方向，当发现存在碰撞风险时，向车辆和 VRU 发出预警。无 RSU 参与时，车辆之间、车辆与 VRU 之

间通过 V2V 和 V2P 进行信息交互和协商，并通过加减速或左右方向调整等操作避免交通事故。

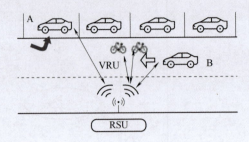

图 5-46　车门开启预警

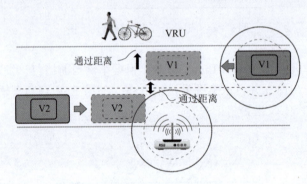

图 5-47　VRU 侧面通过预警

> **小知识**
>
> 　　在全球范围内，5G-V2X 通信的核心厂商主要有华为、高通和法可赛等企业，目前主要聚焦于自动驾驶、车队管理、智能交通系统、停车管理系统等方面的应用。相对而言，中国车联网市场的发展潜力更大，除了传统的汽车企业，5G-V2X 还将促进通信芯片企业（如华为、高通）、通信模组企业（如移远、大唐）、终端设备企业（如东软）、运营服务商（如百度、阿里、电信运营商）、测试验证机构（如信通院）及定位与地图服务企业（如高德）等的技术与产品发展。

四、DSRC 技术

1. 定义

微课　DSRC
通信技术

　　DSRC 是一种高效的无线通信技术，它可以实现在特定小区域内对高速运动下的移动目标的识别和双向通信，如车辆与车辆、车辆与基础设施间的双向通信，还可以实时传输图像、语音和数据信息，将车辆和道路有机连接，如图 5-48 所示。

　　DSRC 技术让汽车可以周期性地双向发送、接收、交换和分享车辆的基本行驶信息，

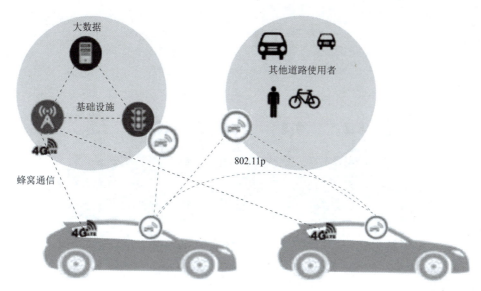

图 5-48 DSRC 示意

其中包括汽车当前的位置信息、行驶方向、当前车辆行驶速度、行驶路径和车辆的其他信息，并检测行人以及其他车辆与当前车辆的距离和危险程度，在必要时，例如，两辆汽车运行的轨迹有发生碰撞的危险时，会向双方驾驶员发出警告，在车载显示屏上显示警告信息，并通过语音提示以及座椅或转向盘振动来提醒驾驶员。

DSRC 是基于美国电气电子工程师协会，在 IEEE 802.11 的 WiFi 技术基础上改进制定的 IEEE 802.11p 标准和 IEEE 1609 标准的 V2V 和 V2I 通信协议，是比较成熟、高效的无线通信系统技术，它是智能交通系统的重要基础之一，目前已被欧洲、日本等国家的汽车制造企业采用并完善。我国在高速公路上的电子自动收费（ETC）系统也采用该项技术。

图片 ETC 系统结构

> **交流与思考**
>
> 2007 年我国出台了《电子收费 专用短程通信》（GB/T 20851—2007），迈出了 DSRC 实际应用的第一步，中国 ETC 车道和相关产业建设由此起步，截至 2015 年年底已基本实现 ETC 全国联网。在政策的引导下，全国各地不断出现 ETC 应用服务创新和技术创新。2019 年，中国仅用了半年时间，就完成了其他国家数十年才能完成的 ETC 基本覆盖，以 5.8 GHz DSRC 构建的中国 ETC 系统成为世界范围内覆盖区域最广、用户保有量最大的车路通信应用系统。

DSRC 通信在 5.9 GHz 附近的频段上，专门将车与车、车与道路基础设施有机连接，实现在数百米范围内对高速行驶的车辆进行识别和双向通信，提供实时图像、语音和数据信息传输，保证通信链路的低时延、低干扰以及系统的可靠性，如图 5-49 所示。

2. 系统结构

DSRC 系统主要由三部分组成：OBU、RSU 以及专用通信链路。

动画 DSRC 结构

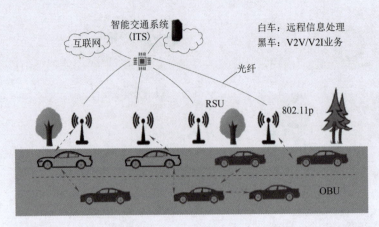

图 5－49　DSRC 系统

（1）OBU。

目前国际上使用的 OBU 种类很多，主要差异集中在通信方式和通信频段。OBU 主要应用在电子自动收费系统，从最初的单片式电子标签发展到目前的双片式 IC 卡加 CPU 单元，IC 卡存储账号、余额、交易记录和出入口编号等信息，CPU 单元存储车主、车型等有关的车辆物理参数，并为 OBU 和 RSU 之间的高速数据交换提供保障。

（2）RSU。

RSU 是指安装在车道旁边或车道上方的通信及计算机设备，其功能是与 OBU 完成实时高速通信，实施车辆自动识别、特定目标检测及图像抓拍等，它通常由设备控制器、天线、抓拍系统、计算机系统及其他辅助设备组成。

（3）专用通信链路。

下行链路：从 RSU 到 OBU，采用 ASK 调制和 NRZI 编码方式，数据通信速率 500 kbit/s。

上行链路：从 OBU 到 RSU，RSU 的天线不断向 OBU 发射 58 GHz 连续波，其中一部分作为 OBU 的载波，将数据进行 BPSK 调制后又反射回 RSU。上行数据本身也是 BPSK 调制，载频为 2～10 MHz。

3. 特点

DSRC 具有以下优势。

（1）采用分布式控制方式。

（2）支持高速车辆，可支持高于 192 km/h 车速下的动态快速自组网，一般高速路的车速都在其支持范围。

（3）可以随时建立网络，可在没有其他通信设施的情况下使用。

（4）无中心的点对点通信，不受固定拓扑结构的限制，不依赖于任何预设的网络基础设施，建网成本低。

（5）DSRC 通信距离短，发射的数据量较少，发射功率较低，功耗和能源消耗较低，工作时长较长。

（6）设备小巧，更换维护方便。

（7）可以成为汽车的内生系统，与车内总线和车内系统协同性好。

与此同时，DSRC 也存在以下缺点。

（1）车辆接入互联网的路侧设备覆盖问题。如果汽车需要接入互联网，必须依靠连接互联网的路侧 DSRC 终端的支持，这需要在路侧大量布置能够接入互联网的终端设备。

（2）考虑车辆高速移动的环境下复杂的网络拓扑结构，数据包的多级连跳性以及路由问题削弱了 DSRC 高可靠和低时延的性能。

（3）DSRC 在高密度场景下，车辆之间信道接入竞争会变得非常激烈，从而导致通信延迟增加和传输速率下降。

（4）由于 DSRC 路侧设施投入大，因此商业盈利模式尚未明确。

4. 应用

DSRC 以大容量、高速率、低时延的特点搭建了 ITS 中的通信平台，是交通管理系统的关键技术，且有广泛的应用前景和发展意义。

DSRC 技术在 ITS 中主要可提供以下服务。

1）信息提供服务

DSRC 技术提供及时、具体的交通信息，以满足多种服务需求，如车辆导航、安全驾驶、车辆调度、紧急车辆处理等。

2）数据交换服务

DSRC 技术不仅可以完成车辆身份信息、电子收费等数据传输，还可以与联网的车道工控机、收费站计算机、结算中心以及管理计算机高效率互通信息。

3）实时检测服务

道路上时刻运行着各类特殊车辆，这些车辆都需要实时监测、严密监控、妥当处理，从而最大限度地保障人身和财产安全。

4）数据加密服务

DSRC 技术对需要保密的信息进行高强度的加密处理，确保信息安全和畅通传输。由此 DSRC 技术可以运用到 ITS 的诸多子项目中，如交通管理、旅行者信息提供、公共运输管理、商用车辆运营、车辆控制与安全和电子收费等。

项目实施

考查计划组织、团队协作、安全防护、操作规范、诚实守信、绿色环保等职业素养。

一、实施准备

智能网联汽车实车和车型相关技术资料等。

二、实施步骤

1. 任务分组

按照班级学生数量分为若干小组，并明确每人任务。

2. 自主学习

（1）查阅车型相关技术资料，明确车辆基本参数，完成项目工单相关信息的填写。

（2）查阅车型相关技术资料，观察车辆，明确网络类型、网络拓扑结构、通信类型及其支持的功能，完成项目工单相关信息的填写。

3. 小组讨论

各小组结合车辆进行讨论，并形成汇报成果。

4. 小组汇报

各小组通过角色扮演的方式在车辆上向客户介绍网络与通信系统。

5. 5S 工作

三、项目工单

任务名称	智能网联汽车网络与通信系统的认知				
姓名		班级		学号	
填写任务记录					
车型					
网络系统	CAN 总线类型	□高速　□低速			
	是否有 LIN 总线	□有　□无			
	是否有 MOST 总线	□有　□无			
	是否有 FlexRay 总线	□有　□无			
	是否有车载以太网	□有　□无			
	是否有其他类型总线	□有，名称：_____　□无			
	是否有车载自组织网络	□有　□无			
	是否有车载移动互联网络	□有　□无			
通信系统	是否有 V2V 通信	□有　□无			
	是否有 V2I 通信	□有　□无			
	是否有移动通信	□无　□4G　□5G			
	是否有 ETC	□有　□无			
	是否有蓝牙通信	□有　□无			
绘制整车车载网络拓扑图，并说明无线通信支持的功能					

项目评价

各小组汇报完成后，完成小组自评、小组互评、教师评价，并将结果填入表中。

评价项目	评价标准	小组评价 （占50%）	教师评价 （占50%）
知识准备 （20分）	熟悉网络系统的结构、特点及应用		
	熟悉通信系统的结构、特点及应用		
知识拓展 （10分）	会结合实车举例说明网络及通信技术的应用，养成自主学习的习惯，具备资料收集和处理的能力		
项目实施 （40分）	能够明确采用的网络类型		
	能够明确采用的通信类型		
	能够绘制整车车载网络拓扑图		
	能够说明无线通信支持的功能		
综合表现 （30分）	任务汇报：能正确填写工单且汇报思路清晰，能准确表达，总结到位，具有创新意识		
	工作态度：能与小组成员和同学合作交流、协调工作，认真严谨、积极主动、安全生产、绿色环保		
	5S管理：操作规范，完成竣工检验、现场恢复		
合计			
总评分			
教师评语			
日期： 年 月 日			

项目小结

本项目主要介绍了 CAN 总线、LIN 总线、MOST 总线、FlexRay 总线、车载以太网、V2X 通信、C－V2X 协同通信、专用短程通信的基础概念，通过学习掌握各类智能网联汽车网络和通信技术的结构、特点及应用场景，更好地了解智能网联汽车未来的发展趋势。

拓展阅读

我国主推的 C－V2X 成为全球车联网唯一的国际标准

在车联网技术路线之争中，C－V2X 作为后起之秀，其技术先进、性能优越，尤其是面向 5G 时代，其具有可长期发展等优势，成为技术发展和商业化应用的主流趋势。基于 C－V2X 车联网的"聪明的车＋智慧的路＋协同的云"的车路云协同发展，将助力我国走出领先于发达国家的智能网联汽车和智能交通的发展模式，推动实现汽车及交通行业的转型升级，形成智慧交通、智慧城市和数字经济新优势，为中国式现代化建设贡献力量。

随着汽车数量快速增长，交通事故、交通拥堵、环境污染问题日益突出，车联网作为提升行驶安全、交通效率及智能驾驶的重要使能技术，已成为国际科技的前沿。近年来，在国家制造强国建设领导小组车联网产业发展专项委员会的统筹协调推进下，我国车联网产业在关键技术攻关、标准体系构建、基础设施部署、应用服务推广、安全保障体系建设等方面取得了一系列显著成果。

目前，全球主要有两大车联网标准，一项是 C－V2X（包括 LTE－V2X 及 5G－V2X），另一项是 DSRC（IEEE 802.11P），主要由美国主导。前者技术发展思路由时任大唐电信集团（现已与烽火科技集团重组为中国信科集团）副总裁、无线移动通信国家重点实验室主任陈山枝博士在 2013 年 5 月 17 日"世界电信日"上率先提出，奠定了 C－V2X 的系统架构和技术路线。他带领大唐团队联合华为、LG 等公司在 3GPP 制定国际标准。FCC（美国联邦通信委员会）正式投票将 5.9 GHz 频段划拨给 WiFi 和 C－V2X 使用，其中 30 MHz 带宽分配给 C－V2X，意味着我国主推的 C－V2X 技术标准获得了全球主要国家的认可，使 C－V2X 成为全球车联网唯一事实国际标准。

我国已确立了依托 C－V2X 发展车路云一体化融合的智能网联汽车中国方案。《智能网联汽车技术路线图2.0》中明确提出，到 2025 年，C－V2X 终端新车装配率达到 50%，到 2030 年，C－V2X 终端新车装配基本普及。C－V2X 产业生态日益完善，我国车联网产业建设如火如荼，全国 17 个测试示范区、16 个"双智"试点城市、7 个国家车联网示范区完成了 7 000 多千米道路智能化升级改造，装配路侧网联设备 7 000 余套。2024 年 1 月，中国新车评价规程（C－NCAP）2024 版正式发布，并于 2024 年 7 月 1 日正式实施。新规首次将 C－V2X 技术引入主动安全测评板块，将支持和引导车联网技术，促进汽车安全水平的提升。

在产品研发方面，我国选择 C－V2X 技术路线，从整个产业链上进行核心技术研发，也绕过了 IEEE 802.11P 的技术、标准及芯片由少数美日企业控制的局面，力争将核心知识产权掌握在自己手里。华为、大唐高鸿等作为通信龙头企业，率先涉足 C－V2X 国产芯片模组研发，打破了美国高通在国内市场一家独大的格局。我国已经形成了包括芯片模组、终端设备、整车应用、安全、高精度地位及地图服务等环节的完整产业链生态。

巩固提高

一、选择题（共25分，每题5分）

1. A 类低速网络传输速率一般小于（　　）。

A. 10 kbit/s　　　　　B. 100 kbit/s　　　　　C. 1 Mbit/s　　　　　D. 10 Mbit/s

2. V2V 通信属于（　　）。

A. 车载网络　　　　　　　　　　　　B. 车载自组织网络

C. 车载移动互联网络　　　　　　　　D. CAN 总线

3. CAN 总线是（　　）。

A. 控制器局域网络　　　　　　　　　B. 局域互联网络

C. 面向多媒体的系统传输总线　　　　D. 车载以太网

4. C－V2X 协同通信的总体业务架构不涉及（　　）领域。

A. 云端　　　　　　B. 路侧端　　　　　C. 车载端　　　　　D. 交通设施

5. （　　）是 5G 通信的 V2X 标准，又称 NR－V2X。

A. C－V2X　　　　　B. 5G－V2X　　　　　C. DSRC　　　　　D. 5G

二、判断题（共25分，每题5分）

1. 智能网联汽车网络是以短距离无线通信为基础的车载自组织网络。（　　）

2. 典型的车载网络不包括以太网技术。（　　）

3. LIN 总线的数据传输速率为 20 kbit/s，属于低速网络。（　　）

4. V2X 主要包括 V2V、V2I、V2P、V2R、V2N。（　　）

5. DSRC 是一种高效的无线通信技术，它可以实现在特定小区域内对高速运动下的移动目标的识别和双向通信。（　　）

三、分析题（共50分，每题10分）

1. 请对比 5 种不同类型的车载网络的特点，分别写出典型网络协议。

2. 请分别描述 CAN 总线、LIN 总线、MOST 总线、FlexRay 总线和车载以太网的特点。

3. 请分析 5G 网络的特点及应用场景。

4. 随着美国放弃 DSRC 标准，中国 C－V2X 技术标准已经成为事实上的全球车联网标准，这必将再次引领一场自动驾驶与智慧道路相关的技术大变革，请探讨 C－V2X 和 DSRC 的区别。

5. 5G－V2X 的应用场景主要包括哪些？

项目六

智能网联汽车操作系统与应用平台

项目引入

随着互联网、物联网和人工智能等科技的创新与发展，智能网联汽车已经成为产业规划的重点之一，也是智能制造、智慧城市和互联网＋等多个领域的重要组成部分。智能网联汽车操作系统则是实现这些领域互联互通的重要驱动力。在国务院办公厅关于印发新能源汽车产业发展规划（2021—2035 年）的通知中，提到了以车用操作系统开发与应用为核心，通过迭代升级，提升操作系统与应用程序的安全性、可靠性、便利性，扩大应用规模，形成开放共享、协同发展的良好生态的工作要求。

近年来，行业里出现了很多优秀的智能网联汽车操作系统应用和开发平台，这些平台为开发者提供了丰富的开发工具和资源，帮助开发者快速搭建自己的操作系统，简化了开发成本与难度，推动智能网联汽车行业的快速发展。因此，本项目学习几种常用的智能网联汽车操作系统与应用平台。

项目描述

智能网联汽车操作系统不仅管理车载硬件资源，还提供用户界面、车联网服务、智能驾驶辅助功能等，从而使汽车能够实现更高级的自动驾驶、远程控制、数据分析和信息娱乐等功能。作为一名智能网联汽车开发助理，请你了解智能网联汽车的操作系统 Linux、智能网联汽车的开发平台 ROS 和 Apollo 自动驾驶开放平台的基本操作，并向小组成员进行介绍。

项目目标

知识目标

1. 了解 Linux 操作系统的特点及其在智能网联汽车中的应用；
2. 了解 ROS 系统的特点及其在智能网联汽车中的应用；
3. 了解 Apollo 自动驾驶开放平台及其在智能网联汽车中的应用。

能力目标

1. 能区别 Linux 操作系统和 Windows 操作系统；
2. 能指出 Linux 操作系统的基本操作命令；
3. 能说出 ROS 的特性和应用场景；
4. 能登录并操作 Apollo 自动驾驶平台的仿真实验。

素质目标

1. 通过对智能网联汽车操作系统的学习，引导学生要关注智能网联汽车最新的发展趋势和前沿技术，保持创新思维和主动的学习态度；
2. 通过本项目学习，培养学生跨领域多学科交叉融合的能力，能够综合运用不同领域的知识解决复杂问题；
3. 具有利用信息手段查阅相关资料的能力，具有分析问题、解决问题和再学习的能力。

知识链接

单元一　智能网联汽车的操作系统

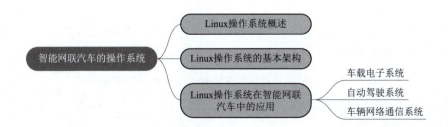

一、Linux 操作系统概述

Linux，全称为 Linux is not UNIX，通常指的是 GNU/Linux，是一个免费并且可以自由传播的类 UNIX 操作系统。它遵循 POSIX 标准，支持多用户、多任务、多线程和多 CPU。像常见的 Windows 操作系统一样，Linux 也是一种操作系统。与 Windows 和 MacOS 操作系统相比，Linux 更加自由和开放，因为它的源代码是公开的，任何人都可以查看、修改和分发。

微课 智能网联汽车
操作系统——Linux

Linux 的基本思想有两点。第一，一切都是文件，这是 Linux 操作系统的核心设计理念之一。在 Linux 中，几乎所有的 I/O 操作都可以使用相同的系统调用来完成，无论操作对象是普通文件、目录、设备还是其他任何类型的资源。系统中的所有内容，包括命令、硬件和软件设备、操作系统、进程等，对于操作系统内核而言，都被视为拥有各自特性或类型的文件。这种设计方式简化了系统的复杂性和操作难度，从而使用户可以更加方便地进行各种操作。第二，每个文件都有确定的用途。这使 Linux 中每个程序都有一个明确的、专门的用途。这种设计思路保证了系统的稳定性和安全性。

Linux 有两种版本，内核版本和发行（distribution）版本。内核版本是指 Linux 操作系统核心的具体版本号，如 3.14、4.19、5.10 等。每个内核版本都包含了一系列的功能、改进和修复。内核是系统的心脏，负责运行程序和管理硬件设备，提供了硬件与应用程序间的抽象层。发行版本是指基于 Linux 内核构建的完整操作系统，它包括了用户界面、系统安装程序、应用程序等外围资源。不同的发行版可能会使用相同版本的内核，但它们会有不同的用户应用方式和资源选择。全球有数百款不同的 Linux 发行版，每个都有自己的特点和目标用户群体。目前市面上较知名的 Linux 发行版有 Ubuntu、RedHat、CentOS、Debian、Fedora、SuSE、OpenSUSE、Arch Linux、SolusOS 等。其中 Ubuntu 是 Linux 众多发行版中使用量最大、普及度最高的发行版。Ubuntu 是一个以桌面应用为主的 Linux 发行版操作系统，项目由南非人马克·沙特尔沃思发起，其目标在于为一般用户提供一个最新的、同时又相当稳定的主要由自由软件构建而成的操作系统。Ubuntu 具有庞大的社区力量，用户可以方便地从社区获得帮助，是 Linux 众多发行版中使用量最大、普及度最高的发行版。

除了在计算机上随处可见的操作系统外，也可以在企业服务器如 Netcraft、QQ、Taobao、Microsoft 上看到 Linux 的身影。另外，Linux 也在其他嵌入式应用，如智能家电、智能卡系统、航空系统、银行系统、KTV 点歌系统当中广泛使用。随着智能网联汽车和自动驾驶技术的快速发展，Linux 操作系统广泛应用于车载电子系统、自动驾驶系统和车辆网络通信系统等关键领域。

目前国内 Linux 更多的是应用于服务器上，而桌面操作系统更多使用的是 Windows。表 6-1 列出了 Linux 操作系统和 Windows 系统操作的主要区别。

表 6-1　Linux 操作系统和 Windows 操作系统的主要区别

项目	Linux 操作系统	Windows 操作系统
开放性	开源	闭源
源代码	公开，可自由定制或修改	不公开

续表

项目	Linux 操作系统	Windows 操作系统
图形用户界面（GUI）	提供多种图形界面(如 GNOME、KDE 等)，也可使用命令行界面	直观易用，面向对象的图形界面。用户可以通过鼠标单击、拖放和窗口操作来执行各种任务
内核	宏内核结构。使用 Linux 内核，这是一个开源、Unix–like 的内核，支持多用户、多任务和多线程	混合内核结构。使用 Windows NT 内核，是由微软开发的专有内核，支持多用户、多任务和多线程
驱动程序	由志愿者开发，由 Linux 核心开发小组发布。很多硬件厂商基于版权考虑未提供驱动程序，尽管多数不需要手动安装，但是涉及安装则相对复杂	驱动程序丰富，版本更新频繁。默认安装程序里面一般包含有该版本发布时流行的硬件驱动程序，之后所出的新硬件驱动依赖于硬件厂商提供
使用	Linux 有图形界面和文字界面。其中，图形界面使用简单，容易入门；文字界面，需要学习才能掌握	使用比较简单，容易入门。图形化界面对没有计算机背景知识的用户使用十分有利
软件支持	大部分软件为开源软件，可自由获取	大部分软件为商业软件，需要购买授权
社区支持	活跃的开源社区，提供丰富的资源和帮助	庞大的用户社区和官方支持

二、Linux 操作系统的基本架构

Linux 作为一个实时操作系统，具有高效的 I/O 管理能力，能够处理和存储控制系统所需的大量数据。而 Linux 操作系统的结构，则一般由 Linux 内核、命令解释器（Shell）、文件系统以及应用程序四大部分构成。

1. Linux 内核

Linux 内核是 Linux 操作系统的核心，它负责管理系统的进程、内存、设备驱动程序、文件和网络系统，决定着系统的性能和稳定性。它主要由 5 个子系统构成：内存管理、进程调度、进程间通信、文件系统和网络接口，它们的关系如图 6–1 所示。表 6–2 介绍了 Linux 内核的 5 个子系统。

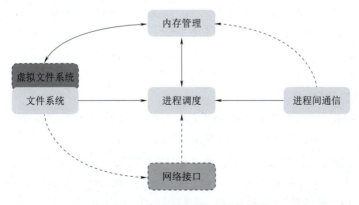

图 6–1　Linux 子系统之间的关系

表 6 – 2　Linux 内核子系统描述

Linux 内核子系统	描述
进程调度	进程是系统在运行程序时，该程序实时所获得的资源分配以及优先级的调度情况。每个程序至少都包含一个进程。Linux 内核中进程调度就是实时处理各个进程之间的优先级关系，根据进程的优先级来决定该进程的运行状态。进程调度也是其余 4 个子系统的枢纽
内存管理	内存管理就是控制系统中正在运行进程之间的内存共享区域
文件系统	Linux 系统有两大基本思想：一切皆文件，要明确各个软件的用途。Linux 系统把文件、目录、设备、套接字都定义成文件。它们虽然属于不同的类型，但是 Linux 系统却为它们提供了同一文件访问接口
网络接口	网络接口为 Linux 系统在网络通信过程中提供了对网络协议标准的存取和网络硬件的支持
进程间通信	Linux 系统支持进程之间的相互通信机制。Linux 进程之间的通信机制，主要包括套接字、信号、报文、共享内存等

2. 命令行解释器

Shell 是命令行解释器，它是用户和操作系统之间交互的接口。简单来说，Shell 接收用户输入的命令，然后将其解释和执行。Shell 提供了一种让用户与操作系统进行交互的方式，用户可以通过 Shell 输入命令来管理系统、运行程序、查看文件等。

Shell 的主要特点包括以下几方面。

（1）命令行接口。Shell 提供了一个文本界面，用户可以在这个界面上输入命令并执行。

（2）脚本编程。Shell 支持脚本编程，用户可以将一系列命令组合成一个脚本文件，然后运行这个脚本来执行自动化任务。

（3）通配符、管道和重定向。Shell 提供了丰富的功能，例如，通配符用于匹配文件名，管道用于将一个命令的输出作为另一个命令的输入，重定向用于改变命令的输入输出方向。

（4）变量和函数。Shell 支持变量和函数，这使脚本编程更加灵活和强大。

（5）环境变量。Shell 维护了一组环境变量，这些变量存储了系统环境的信息，如 PATH（用于指定命令的搜索路径）、HOME（用于指定用户的主目录）等。

（6）历史记录。Shell 会记录用户输入的命令历史，用户可以通过按上下键在历史记录中浏览并重新执行之前的命令。

（7）任务控制。Shell 支持任务控制功能，如后台执行命令（在命令末尾添加 &）、挂起命令（使用 Ctrl + Z）、恢复命令（使用 fg 或 bg 命令）等。

在 Linux 和 UNIX 操作系统中，有多种 Shell 可供选择，如 bash（Bourne – Again SHell）、sh（Bourne Shell）、ksh（Korn Shell）、csh（C Shell）和 tcsh（Tenex C Shell）等。其中，bash 是目前最流行和广泛使用的 Shell 之一，Ubuntu 18.04 以后的长期支持（LTS）版本，如

Ubuntu 20.04 LTS、Ubuntu 22.04 LTS 等，默认使用的 Shell 仍然是 bash（Bourne – Again SHell）。

3. 文件系统

文件系统是文件存放在磁盘等存储设备上的组织方法。Linux 操作系统能支持多种目前流行的文件系统，如 EXT2、EXT3、FAT、FAT32、VFAT 和 ISO9660。Linux 操作系统中单独的文件系统并不是由驱动器号或驱动器名称（如 A：或 C：等）来标识的，它将独立的文件系统组合成了一个层次化的树型结构，并且由一个单独的实体代表这一文件系统。Linux 将新的文件系统通过一个称为"挂装"或"挂上"的操作将其挂装到某个目录上，从而让不同的文件系统结合成为一个整体。"/"（根）是所有目录的顶点，对于 Linux 的目录来说，一切从根开始。Linux 操作系统文件目录结构如图 6 – 2 所示。表 6 – 3 所示为 Linux 文件主要功能介绍。

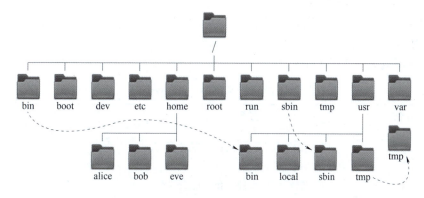

图 6 – 2 Linux 操作系统文件目录结构

表 6 – 3 Linux 文件主要功能介绍

目录名	功能
/bin	存放系统的必备执行文件，常见的 Linux 命令都在这个目录下
/boot	引导加载程序。启动 Linux 系统的核心文件
/dev	设备文件。包括终端设备、USB 或连接到系统的任何设备
/etc	配置文件。包含所有程序所需要的配置文件，也包含用于启动/停止单个程序的启动和关闭 Shell 脚本
/home	目录。Linux 是多用户的系统，home 目录保存各用户的信息
/lib	函数库文件
/root	系统管理员相关的文件
/sys	Linux 的系统文件
/mnt	各种挂载文件，如 USB 设备
/opt	存放可选的应用安装包
/var	日志类文件

计算机系统中存有大量的文件，如何有效地组织与管理这些文件并为用户提供一个使用方便的接口是文件系统的一大任务。Linux 命令通常由三部分组成：命令名（command）、选项（options）和参数（arguments），三部分依次从左到右排列并以空格隔开，命令格式为 command［－options］［parameter］。

命令名：命令的基本功能。事实上 Linux 的命令都是一个个程序，命令名是程序所在的脚本名，这些程序保存在系统的/bin 目录下。用户输入命令后，Shell 会根据命令名到相应的位置搜索并执行。选项是命令执行的方式，参数是命令作用的对象。

选项：可选的，通常情况下，选项直接位于命令名之后，用连字符"－"后跟字母进行表示。不设置选项时，命令将采用默认的方式执行。当使用单词或数个字母来表示选项时，连接符为"－－"，如：command －－help，该命令表示显示 command 命令的帮助信息。

参数：可选的，某些时候需要使用参数指定命令的作用对象，或为命令提供数据。当命令中的参数包含空格时，需要使用单引号将参数名括起来，或者使用斜杠转义，例如，find－name"＊1＊"表示搜索桌面目录下，文件名包含 1 的文件。

表 6－4 所示为常用的 Linux 命令。

表 6－4　常用的 Linux 命令

常用命令	选项	参数
ls——列出目录内容	－l：长格式显示（包括权限、所有者、大小等信息）； －a：显示所有文件，包括隐藏文件（以 . 开头的文件）； －h：以人类可读的格式显示文件大小（如 K、M、G）； －－color 或 －－colour：以颜色区分不同类型的文件；	目录路径：指定要列出内容的目录，如果不指定则默认为当前目录
mkdir——创建目录	－p：递归创建目录，如果父目录不存在则一并创建	目录名称：要创建的目录名称
cp——复制文件或目录	－ r 或 － R：递归复制目录及其内容； －i：在复制前提示确认； －v：显示复制的详细信息	源文件或目录：要复制的文件或目录名称； 目标目录：复制到的目标目录路径（或新文件名）
mv——移动或重命名文件或目录	mv－移动或重命名文件或目录	源文件或目录：要移动或重命名的文件或目录名称； 目标目录或新名称：移动到的目标目录路径或新的文件名

续表

常用命令	选项	参数
grep——在文件中搜索指定的模式	-i：忽略大小写； -r 或 -R：递归搜索目录中的文件； --color 或 --colour：以颜色高亮显示匹配项	模式：要搜索的字符串或正则表达式； 文件名：要搜索的文件或目录名称

4. 应用程序

在 Linux 中，应用程序是指为完成特定任务或提供特定功能而设计并运行的软件程序。这些应用程序既可以是命令行的工具（通常称为 CLI 工具或 Shell 命令），也可以是 GUI 应用程序。Linux 之所以备受赞誉，很大程度上归因于其丰富的开源软件库和工具集，这使用户能够轻松找到大量高质量的应用程序。

例如，对于开发者而言，Linux 提供了 gcc/g++ 这样的编译器套件，以及 JetBrains 全家桶、Eclipse 等强大的集成开发环境（IDE）；对于办公用户，LibreOffice、LaTeX 等应用程序则提供了专业的文档处理和排版功能。此外，GNOME 和 KDE Plasma 作为两大流行的桌面环境，为用户提供了丰富的系统工具，而 Docker 则成为容器化应用程序管理和运行的佼佼者。

由于 Linux 的开源特性，用户不仅能够轻松获取和使用这些应用程序，还能根据自己的需求进行定制和修改，以适应特定的使用场景。这种高度的灵活性和可定制性，使 Linux 成为一个极具吸引力的操作系统平台。

三、Linux 操作系统在智能网联汽车中的应用

汽车的网络信息互联不限于汽车中的电子控制单元，还包括汽车与外部世界的通信方式。汽车可能需要接入蜂窝无线网络，信息娱乐系统将受益于连接到车载移动设备，不仅可以访问设备上的多媒体、应用程序和数据，还可以提供访问互联网的新选项。

Linux 操作系统作为一种开放源代码的操作系统，其内核具有良好的可移植性和可定制性，非常适合嵌入式系统的应用。Linux 系统有以下特点。

（1）系统源码对外开放，便于进一步研究学习和完善 Linux 系统。

（2）免费使用。

（3）具有较高的稳定性能，可长时间连续运行。

（4）应用领域较为广泛，Linux 不仅可在计算机设备中使用，还可以在路由器、机顶盒、手机、平板以及嵌入式设备中进行安装和使用。

（5）Linux 系统本身消耗的内存相对较少。

也正是因为 Linux 具有以上特点，所以人们都将 Linux 作为基础系统，从而开展对汽车自主驾驶或智能网联汽车领域的学习和探索。在智能网联汽车中，Linux 操作系统广泛应用于车载电子系统、自动驾驶系统和车辆网络通信系统等关键领域。

1. 车载电子系统

智能网联汽车的车载电子系统涵盖了车辆内部的各种电子控制单元，包括发动机控制

单元、刹车控制单元、车身稳定控制单元等。这些控制单元需要协同工作，实现对整车各个部件的精确控制。Linux 操作系统通过其多任务处理和实时性能，能够有效满足车载电子系统的要求，提高系统的稳定性和可靠性。

2. 自动驾驶系统

在自动驾驶系统中，传感器、摄像头、激光雷达等设备产生大量的数据，需要进行实时处理和分析，以确保车辆对周围环境的准确感知。Linux 操作系统的开放源代码和丰富的社区支持使开发人员能够更好地定制系统，满足自动驾驶系统对高性能计算和实时处理的需求。

3. 车辆网络通信系统

智能网联汽车需要通过车辆间通信和车辆与基础设施之间通信实现实时的信息交换。Linux 操作系统提供了丰富的网络协议支持，使车辆能够通过互联网进行高效、安全的通信。同时，Linux 的开放性也促进了各种通信协议的适配和集成，为车辆的智能交通系统提供了广泛的支持。V2X 能够实现汽车与人之间、汽车与汽车之间、汽车与路边基础设施之间甚至汽车与云之间的自动通信，大大提高了汽车的行驶安全性，具有广阔的应用前景。从 ADAS 的角度来看，实施部署成本将成为一个问题。Linux 作为一个开源软件平台，在降低开发成本方面发挥着重要作用，从信息娱乐和音响系统，到需要即时启动与安全层的远程信息处理系统，利用 Linux 运行智能网联汽车功能是一种趋势。

> **小知识**
>
> Linux 诞生于 1991 年，当时计算机用户面临着 UNIX 操作系统的高价格、神秘性以及使用起来费力的情况。一位名叫 Linus Torvalds 的芬兰计算机科学研究生决定自己动手创建一个操作系统，他基于 Minix 操作系统的基础，编写出了一款名为 Linux 的操作系统。Torvalds 的目标是打造一个优秀的系统，同时让更多的人可以自由地使用和修改它。

Linux 的开源性质吸引了全球数十万的志愿者和开发者加入，他们共同为 Linux 系统的发展作出了贡献。这种开源的协作模式，使 Linux 系统的发展速度越来越快，不仅在个人计算机领域得到了广泛应用，还在服务器、移动设备、超级计算机等各个领域展现了强大的实力。

Linux 系统的成功，不仅仅在于它的技术和品质，更在于它所代表的一种开放精神和共享文化。Linux 的故事，也是一部关于自由、开放和创新的传奇。Linux 系统的成功告诉我们，只有开放和共享，才能激发更多的创新和进步。

单元二　智能网联汽车的开发平台

一、ROS 概述

ROS（Robot Operating System），就是机器人操作系统。虽然名字里含有操作系统的字眼，但 ROS 与 Windows 和 Linux 等操作系统不一样，它实际上是一套软件库和工具，可以帮助用户快速建立机器人应用程序。

ROS 作为最早开源的机器人软件中间件，很早就被机器人行业使用。ROS 的首要设计目标是在机器人研发领域提高代码复用率。ROS 是一个分布式的进程（也就是节点）框架，这些进程封装在易于分享和发布的程序包和功能包中。整个智能驾驶系统和机器人系统有很强的相似度，ROS 的开源特性，丰富的开源库和工具链，在智能驾驶的研究领域有着广泛应用，很多自动驾驶的原型系统中都能够看到 ROS 的身影，如 AUTOWARE。百度 Apollo 最初也使用了 ROS，直至 Apollo 3.5 版本才切换至自研的车载中间件 CyberRT。

ROS 在发展过程中主要有两个版本：ROS1 和 ROS2。ROS1 的通信依赖中心节点的处理，无法解决单点失败等可靠性问题。为了更好地符合工业级的运行标准，ROS2 最大的改变是取消 Master 中心节点，实现节点的分布式发现、发布/订阅、请求/响应；底层基于 DDS（数据分发服务）这个工业级的通信中间件通信机制，支持多操作系统，包括 Linux、Windows、MacOS、实时操作系统（RTOS）等。ROS 的发展历程如图 6-3 所示。

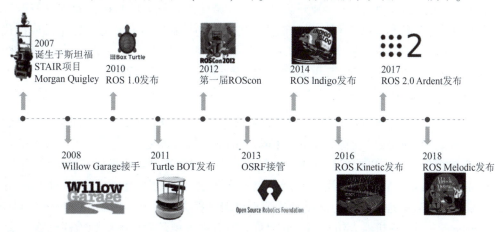

图 6-3　ROS 的发展历程

虽然 ROS2 基于 ROS1 有了很大的改进，但是距离完全车规级应用还有很大的距离，有些公司（如 APEX. AI）也在对 ROS 进行车规级的改造尝试。

1. ROS 的主要特性

1）点对点设计

在 ROS 中，每一个进程都以一个节点的形式运行，可以分布于多个不同的主机。节点间的通信消息通过一个带有发布和订阅功能的 RPC 传输系统，从发布节点传送到接收节点。这种点对点的设计可以分散由定位、导航等功能带来的实时计算压力，适应多机器人的协同工作。ROS 在处理进程之间的通信时，采用了耦合度相对较低的点对点设计。

2）分布式设计

ROS 是一个分布式设计的框架，不仅可以实现 ROS 工程之间的集成和发布，还能够移植到其他软件平台上使用。ROS 框架具有的模块化特点，使每个功能节点可以进行单独编译，并且使用统一的消息接口让模块的移植、复用更加便捷。同时，ROS 开源社区中移植或集成了大量已有开源项目库、Point Cloud Library 库等，开发者可以使用社区中丰富的资源实现机器人应用程序的快速开发。

3）支持多语言

为了支持更多应用的移植和开发，ROS 设计成一种语言弱相关的框架结构。ROS 使用简洁、中立的定义语言描述模块之间的消息接口，在编译过程中再产生所使用语言的目标文件，为消息交互提供支持，同时也允许消息接口嵌套使用。目前，它已经支持 Python、C ++、Java、Octave 和 LISP 等多种不同的计算机语言，也可以同时使用这些语言完成不同模块的编程。

4）丰富的功能软件包

目前，ROS 可以支持使用的第三方软件包数量达数千个，可以大大提高开发与测试的工作效率。例如，开发者可以根据 ROS 定义的接口在其中显示机器人 3D 模型、周围环境图、机器人导航路线等可视化信息。此外，ROS 还有信息查看工具、物理仿真环境等组件，提高了机器人开发的效率。

5）免费且开源

ROS 遵守的 BSD 许可证（一种开源许可证）给使用者较大的自由，允许其修改和重新发布其中的应用代码，甚至可以进行商业化的开发与销售。ROS 开源社区中的应用代码以维护者来分类，主要包含由 Willow Garage 公司和一些开发者设计、维护的核心库部分，以及由不同国家的 ROS 社区组织开发和维护的全球范围的开源代码。

2. ROS 常见的功能工具

ROS 作为一个软件框架，提供了丰富的工具和功能。ROS 开发时经常使用的工具包括 TF 坐标变换、Launch 启动文件、Gazebo 仿真、Rviz 三维可视化。

TF 坐标变换工具可以根据时间缓冲实时维护多个参考系之间的坐标变换关系。

Launch 启动文件是 ROS 中用于启动节点和参数服务器的 XML 文件。通过 Launch 文件，开发者可以轻松地管理和组织复杂的节点启动过程。

Gazebo 是一个 3D 机器人仿真器，它允许开发者在虚拟环境中测试和验证机器人系统。Gazebo 可以与 ROS 紧密集成，提供物理引擎、传感器模型和环境交互等功能。Gazebo 对用户和程序非常友好。它能够在复杂的室内和室外环境中准确高效地模拟机器人工作的功能，通常与 ROS 联合使用，为开发者提供了优异的仿真环境。Gazebo 支持 urdf/sdf 格式文件，它们均用于描述仿真环境，官方也提供了一些集成好的常用模型、模块，可以直接导入使用。图 6-4 所示是 Gazebo 界面。

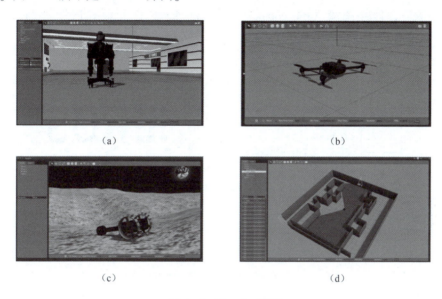

（a） （b）

（c） （d）

图 6-4　Gazebo 界面

RViz 是 ROS 中一款三维可视化平台，其操作界面如图 6-5 所示，它一方面能够实现对外部信息的图形化显示，另一方面还可以给对象发布控制信息，从而实现对机器人的监测与控制。中间部分为 3D 视图显示区，能够显示外部信息；上部为工具栏，包括视角控制、目标设置、地点发布等，还可以添加自定义的一些插件；左侧显示当前选择的插件，并且能够对插件的属性进行设置；下侧为时间显示区域，包括系统时间和 ROS 时间等；右侧为观测视角设置区域，可以设置不同的观测视角。

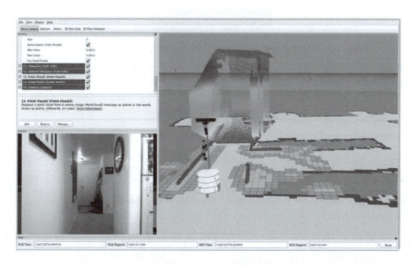

图 6-5　RViz 操作界面

二、ROS 在智能网联汽车中的应用

ROS 操作系统提供了大量的程序库和工具，而且 ROS 本身还具有许多功能，如硬件设备驱动、可视化工具、消息传递等。ROS 从设计视角上有三级概念：文件系统级（the filesystem level）、计算图级（the computation graph level）、开源社区级（the community level），如图 6-6 所示。

图 6-6　ROS 的三级概念

1. 文件系统级

ROS 文件系统级架构如图 6-7 所示，ROS 不同的组件要放在不同的文件夹下，且文件夹根据功能对文件进行组织。

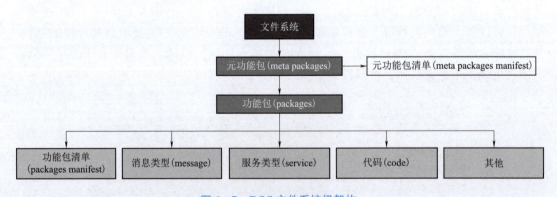

图 6-7　ROS 文件系统级架构

元功能包：提供了一种方式，可以将不同的功能包打包成一个功能包，当安装某个功能模块时，直接调用打包后的功能包即可。它是 ROS 中的一个虚包，里面没有实质性的内容，但是它依赖了其他的软件包，通过这种方法可以把其他包组合起来，可以认为它是一本书的目录索引，指明了这个包集合中有哪些子包，并且该去哪里下载。

功能包：构成 ROS 中的原子级。一个功能包具有用于创建 ROS 程序的最小结构和最少内容。它可以包含 ROS 运行时的进程（节点）、配置文件等。

功能包清单：提供关于功能包、版本号、依赖关系、作者等信息。功能包清单由一个名为 package.xml 的文件管理。

元功能包清单：类似普通功能包，但有一个 XML 格式的导出标记。它在结构上也有一定的限制。

消息类型：消息是一个进程发送到其他进程的信息。ROS 有很多标准类型的消息。消息类型的说明存储在 my_package/msg/MyMessageType.msg 中。

服务类型：服务描述说明存储在 my_package/srv/MyServiceType.srv 中，为 ROS 中由每个进程提供的服务定义请求和响应数据结构。

2. 计算图级

计算图级是 ROS 为了处理各节点间的数据而建立的一种点对点的拓扑结构图，主要包括节点、节点管理器、参数服务器、消息、主题、服务和消息记录包，如图 6-8 所示。

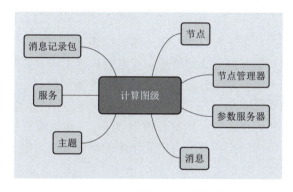

图 6-8　ROS 计算图级拓扑结构图

1）节点

一个节点即一个可执行文件，它通过 ROS 与其他节点进行通信。在智能网联汽车中，可以把激光雷达、毫米波雷达、摄像头、GPS 等传感器设备都分别定义成一个单一的节点。例如，首先把智能网联汽车本身的制动系统定义为一个节点，再把激光雷达定义为另一个节点。当激光雷达探测到前方有障碍时，激光雷达所在的节点就会通知制动系统。制动系统接收到通知后，根据探测情况开始下一步操作的判断（减速、制动还是继续正常行驶）。

2）节点管理

节点管理的作用主要有四方面：为 ROS 节点提供命名和注册服务；方便 ROS 节点之间相互查找；有助于 ROS 节点之间建立通信连接；提供参数服务器，帮助 ROS 管理全局参数。

3）参数服务器

参数服务器是一种全局共享字典，即可通过网络访问的共享的多变量字典。节点使用参数服务器来存储和检索运行时的参数，适合存储静态、非二进制的配置参数，不适合存储动态数据。

4）消息

消息是节点之间进行通信传输的一种数据类型。消息类型包括 ROS 提供的标准类型

和用户自定义的类型。定义消息类型必须包含消息的字段和消息的取值两部分。例如，定义一个名为障碍物的消息类型，消息类型中包含三个字段，分别是障碍物的长度、宽度、高度。

5）主题

主题是节点之间进行通信的最基本方式。节点之间通信时，不需要进行直接的连接，而是以发布和订阅的形式通过话题进行消息的传输。一个节点可以发布多个主题，同样，一个主题也可以被多个节点订阅。例如，可分别把智能网联汽车中的摄像头、转向系统、加速系统、制动系统定义成 4 个节点。由摄像头节点发布一个检测路面是否出现行人的主题，频率为 20 Hz，这样摄像头节点成为一个主题的发布者；再令转向系统、加速系统、制动系统分别订阅检测路面行人的主题，使其成为主题的订阅者。如果前方没有出现行人，则转向系统和加速踏板将继续正常工作；如果前方出现行人，则转向系统和加速踏板在停止工作的同时会开启制动系统。

6）服务

服务建立通信的方式：基于客户端–服务器的模式，一方面需要客户端发送服务请求到服务器；另一方面需要服务器接收到请求后，对客户端发送服务响应。当节点之间需要进行直接通信时，只能采用服务的方式进行通信，而不能采用主题的方式。例如，智能网联汽车在行驶过程中想要提高车速，于是电子加速踏板节点向毫米波雷达节点发出服务请求，请求消息类型是方向为正前方，测量范围为 200 m。毫米波雷达节点接收到服务请求后，进行正前方 200 m 以内的探测后，将探测结果的响应发送给电子加速踏板节点，响应消息类型是无任何障碍物。

7）消息记录包

消息记录包是一种文件格式，主要用于 ROS 中对消息数据、主题数据、服务数据以及其他信息数据进行保存。通过记录包可实现情景再现功能，主要应用于智能网联汽车相关功能的测试。

3. ROS 开源社区级

开源社区级主要是指 ROS 资源的获取和分享。通过独立的网络社区，可以共享和获取知识、算法和代码，开源社区的大力支持使 ROS 系统得以快速成长。

这些资源包括以下几方面。

ROS Distribution：可以独立安装、带有版本号的一系列综合功能包。ROS 发行版像 Linux 发行版一样发挥类似的作用，这使 ROS 软件安装更加容易，而且能够通过一个软件集合维持一致的版本。

ROS Wiki：是用于记录有关 ROS 系统信息的主要论坛，任何人都可以注册账户、贡献自己的文件、提供更正或更新、编写教程以及其他行为。

ROS Answers：关于 ROS 的一些提问和回答。

ROS Repository：ROS 依赖于共享开源代码与软件库的网站或主机服务，不同的机构在此发布和分享各自的机器人软件与程序。

单元三 Apollo 自动驾驶开放平台

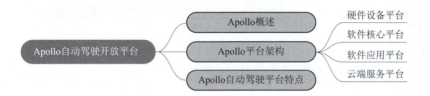

一、Apollo 概述

Apollo 自动驾驶开放平台是百度推出的，旨在促进自动驾驶技术发展与创新的开放平台。它是一个开放、完整、安全的平台，可以帮助汽车行业及自动驾驶领域的合作伙伴，结合车辆和硬件系统，快速搭建一套属于自己的自动驾驶系统。2017 年 7 月，在百度 AI 开发者大会上，百度首次对外公布 Apollo 详细的开放路线图、技术框架以及首期开放的 Apollo 1.0 的能力。开放能力、共享资源、加速创新、持续共赢是 Apollo 开放平台的口号。百度把自己所拥有的强大、成熟、安全的自动驾驶技术和数据开放给业界，旨在建立一个以合作为中心的生态体系，发挥百度在人工智能领域的技术优势，为合作伙伴赋能，共同促进自动驾驶产业的发展和创新。

视频 百度
Apollo 平台介绍

Apollo 自动驾驶开放平台为开发者提供了丰富的车辆、硬件选择，强大的环境感知、高精度定位、路径规划、车辆控制等自动驾驶软件能力，以及高精度地图、仿真、数据流水线等自动驾驶云服务，帮助开发者从 0 到 1 快速搭建一套自动驾驶系统。

从 2017 年 4 月 Apollo 开放计划宣布到现在，历经 7 年，Apollo 已经发布了 13 个版本，到了 Apollo 9.0，持续进行多维度创新。这 7 年分为 3 个阶段：第一阶段是从最开始的封闭场地循迹自动驾驶到 2.0 版本的简单城市路况，Apollo 搭建了自动驾驶基础能力；第二阶段是从 2.5 版本的限定区域视觉高速到 6.0 版本的教育专版（EDU），Apollo 积累了丰富的场景能力；第三阶段，从 7.0 版本开始，Apollo 专注提升工程易用性，从开发者实际需求出发，帮助更多开发者更好更快地使用 Apollo。每一次的升级都将自动驾驶开放平台的能力边界从多维度向外拓展。

二、Apollo 平台架构

Apollo 平台的技术框架由硬件设备平台、软件核心平台、软件应用平台和云端服务平台 4 层组成，图 6-9 所示是 Apollo 9.0 的技术框架。

1. 硬件设备平台

自动驾驶的实现离不开先进的车辆和硬件设备。Apollo 通过开发硬件标准协议，车辆

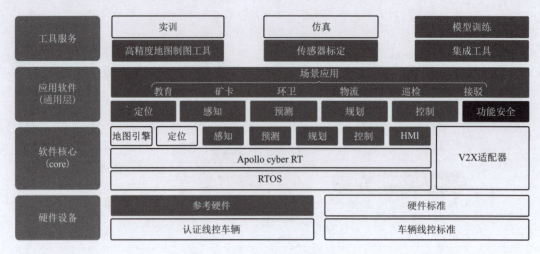

图 6-9 Apollo 9.0 的技术框架

线控标准协议，以及认证符合标准的参考硬件和线控车辆来吸引生态合作伙伴，为开发者提供丰富的自动驾驶车辆和设备选择。

在传统的汽车中，驾驶员通过方向盘、油门踏板和刹车踏板等控制汽车。自动驾驶汽车多了计算平台、GPS/IMU、激光雷达、摄像头、毫米波雷达等一系列关键组件，通过这些组件，汽车具备了感知外界世界的能力。计算平台是自动驾驶汽车的大脑，它负责处理来自各种传感器的数据，进行实时决策和规划，并控制车辆的运动。GPS/IMU 是自动驾驶汽车的定位系统。通过 GPS，车辆可以获取自身的经纬度信息，而 IMU 则可以提供车辆的姿态、速度和加速度等运动信息。这些信息共同构成了车辆的空间位置和动态状态，为自动驾驶汽车的定位和导航提供了基础。此外，激光雷达、摄像头和毫米波雷达等传感器是自动驾驶汽车的感知系统。激光雷达能够发射激光束并测量反射回来的时间，从而获取车辆周围的精确距离和形状信息；摄像头通过拍摄图像来识别行人、车辆、交通标志等关键信息；毫米波雷达能够在恶劣天气和光线条件下，探测到周围的障碍物并测量其距离和速度。这些传感器共同协作，为自动驾驶汽车提供了全方位、高精度的感知能力。图 6-10 所示为 Apollo 自动驾驶传感器的组成。

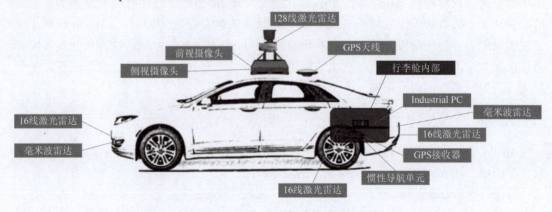

图 6-10 Apollo 自动驾驶传感器的组成

为了应对市场上硬件设备类型繁多带来的接入挑战，Apollo 开放平台向开发者提供了一套全面的硬件参考方案，涵盖车辆选择、核心硬件选择、辅助硬件设备等。Apollo 官网提供了详细的硬件安装指南，确保开发者可自行进行硬件组装，为软件集成及车辆上路提供可靠保障。自动驾驶的硬件系统可以粗略地分为感知、决策、控制三部分（还有定位、地图、预测等模块）。图 6 - 11 所示为自动驾驶硬件架构，这些先进的硬件设备和精确的控制技术，能够为无人驾驶车的研发奠定坚实的基础，确保车辆在各种路况和环境下都能够实现安全、可靠的自动驾驶。

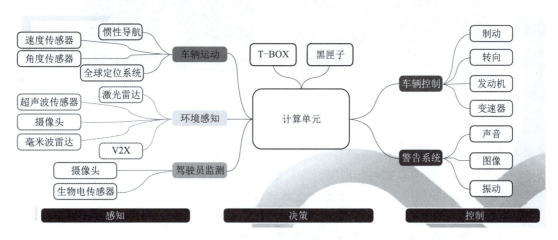

图 6 - 11　自动驾驶硬件架构

2. 软件核心平台

Apollo 软件核心平台提供了自动驾驶车端软件系统框架与技术栈。其包括底层的实时操作系统，中间层的实时通信框架，以及上层的自动驾驶应用层，如感知、预测、规划、控制、定位等。

RTOS 是 Apollo 软件核心平台的底层基础，它确保了自动驾驶系统能够实时响应外界环境的变化。Apollo RTOS 是 Ubuntu Linux 操作系统与 Apollo 内核的结合，它保留了 Ubuntu 的稳定性和易用性，但原始 Ubuntu 系统并非实时操作系统，通过加入 Apollo 设计的内核使其成为 RTOS。在传感器收集到数据后，RTOS 能够在短时间内进行计算、分析并作出相应的操作决策。这种实时性能对于保障驾驶安全至关重要。例如，无人驾驶车检测到车辆前方的移动障碍物，短时间内基于 RTOS 的 Apollo 软件模块，必须分析障碍物是人、汽车还是其他，预测其未来的行动方向并确定是减速还是停止，然后车辆必须立即执行该决定，如图 6 - 12 所示。

中间实时通信层采用 Apollo 专为自动驾驶应用设计的 Cyber RT，它担负着把自动驾驶中的各个算法模块组织凝聚起来处理数据的重任。Apollo Cyber 是首个专为自动驾驶定制的高性能且开源的实时通信框架，于 2019 年与 Apollo 3.5 开放平台同期发布，它主要解决了自动驾驶系统的高并发、低延迟、高吞吐、任务调度等问题，同时还提供了多种通信机制和用户级的协程，在资源有限的情况下会根据任务的优先级来进行调度处理。Cyber RT 通过 Component 来封装每个算法模块，通过有向无环图（DAG）来描述 Components 之间的

（a）　　　　　　　　　　　（b）

图 6－12　行驶过程中障碍物分析

逻辑关系。对于每个算法模块，都有其优先级、运行时间、使用资源等方面的配置。系统启动时，系统会结合 DAG 文件、调度配置等信息，创建相应的任务，从框架内部来讲就是协程，然后中间的调度器把任务放到各个处理器的队列中，最后由左上角 Sensor 输入的数据，驱动整个系统运转。

Apollo 的软件平台具有各种模块，这些模块包括 MAP 引擎、定位、感知、规划、控制、端到端驾驶以及人机接口（HMI），每个模块都有自己的算法库，模块之间的关系非常复杂。Apollo 软件平台的应用程序模块覆盖了自动驾驶的各个环节，从环境感知到决策执行，每个模块都扮演着不可或缺的角色。通过这些模块的组合和协作，Apollo 平台能够实现高度自动化的驾驶功能。

3. 软件应用平台

Apollo 软件应用平台提供了面向不同应用场景的工程以及自动驾驶应用模块的能力扩展。

1）地图引擎

地图引擎（Map Engine）是车载终端的高精度地图数据管理服务，它封装了地图数据的组织管理机制，屏蔽了底层数据细节，对应用层模块提供统一数据查询接口。它包含元素检索、空间检索、格式适配、缓存管理等核心能力，并提供了模块化、层次化、高度定制化、灵活高效的编程接口，用户可以基于此轻松构建专属的终端高精度地图解决方案。

2）高精度地图

与普通地图不同，高精度地图主要服务于自动驾驶车辆，通过一套独特的导航体系，帮助自动驾驶解决系统性能问题，扩展传感器检测边界。目前 Apollo 内部高精度地图主要应用在高精定位、环境感知、决策规划、仿真运行四大场景，帮助解决林荫道路 GNSS 信号弱、交通信号灯定位与感知以及十字路口情况复杂等导航难题。

3）感知平台

Apollo 感知平台包括线上感知模块和线下标定平台。线上感知模块提供基于深度学习的点云动态障碍物的检测、分割和基于运动的跟踪。线下标定服务平台提供云端的跨平台标定服务。

（1）线上感知模块。

感知模块主要包括障碍物检测识别和交通信号灯检测识别两部分。障碍物检测识别模块通过输入激光雷达点云数据和毫米波雷达数据，输出基于两种传感器的障碍物融合结果，包括障碍物的位置、形状、类别、速度、朝向等信息。交通信号灯检测识别模块通过输入两种焦距下的相机图像数据，输出交通信号灯的位置、颜色状态等信息。上述两大感知功能，使无人车具备在简单城市道路自动驾驶的能力。

障碍物模块包括基于激光雷达点云数据的障碍物检测识别、基于毫米波雷达数据的障碍物检测识别以及基于两种传感器的障碍物结果融合算法。基于激光雷达点云数据的障碍物检测识别通过线下训练的卷积神经网络模型，学习点云特征并预测障碍物的相关属性（如前景物体概率、相对于物体中心的偏移量、物体高度等），并根据这些属性进行障碍物分割。基于毫米波雷达数据的障碍物检测识别，主要用来对毫米波雷达原始数据进行处理而得到障碍物结果。该算法主要进行了 ID 扩展、噪点去除、检测结果构建以及 ROI 过滤。多传感器障碍物结果融合算法，用于将上述两种传感器的障碍物结果进行有效融合。该算法主要进行了单传感器结果和融合结果的管理、匹配以及基于卡尔曼滤波的障碍物速度融合。

红绿灯检测识别模块根据自身的位置查找地图，可以获得前方红绿灯的坐标位置。通过标定参数，可以将红绿灯从世界坐标系投影到图像坐标系，从而完成相机的自适应选择切换。选定相机后，在投影区域外选取一个较大的感兴趣区域，在其中运行红绿灯检测来获得精确的红绿灯框位置，并根据此红绿灯框的位置进行红绿灯的颜色识别，得到红绿灯当前的状态。得到单帧的红绿灯状态后，通过时序滤波校正算法进一步确认红绿灯的最终状态。基于 CNN 的红绿灯检测和识别算法具有极高的召回率和准确率，可以支持白天和夜晚的红绿灯检测识别。

（2）线下标定平台。

Apollo 提供云端的跨平台标定服务，使开发者不需要在本地或车端配置运行标定程序，大大提升了进行跨平台标定的灵活性，最大程度地为开发者降低了开发门槛。Apollo 线下标定平台如图 6 – 13 所示。

图 6 – 13 Apollo 线下标定平台

自动驾驶传感器标定（Calibration）是指利用传感器采集的数据计算各传感器的内参数（Intrinsic Parameters）以及多个传感器之间外参数（Extrinsic Parameters）的过程。传感器内外参数的标定是各类多传感器信息融合算法的第一步。

在自动驾驶领域中，多线激光雷达与组合惯导是高精度地图制作、激光点云定位以及点云物体检测任务中常用的传感器配置，因此精确标定两者之间的外参数具有非常重要的意义。除此以外，自动驾驶系统使用多传感器融合策略来提高感知性能。因此，摄像头与

毫米波雷达的外参数标定也至关重要。

4）规划模块

由于车辆装备了综合预测、决策与规划系统，百度自动驾驶汽车能够根据实时路况、道路限速等情况作出相应的轨迹预测和智能规划，同时兼顾安全性和舒适性，提高行驶效率。其现已具备昼夜固定道路的自动驾驶能力。

基于前述几个模块以及导航模块、预测模块，就可以简单地规划一条有效的路径来自动驾驶。规划模块首先需要车辆对路况有基本的判断，前方是否可停车、跟随、超车，侧方是否绕道等，从而确保车辆实现安全而高效的决策行驶。

规划模块可以分为两个部分：一部分负责对数据的监听、获取和预处理，另一部分负责管理各个优化模块。数据进入规划模块后，对其综合处理为规划模块的内部数据结构，由任务管理器调度合适的优化器进行各个优化任务。综合优化的结果经过最终的验证后，输出给控制模块。在设计上，规划模块实现了策略的可插拔，使各个优化器可以灵活配置不同策略，提升迭代效率。

Apollo 规划器包括 RTK planner、EM planner 和 lattice planner。Apollo 1.0 中开始开放的 RTK，也就是循迹 planner；Apollo 1.5 中开始开放的 EM planner，也就是基于动态规划（dynamic programming，DP）和速度规划（quadratic programming，QP）的路径规划器与速度规划器；Apollo 2.5 中开始开放的 lattice planner，是一种同时规划路径和速度的规划器。

通过应用平台层，开发者可以更方便地基于 Apollo 各模块能力进行裁剪组合并扩展。例如，自动驾驶出租车服务萝卜快跑，无人驾驶巴士 Apollo robobus，智能化运输和作业指挥的矿山解决方案等，如图 6 – 14 所示。

（a）

（b）

（c）

图 6 – 14　百度 Apollo 多场景应用

（a）萝卜快跑；（b）无人驾驶巴士 Apollo robobus；（c）智能化运输和作业指挥的矿山解决方案

4. 云端服务平台

Apollo 云端服务平台提供了自动驾驶研发过程中的研发基础设施，提升了自动驾驶研发效率。云端服务平台包括高精度地图、仿真、数据平台、OTA 模块、安全平台和DuerOS。Apollo 云端服务平台通过提供一站式实践云平台、业内领先仿真服务、高效新模型等的升级，极大提升了企业的运营效率和数据处理能力。下面主要介绍云端服务平台的三个主要功能。

1）高精度地图

高精度地图又称自动驾驶地图，如图 6 – 15 所示。与普通地图不同，高精度地图主要服务于自动驾驶车辆，是自动驾驶的基础模块。如果没有高精度地图，高可靠性的 3 级或 4 级自动驾驶无法落地。

在高等级的自动驾驶上，高精度地图是一种标配。它可以为车辆环境感知提供辅助，提供超视距的路况信息，并帮助车辆进行规划决策。与传统导航地图不同的是，高精度地图除了能提供道路级别的导航信息外，还能够提供车道级别的导航信息。其无论是在信息的丰富度还是在信息的精度方面，都远远高于传统导航地图。传统导航地图与高精度地图的对比如表 6 – 5 所示。

图 6 – 15 百度 Apollo 高精度地图

> **小知识**
> 高精度地图不同于我们日常使用的传统导航地图（如车载导航地图），区别主要体现在使用者、用途、所属系统、要素和属性等方面。

表 6 – 5 传统导航地图与高精度地图对比

地图类型 项目	传统导航地图	高精度地图
使用者	人	计算机
用途	导航、搜索、可视化	高精定位、辅助环境感知、规划与决策

项目 \ 地图类型	传统导航地图	高精度地图
所属系统	驾驶辅助系统	自动驾驶系统
要素和属性	简单道路线条、信息点、行政区域划分	详细道路模型（包括车道模型、道路部件、道路属性）

2）仿真环境

仿真是自动驾驶领域必不可少的核心能力之一。当实现一个新算法时，如果直接上车路测，将会带来无法预料的安全风险和高昂的试错成本。仿真环境平台是 Apollo 开放软件平台提供的非常重要的工具，该平台可以允许每个开发者出于自身的需求，来构建仿真环境。该平台拥有大量的场景数据，基于大规模云端计算容量，打造日行百万千米的虚拟运行能力，形成一个快速迭代的闭环，让开发者轻松实现"坐地日行百万里"，提升开发效率。

仿真平台以及实车都需要有可视化工具来帮助开发者调试。Dreamview 作为百度 Apollo 的核心模块之一，为开发者提供各个自动驾驶模块的可视化输出界面，如规划路径、定位信息、底盘状态等。在自动驾驶车辆行进过程中，通过 Dreamview 可以对车辆硬件、各自动驾驶模块的状态进行实时监测，利用人机交互接口对车辆及各模块进行启停等控制操作。Apollo 的仿真平台不仅提供了丰富的仿真场景和高效的运行能力，还引入了 PnC（规划与控制）模块，这是自动驾驶系统中的核心组成部分。PnC 模块负责生成车辆的行驶轨迹，并根据实际情况对车辆进行控制，确保车辆能够按照预定轨迹安全、稳定地行驶。Apollo 9.0 版本升级 Dreamview 至 Dreamview +，Dreamview + 界面如图 6 – 16 所示，Dreamview + 页面布局更灵活，调试流程更简捷，资源取用更方便，进一步提高了开发者的工作效率。

图 6 – 16　百度 Apollo Dreamview + 界面

3）数据流水线

Apollo 数据流水线也称 Apollo fuel，是专注自动驾驶研发的云开发平台，目的是提升自动驾驶的研发迭代效率。自动驾驶与传统互联网软件研发不同：一是实车测试成本高，二是数据量非常大。而一套能够满足自动驾驶开发流程需求并提升研发效率的研发基础设施就非常重要。

Apollo 数据流水线就是为此而诞生的，它通过云端的方式解决了数据利用效率的问题，通过与仿真结合，降低了实车测试成本，极大提升了基于 Apollo 的自动驾驶研发效率。从研发流程上讲，它包含以下几个步骤：在车端通过智能数据采集器采集数据集；通过数据存储相关工具，生成符合要求的数据集；通过云端大规模集群训练生成各种模型；通过云端仿真完成仿真验证；通过云端提供车辆动力学标定等应用服务，最后再部署到 Apollo 车端，最终实现云端服务与 Apollo 开放平台无缝兼容。Apollo 数据流水线就好比一个人的技能训练场，能不断地训练大脑的能力与身体协调，而且该训练场还是虚拟的，真正做到了研发效率的提升。

三、Apollo 自动驾驶平台特点

自动驾驶技术被誉为交通领域的下一次革命，它有望彻底改变人们的出行方式，提高道路安全性，减少交通拥堵，并推动智能交通系统的发展。百度 Apollo 自动驾驶平台以其开放性、全面性、可靠性和创新性，成为自动驾驶领域的一股重要力量。

（1）开放性。百度 Apollo 采用了开放的架构和开源的策略，使开发者可以自由地使用和修改代码，促进了技术的共享和创新。同时，Apollo 还与众多合作伙伴共同构建了庞大的生态系统，为自动驾驶的发展提供了强大的支持。

（2）全面性。Apollo 涵盖了自动驾驶全栈技术，从底层的硬件抽象、感知算法，到上层的决策规划、控制执行等，为开发者提供了一站式的解决方案。此外，Apollo 还提供了丰富的仿真工具和实际道路测试服务，帮助开发者在虚拟环境和真实场景中验证和优化自动驾驶系统。

（3）可靠性。百度 Apollo 在自动驾驶领域积累了丰富的经验和技术实力，其算法和系统在多种复杂场景下经过了严格的验证和测试。同时，Apollo 还通过不断迭代和优化，提升了自动驾驶系统的安全性和稳定性。

（4）创新性。Apollo 团队一直致力于自动驾驶技术的研发和创新，不断推出新的算法、模型和应用场景。通过与全球开发者和合作伙伴的紧密合作，Apollo 不断推动自动驾驶技术的进步和发展。

百度 Apollo 平台，作为全球最活跃的自动驾驶开放平台，在自动驾驶领域展现出了强大的实力和巨大的潜力。未来，Apollo 将继续引领自动驾驶技术的发展方向，为智能出行时代贡献更多力量。

项目实施

考查计划组织、团队协作、安全防护、操作规范、诚实守信、绿色环保等职业素养。

一、实施准备

可连接互联网的计算机、多媒体设备等。

二、实施步骤

1. 任务分组

按照班级学生数量分为若干小组，并明确每人任务。

2. 自主学习

（1）查阅 Linux 相关资料，完成项目工单相关信息的填写。

（2）查阅 ROS 相关资料，完成项目工单相关信息的填写。

（3）登录 Apollo 自动驾驶平台，在线进行视频学习及云实验，并完成项目工单相关信息的填写。

3. 小组讨论

各小组结合操作系统与应用平台，形成汇报成果。

4. 小组汇报

各小组通过角色扮演的方式向小组成员介绍操作系统与应用平台。

5. 5S 工作

三、项目工单

任务名称	智能网联汽车操作系统与应用平台的认知				
姓名		班级		学号	
填写任务记录					
Linux	常用的 Linux 发行版本				
	Linux 操作系统与 Windows 操作系统的差异				
	查看指定目录中有哪些内容的命令				
	显示用户在哪个目录下的命令				
	将用户切换到指定目录的命令				
	打开指定文件的命令				
	删除文件的命令				
	复制文件的命令				

填写任务记录		
ROS	英文全称	
	特性	
	应用领域	
Apollo 自动驾驶平台	登录 Apollo 自动驾驶平台	□完成　□未完成
	登录在线课程模块，观看自动驾驶新人之旅	□完成　□未完成
	完成云实验 Linux 基础入门与实践	□完成　□未完成
	完成云实验快速上手，五步入门自动驾驶	□完成　□未完成
	完成云实验制作自动驾驶仿真场景	□完成　□未完成
	完成云实验借道绕行场景仿真调试	□完成　□未完成
说明 Linux、ROS、Apollo 自动驾驶平台在智能网联汽车中的应用		

项目评价

各小组汇报完成后，完成小组自评、小组互评、教师评价，并将结果填入表中。

评价项目	评价标准	小组评价（占 50%）	教师评价（占 50%）
知识准备（20 分）	熟悉 Linux、ROS 的定义及基本架构		
	熟悉 Apollo 平台的架构及特点		
知识拓展（10 分）	会结合生活实际举例说明各系统和平台的应用，养成自主学习的习惯，具备资料收集和处理的能力		

续表

评价项目	评价标准	小组评价 （占50%）	教师评价 （占50%）
项目实施 （40分）	能够明确Linux的基本操作		
	能够明确ROS的特性及应用领域		
	能够明确Apollo平台的登录方法及云实验的基本操作		
	能够明确Linux、ROS、Apollo平台在智能网联汽车上的应用		
综合表现 （30分）	任务汇报：能正确填写工单且汇报思路清晰，能准确表达，总结到位，具有创新意识		
	工作态度：能与小组成员和同学合作交流、协调工作，认真严谨、积极主动、安全生产、绿色环保		
	5S管理：操作规范，完成竣工检验、现场恢复		
合计			
总评分			
教师评语			

日期：　　年　　月　　日

项目小结

本项目主要学习了智能网联汽车的操作系统Linux、智能网联汽车开发平台ROS以及Apollo自动驾驶开放平台。通过本项目的学习，可以对智能网联汽车操作系统的发展现状有所了解，为大家未来在智能网联汽车领域的学习和工作奠定坚实的基础。

拓展阅读

车用操作系统"中国方案"迈出第一步

党的二十大报告指出，要建设现代化产业体系，推动制造业高端化、智能化、绿色化发展，推动战略性新兴产业融合集群发展，构建新一代信息技术、人工智能、生物技术、新能源、新材料、高端装备、绿色环保等一批新的增长引擎。在传统汽车向智能化、网络化方向发展的过程中，车用操作系统已经成为汽车智能化、网络化发展的必要基础，是中国汽车产业从汽车大国迈向汽车强国必须攻克的战略要地。此次开源计划标志着中国汽车产业在智能网联汽车发展模式上，走向更高水平。

2023 年 2 月 18 日，中国汽车工业协会软件分会发布了中国车用操作系统开源计划。首个车用操作系统原创微内核开源版本在 2023 年 5 月发布。

2021 年，全国政协经济委员会副主任、工业和信息化部原部长苗圩就曾呼吁，中国汽车需尽快建立统一的操作系统。2022 年，他再次针对行业存在的"缺芯少魂"问题公开表态，"缺芯"已被重视，"少魂"（即汽车操作系统）还未解决。如今，车用操作系统"中国方案"终于迈出了第一步。

作为决定汽车智能化、网联化胜负的关键，中国车用操作系统开源计划的发布，既是对之前行业警醒和呼吁的回应，也是汽车产业变革趋势下的必然举措。

从汽车操作系统的现状看，智能网联汽车的底层操作系统主要以国外产品为主，其车载操作系统 OS 分为 QNX、LNX、安卓和鸿蒙四大阵营。其中，QNX 和鸿蒙采用微内核架构，Linux 为宏内核，安卓则是基于 Linux 内核开发。

微内核是提供操作系统核心功能内核的精简版本，它设计成在很小的内存空间内增加移植性，提供模块化设计，以使用户安装不同的接口，如 DOS、Workplace OS、Workplace UNIX 等。IBM、微软甚至鸿蒙 OS 等新操作系统都采用了这一研究成果。根据目前发布的信息，开源车用操作系统原创微内核首个版本可面向各类芯片平台和应用场景提供安全内核，具有内核微型化、服务模块化、遵循 POSIX 规范、可靠性高、实时性强、安全性高、可扩展性强等特点。

此次中国车用操作系统开源计划，主要由普华基础软件联合软件分会成员单位，一汽、东风、长安、中汽创智、中电科 32 所、西部智联、地平线、芯驰、先进操作系统创新中心、电子科技大学等企业和高校结成开源共建伙伴，共同实施。有地平线和芯驰两家芯片企业的加入，意味着首个车用操作系统原创微内核开源版本是奔着国产替代目标研发的。

中国车用操作系统开源计划的发布，是中国汽车产业在车用操作系统自主可控方面迈出的第一步，也是关键一步。可以看出，开源内核针对智能网联汽车等各方面的要求进行了创新设计，可以进一步提升操作系统的性能。

从整个市场的发展来看，要抓住窗口期，开源计划的实施还需要注意以下几点。第一，当下有不少车企正在逐渐完善自己的操作系统，在市场中脱颖而出的操作系统与软件分会主导的操作系统，将来如何形成统一，这是后续需要解决的问题；第二，车用操作系统"中国方案"的共创共建共享，参与者范围不能只局限在软件分会成员单位，落地实施还需要更多的参与主体；第三，车用操作系统开源计划如何更好地服务企业需求，与当下产品打出差异化，还需要市场的检验。

巩固提高

一、选择题（共 25 分，每题 5 分）

1. 下列哪项不是 Linux 在智能网联汽车中的优势？（　　）

A. 实时性能优越　　B. 安全性高　　　C. 社区支持广泛　　D. 封闭源代码

2. 为什么 Linux 适合作为智能网联汽车的操作系统？（　　　）

A. 因为它是一个专门为汽车设计的操作系统

B. 因为它具有强大的网络功能

C. 因为它是一个开源操作系统，具有广泛的社区支持和丰富的软件资源

D. 因为它在桌面计算领域有广泛的应用

3. ROS 的特性包括（　　　）。

A. 点对点设计　　　B. 分布式设计　　　C. 支持多语言　　　D. 收费

4. Apollo 平台（　　　）。

A. 结构简单　　　B. 价格便宜　　　C. 体积小巧　　　D. 远距离探测能力强

5. 百度 Apollo 开放平台自（　　　）年发布第一个版本，截至 2024 年，Apollo 共发布了 13 个版本，从 1.0 版本的封闭场地的循迹自动驾驶、（　　　）版本的城市路况自动驾驶，到 6.0 的迈向无人化的自动驾驶。

A. 2016；20　　　B. 2017；3.5　　　C. 2018；4.0　　　D. 2019；4.5

二、判断题（共 25 分，每题 5 分）

1. Linux 是智能网联汽车领域中唯一的操作系统。　　　　　　　　（　　　）

2. 由于 Linux 的开源性，汽车制造商可以更容易地定制和优化其自动驾驶系统。

（　　　）

3. ROS 仅应用于自动驾驶和智能网联汽车领域。　　　　　　　　（　　　）

4. ROS 是分布式设计框架。　　　　　　　　　　　　　　　　　（　　　）

5. Apollo 自动驾驶平台不包含高精度地图技术。　　　　　　　　（　　　）

三、分析题（共 50 分，每题 10 分）

1. 请查阅相关资料，介绍国产主流汽车智能驾驶操作系统。

2. 请查阅相关资料，简述 ROS 的主要特性有哪些。

3. 绘制 Apollo 平台架构图。

4. 简述 Apollo 自动驾驶平台中的高精度地图的主要功能。

5. 结合"中国制造 2025"和"交通强国"战略，分析智能网联汽车操作系统在推动产业升级和国家经济发展中的作用。

参 考 文 献

[1]《中国公路学报》编辑部. 中国汽车工程学术研究综述·2023 [J]. 中国公路学报, 2023, 36 (11): 1 – 192.

[2] 赵万忠, 王源隆. 智能网联汽车技术基础 [M]. 北京: 高等教育出版社, 2023.

[3] 程增木, 杨胜兵. 智能网联汽车技术原理与应用 [M]. 北京: 机械工业出版社, 2022.

[4] 崔胜民. 智能网联汽车技术 [M]. 北京: 机械工业出版社, 2021.

[5] 孙慧芝, 张潇月. 智能网联汽车概论: 配实训工单 [M]. 北京: 机械工业出版社, 2020.

[6] 李妙然, 邹德伟. 智能网联汽车技术概论 [M]. 北京: 机械工业出版社, 2019.

[7] 崔胜民, 卞合善. 智能网联汽车环境感知技术 [M]. 北京: 人民邮电出版社, 2020.

[8] 刘志忠, 杨平. 汽车智能网联技术概论 [M]. 北京: 清华大学出版社, 2021.

[9] 严朝勇. 智能网联汽车技术 [M]. 北京: 北京邮电大学出版社, 2020.

[10] 曾浩, 向科. 车联网技术与应用 [M]. 北京: 中国铁道出版社有限公司, 2021.

[11] 崔胜民, 俞天一, 王赵辉. 智能网联汽车先进驾驶辅助系统关键技术 [M]. 北京: 化学工业出版社, 2019.

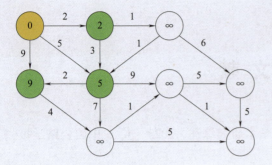

图 4-12 Dijkstra 算法实现过程（二）

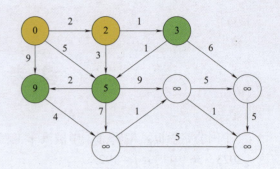

图 4-13 Dijkstra 算法实现过程（三）

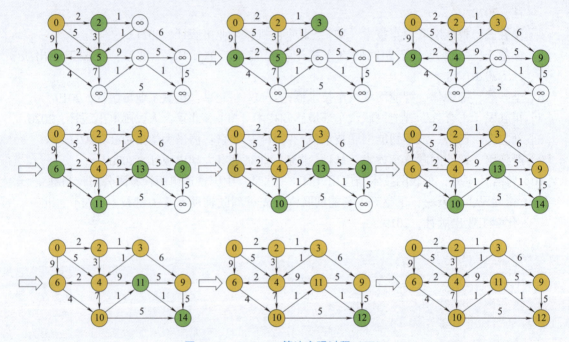

图 4-14 Dijkstra 算法实现过程（四）

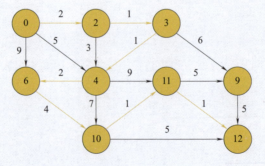

图 4-15 Dijkstra 算法实现过程（五）